"现代营销学之父",现代营销学集大成者

科特勒
营销学新解

陈姣 · 编著

Kotler

美国西北大学凯洛格管理学院**国际营销学名誉教授。**
他的作品《**营销管理**》已**再版十余次**,
成为世界范围内使用**极为广泛**的企管硕士课程营销学教科书,
是**现代营销学的奠基之作**,
许多海外学者将其誉为"**市场营销学的圣经**"。

中华工商联合出版社

图书在版编目（CIP）数据

科特勒营销学新解 / 陈姣编著 . —— 北京：中华工商联合出版社，2016.10（2021.6 重印）

ISBN 978-7-5158-1806-1

Ⅰ . ①科… Ⅱ . ①陈… Ⅲ . ①市场营销学 Ⅳ . ① F713.50

中国版本图书馆 CIP 数据核字（2016）第 249678 号

科特勒营销学新解

编　　著：	陈　姣
责任编辑：	郑承运　袁一鸣
装帧设计：	北京东方视点数据技术有限公司
责任审读：	郭敬梅
责任印制：	迈致红
出版发行：	中华工商联合出版社有限责任公司
印　　刷：	唐山富达印务有限公司
版　　次：	2017 年 1 月第 1 版
印　　次：	2021 年 6 月第 2 次印刷
开　　本：	710mm×1020mm　1/16
字　　数：	280 千字
印　　张：	20
书　　号：	ISBN 978-7-5158-1806-1
定　　价：	78.00 元

服务热线：010-58301130

销售热线：010-58302813

地址邮编：北京市西城区西环广场 A 座
　　　　　 19-20 层，100044

http://www.chgslcbs.cn

E-mail: cicap1202@sina.com（营销中心）

E-mail: gslzbs@sina.com（总编室）

工商联版图书

凡本社图书出现印装质量问题，请与印务部联系。

联系电话：010-58302915

菲利普·科特勒生于 1931 年，是现代营销学集大成者，被誉为"现代营销学之父""营销界的爱因斯坦"。多年来，科特勒一直致力于营销战略与规划、营销组织、国际市场营销及社会营销的研究，他创造的一些概念，如"反向营销"和"社会营销"等，被人们广泛应用和实践。他的许多著作被译成几十种语言，传播于近 60 个国家，被世界营销人士视为营销宝典。他的《营销管理》是现代营销学的奠基之作，被誉为市场营销学的"圣经"，是全球最佳的 50 本商业书籍之一。

科特勒见证了美国经济 40 年的起伏跌宕和繁荣兴旺史，他的理论深刻地影响了一代又一代美国企业家。尤其是在美国超大型跨国企业的成长中，科特勒做出了巨大的贡献。从 1975 年到 1995 年的 20 年间，科特勒多次获得美国国家级勋章和褒奖，包括"保尔·D. 康弗斯奖"、"斯图尔特·亨特森·布赖特奖"、"营销卓越贡献奖"、"查尔斯·库利奇奖"。此外，他是美国营销协会（AMA）第一届"营销教育者奖"的获得者，也是至今唯一三次获得过《营销杂志》年度最佳论文奖——阿尔法·卡帕·普西奖的得主。

不仅在美国国内，科特勒的营销理论放射出耀眼的光芒，在亚洲地区，特别是在中国，他的思想同样受到了无与伦比的推崇。1986 年以来，科特勒多次造访中国，与中国的学者与营销人员亲密接触，共同探讨市场营销在中国的发展。他先后出版《营销管理（亚洲版）》《亚洲新定位》《科特勒看中国与亚洲》等近十种著作，将近百万册，专门针对亚洲市场与中国市场的特性作出了论述，被我国的企业家与学者奉为圭臬。

因此，无论是从国际化的角度还是本土化的影响来看，科特勒的营销思想都是营销相关人员了解和掌握营销学精髓的不二选择。每一位营销人员，无论你是普通的销售者，还是运筹帷幄的营销管理者，都可以在科特勒的著述中找到你所需要的内容，从而为自身所从事的营销工作找到指导方略。为此，我们编写了这本《科特勒营销学新解》，本书集合了科特勒的《营销管理》《水平营销》等多本著作及一些演讲的思想精华，总结了科特勒几十年的营销经验，集中撷取科特勒所说的主要观点，并进行了生动的阐述。

本书系统解析了科特勒营销理论，内容全面，涵盖营销的所有重要课题，试图帮助企业最高领导层、营销部门及营销人员在短期内快速掌握科特勒营销理论要领、营销艺术及营销的具体操作方法和技巧，从而从整体上提高企业的市场竞争力。通过科特勒渊博的见解，你可以迅速更新你的营销知识和技能，了解到资料库营销、关系营销、高科技营销、全球化营销、网络营销等热门营销理念，从容应对竞争、全球化和互联网所带来的新挑战和新机遇。科特勒的许多营销操作和实践已经得到美国电报电话公司、通用电气、福特汽车、杜邦公司、IBM 公司、惠普公司等全球财富 500 强企业的验证和推广。

同时，为了能够帮助广大营销人员更好地理解科特勒的思想，本书本着实用、全面的原则，通过科特勒营销理念的引导，从如何进行市场调研、制定营销策略、进入国际市场、紧跟时代潮流等方面，结合具体的营销经典案例，教给大家全面、具体的营销实战操作方法和技巧，就如同科特勒亲身传授你营销知识一样亲切、自然，能让你迅速领悟它的精髓，从而在市场营销中获得成功。

目录 contents

理 解 营 销

◎ **大道理：营销是企业的核心职能**

营销至简：满足别人并获得利润

营销即识别、创造、沟通、交付和监督顾客价值

差的、好的和伟大的营销之间迥然不同

◎ **大败局：致命营销过失**

营销的大敌是"赚了就跑"的短线思维

营销是 4P，绝不能被缩减成 1P

营销不是单兵作战，而是全员战役

当你忽视竞争者的时候，他会悄悄闯入你后院

◎ **大趋势：未来营销唯一不变的就是变化**

真正的顾客为王：从参与、互动直至主导

全面营销：广泛、整合的视角不可或缺

差异化：成为与众不同的"紫牛"

精准营销：广泛的精准和精准的广泛

大道理：营销是企业的核心职能

营销至简：满足别人并获得利润

市场营销是辨别并满足人类和社会的需要。对市场营销最简洁的定义，就是"满足别人并获得利润"。当 eBay 公司意识到人们在当地不能买到最想要的物品时，就发明了网上竞拍业务；当宜家公司意识到人们想购买廉价、质量高的家具时，就创造了可拆卸与组装的家具业务。所有这些都证明：市场营销可以把社会需要和个人需要转变成商机。

——科特勒《营销管理》

什么是市场营销？美国营销协会最新修订的定义如下："营销是一种组织职能和一套流程，用来对顾客创造、沟通和交付价值，以及以有益于组织及其利益相关者的方式管理顾客关系。"而对许多普通人来说，营销就是销售和广告。而在科特勒看来，营销就是满足别人并获得利润，也就是说，营销就是把价值交付出去，把利润交换回来。

关于营销，有这样一句话："市场营销的目的就是使推销成为多余。"那么，怎样才能使推销成为多余？很简单，其最关键之处就在于

"辨别并满足人类和社会的需要"。市场营销就是要为顾客提供卓越的价值，并以此建立可赢利的顾客关系，也就是科特勒所说的"满足别人并获得利润"。在这一点上，四季酒店是一个很好的例子。

美国名嘴奥普拉·温弗瑞曾经问过好莱坞一线女星朱莉亚·罗伯茨一个有趣的问题："你最喜欢睡在什么上面？"这位大嘴美女答道："睡在四季酒店的床上。"她所说的这家四季酒店，是世界性的豪华连锁酒店集团，曾被 Travel and Leisure 杂志及 Zagat 指南评为世界最佳酒店集团之一，并获得 AAA5 颗钻石的评级。

这家酒店之所以能成为世界酒店行业的标杆，能得到众多名人的青睐，最主要的原因就是因为它能让客户得到极致的满足，它的服务堪称尽善尽美。

以上海的四季酒店为例：当它接待美国 CNBC（消费者新闻与商业频道）电视台的客户时，酒店会马上与上海专业机构联系，购置解码器，专门给 CNBC 一行的所有客房加上 CNBC 的频道播放，并精心印制专门的节目单；当它接待百事可乐的客户时，房间就全换上百事公司的产品；当飞利浦公司的客户下榻时，客房里全换上飞利浦公司的照明；当丰田公司的客户前来，床头上会放上注有丰田标牌的模型小汽车；三星电子公司的客户住店，酒店会不惜重金把高级套房其他品牌的等离子电视拆下来，换上最新型号的三星产品。这些待遇不只是对知名企业的大客户，就是对小孩儿，酒店也会一视同仁。当一对夫妇带了一个六岁孩子前来入住时，酒店会马上配上儿童浴袍、儿童拖鞋和气球等小玩具，加床也会符合孩子的身高。可以说，对每一位客户，只要有来客信息，四季酒店都会事先把细节工作做得妥妥帖帖。

四季酒店集团创始人伊萨多·夏普曾说："人们常问我，对四季酒店最初的设想是怎样的。实际上，根本没有设想或任何宏伟的计划。当我在建造我的第一座酒店时，我根本不懂酒店业。我从未想到过这将会变成我一生的事业，我也从未想到过有一天我将建造和管理世界上最大和最负盛名的五星级酒店集团。我从客户的角度开始涉足酒店业。我是主人，客户是我的宾客。在建造和运营酒店时，我这样问自己：客户认为最重要的东西是什么？客户最认同的价值是什么？因为如果我们给予客户最有价值的服务，他们就会毫不犹豫地为他们认为值得的东西掏腰包。这就是我一开始的策略，直到今天仍然如此。"

四季酒店能成为世界最佳酒店集团之一，归根结底，其经验就在于"满足别人并获得利润"。它为客户创造出了最大化的价值，最终也就收获了最大化的回报。

科特勒将一个市场营销过程分成五个步骤：

第一步，理解市场和顾客的需求和欲望；

第二步，设计顾客导向的营销战略；

第三步，构建传递卓越价值的整合营销计划；

第四步，建立营利性的关系和创造顾客愉悦；

第五步，从顾客处获得价值和利润回报。

企业只有做好前面的四步，才能赢得最后一步，获得以销售额、利润和顾客忠诚为形式的价值回报。可以说，企业的一切市场营销活动都是为了满足顾客的需要，只有满足了顾客的需要，才能得到顾客的肯定和市场的认可。

营销即识别、创造、沟通、交付和监督顾客价值

很久以前我说过："营销不是找到一个精明的办法处理掉你制造的产品，而是创造真正的客户价值的艺术。"营销是为你的客户谋福利的艺术。营销人员的格言是：质量、服务和价值。我们可以把市场营销看作识别、创造、沟通、交付和监督顾客价值的一种过程。

——科特勒《科特勒说》

科特勒将"顾客价值"摆到了一个非常重要的位置，他将营销视

为一个识别、创造、沟通、交付和监督顾客价值的过程。与之相似的是，亚马逊的创始人杰夫·贝泽斯也曾说："每件事情的驱动力都是为顾客创造真正的价值，没有这个驱动力就没有一切。如果你关注顾客所需并与之建立良好关系，他们就会让你赚钱。"价值是市场营销中的一个核心概念，一般来说，顾客会在不同的产品与服务之间做出选择，而选择的基础就是哪一种可以给他们带来最大的价值。成功的企业都有一个共同点，那就是高度重视顾客并努力地去创造顾客价值并使之满意。

宜家公司是瑞典一家著名的家居装饰用品零售企业，从最初的小型邮购家具公司到现今全球最大的家居用品零售商，宜家的秘诀在于它独有的营销理念——"与顾客一起创造价值"。在这种理念的指导下，宜家公司把自己与顾客之间的买卖关系发展成共同创造价值的关系，你中有我，我中有你，共同组成了一个价值链。

宜家有一个口号——"有价值的低价格"，宜家的创始人英格瓦早年在参加家具展览会时，发现展览会上满目都是豪奢的展品，他想，普通人难道就不能享受最好的家具吗？富人只是少数，给大多数普通人生产家具才会有最大的市场。于是，他决定要将少数人才能享用的奢侈品改造成大众都能接受的产品，以低价格提供高质量的产品。要做到这一点，降低成本就成了不二法门。实际上，降低成本贯穿了宜家产品的整个过程，从产品构思、设计、生产到运输和营销，英格瓦无时不想着"成本"二字。宜家销售的家具价格比竞争对手平均要低30％～50％。

除了为顾客提供有价值的低价格产品，宜家还有一个制胜的法门，那就是"DIY"（do it yourself，意思是"自己动手"）。宜家认为，不论是生产者还是消费者，都有创造价值的能力。问题的关键在于，作为销售商如何为每一个消费者施展能力、创造价值搭建一个舞台。宜家从来不把向顾客提供产品和服务视为一种简单的交易，而是当作一种崭新的劳动分工，即将一些原来由加工者和零售商所做的工作交给顾客去做，公司方面则专心致志地向顾客提供价格低廉而质量优良的产品。

宜家每年都要印刷几千万份、十多种语言的产品目录。而每份目录同时又是宜家理念的宣传品和指导顾客创造价值的说明书。宜家销售的可随意拆卸、拼装的家具，消费者可以根据自己的爱好进行再创造，比如，宜家负责提供所需的油漆，消费者就可以自己设计家具的颜色。进入宜家的商场，顾客不仅可以无偿使用商场提供的各种设施，还可以得到产品目录、卷尺、铅笔和记录纸，以便在选择家具时使用，可谓"想顾客之所想"。

宜家的商品标签也与众不同，除标有商品的名称、价格外，还有尺寸、材料颜色以及定制、提货的地点。宜家希望顾客能够明白，来这里不仅可以消费，而且可以再创造。在一些家具商津津乐道于现场定制、送货上门的时候，宜家却别出心裁地向顾客提供了无数个自由创新的条件和机会。这正是宜家的高明之处。

因循这些思路，宜家形成了自己特有的风格。在宜家商场，家居用品应有尽有，它把各种商品组合成不同风格的样板间，淋漓尽致地展现每种商品的现场效果，激发人们的灵感和购买欲。而它的服务人员，决不会追在顾客屁股后面做烦人的推销。在宜家，一切贴近顾客，一切鼓励顾客自己去体验。正是这种独特的经营方式使得宜家成为最受顾客欢迎的家居用品零售巨头。

在当下这样一个顾客至上的商业时代，很多企业强调"以顾客为中心""为顾客创造价值"，但这些，说起来容易，做起来艰难。科特勒曾说，营销是一种通过创造、交付和传播优质的顾客价值来获得顾客、挽留顾客和提升顾客的科学与艺术。通过宜家的经营，我们可以看到，它不但在销售产品和服务，更是在销售一种理念和价值。"与顾客一起创造价值"的经营理念，不仅拉近了宜家与顾客之间的距离，更是激发出了顾客无穷的活力和想象力，这样一种价值甚至远远超出了产品本身给顾客带来的价值。

差的、好的和伟大的营销之间迥然不同

差的、好的和伟大的营销之间迥然不同。"差营销"的公司只想着现有的产品，以及如何把它变得更好。他们是"近视"的，看不到顾客有变化的需求。"好营销"的公司认真观察市场，选择最具营利性的细分市场来服务、来主导。这种公司贴近顾客和变化的需求。"伟大营销"的公司尽力为顾客想象新的利益，也许是顾客自己永远想象不出的利益。

——科特勒《世界经理人》采访

科特勒提出的"差的"、"好的"和"伟大的"三个营销层次，正体现了三种不同的驱动类型。

"差营销"的公司是市场驱动型，他们埋头做出自己的产品，然后再到处去寻找顾客，去拓展市场。

"好营销"的公司则是顾客驱动型，他们不会盲目地去生产产品，而是会首先深入研究市场的情况和顾客的需求，然后选准最适合自己的细分市场去耕耘。

"伟大营销"的公司则是驱动市场型，他们能准确把握住市场趋势，能够为顾客创造出超越期望、超越想象的利益和价值。乔布斯及其领导的苹果公司就是驱动市场型的杰出代表。

"在所有伟大的硅谷创业英雄里，乔布斯是我们无法绕过的一颗最闪亮的明星。道理很简单，没有乔布斯，今天的世界就一定是另一副模样；没有乔布斯，就没有 1977 年的 Apple II、1984 年的 Macintosh，1998 年的 iMac，2001 年的 iPod，2007 年的 iPhone 和 2010 年的 iPad；没有乔布斯，今天我自己可以随时打开 iPad 上微博、玩'植

物大战僵尸'的快乐生活就至少要被推迟 3 年!"这是李开复对乔布斯的一段评价。

在很多公司看来,营销就是满足顾客的需要,顾客想要什么就给他们什么,而乔布斯则说:"那不是我的方式。我们的责任是提前一步搞清楚他们将来想要什么。我记得亨利·福特曾说过——如果我最初问消费者他们想要什么,他们应该是会告诉我,'要一匹更快的马!'人们不知道想要什么,直到你把它摆在他们面前。正因如此,我从不依靠市场研究。我们的任务是读懂还没落到纸面上的东西。"

乔布斯总是从消费者会有怎样的体验这一点出发,对事物进行思考,他要做的不仅是满足顾客的需要,更是引导甚至是创造顾客的需要。

在开发麦金塔的时候,乔布斯就完全颠覆了当时传统计算机的概念,他称自己受够了"方正、矮胖的电脑",他拿出一本电话簿,对自己的团队说,这就是 Mac 的最大尺寸,绝对不能再大。

他还推出了人们前所未见的"鼠标",当时有杂志批判说"用鼠标去操作那小小的符号,简直会让人发疯",但乔布斯就是认定这种设计会成为未来市场的大势所趋。

后来 iPod 的出现,更是掀起了一场新的消费革命,它已经不仅是一个播放器终端,而是成了一种社会现象。iPod 简易到极致的操作面板和独特的设计引发了消费者近乎宗教式的狂热追捧。

再到后来的 iPhone,iPhone 已经不仅是一部手机,它还是一台便携式电脑,是一台高质量的微型电视机、摄像机、收音机、录音机、照相机,游戏机、导航仪……可看电子书,可发 E-mail。

乔布斯的无所不能概念,被它体现得淋漓尽致,基于此,其他手机被其远远地抛在身后。

同时,iPhone 4 做工精良,软件丰富,操作简单,使用携带方便,集合了当今最先进电子信息技术，成了手机的风向标。

乔布斯本人很推崇"冰球大帝"韦恩·格雷茨基的一句名言——"我滑向球将要到达的地方，而不是它已经在的地方。"

这与他领导苹果公司的理念是异曲同工的，苹果公司走在了市场趋势的前端，做到了真正的"驱动市场"。

"没有顾客问苹果公司要一个 iPhone，因为顾客想象不出在一部手机里可以有这样一整套令人兴奋的功能。

苹果是一家驱动市场的公司，赋予有价值的新产品以生命。"这是科特勒对苹果公司的评价。

他强调说，驱动市场才是对生活水准的提高，它包含真正的创新，而非鸡毛蒜皮的创新，他希望能涌现出更多驱动市场的公司。

驱动市场型的企业其营销的出发点是市场，注重环境分析、注重市场变化、注重从整体市场中寻找目标市场和客户、关注竞争、关注市场培育、关注行业动态、注重市场份额、注重市场占有和开拓，甚至关注培养和引导需求、引导消费观念。这样的一种视野和高度，能让企业的营销收到更好的效果。

大败局：致命营销过失

营销的大敌是"赚了就跑"的短线思维

什么是最糟糕的营销？营销本质上是一种理念，它对于理解、服务和满足客户需要的重要性坚定不移。营销的大敌是"赚了就跑"的销售思维，其目标就是不惜一切代价把产品卖出去，而不是创建长期的客户。诱饵调包的手法、夸张性广告、欺骗性定价等做法都歪曲了大众和企业对于营销的理解。

——科特勒《科特勒说》

　　科特勒始终认为，营销是创造顾客价值的艺术，企业要想真正做好营销，就要真正认识到理解、服务和满足客户需要的重要性，并坚定不移地去贯彻它。如果企业一门心思求利润，不计手段将产品推销出去，赚了就跑，这样不负责任的做法只会给企业带来一时半会儿的甜头，根本不可能有长远的发展。

　　我们耳熟能详的一种说法是："企业是以营利为目的的经济组织。"追求利润确实是企业的一种本能，甚至是义务，但是，企业应以合理的方式去营利，而不能以牺牲客户利益为代价。客户是企业的生存之本，而"赚了就跑"的企业是不可能长久赢得客户的，没有了客户，就等于动摇了自己企业的根本。

　　2011年7月，央视《每周质量报告》播出了一期《达·芬奇天价家具"洋品牌"身份被指造假》的节目，爆出了达·芬奇家居在家具质量和产地上均存在欺诈消费者行为。达·芬奇家居可以说是国内最具影响力的家具高端品牌，以价格昂贵著称。一张单人床能卖到十多万元，一套沙发能卖到30多万元。之所以能将这些家具卖到如此高的天价，是因为达·芬奇宣称说其销售的家具是100%意大利生产的"国际超级品牌"，而且使用的原料是没有污染的"天然的高品质原料"。

　　然而，记者经过深入调查发现，达·芬奇公司售卖的所谓意大利卡布丽缇家具，其实是从东莞长丰家具公司秘密订购，生产的家具由深圳港口出港，再从上海港进港回到国内，通过"一日游"的方式，就成了手续齐全的意大利"进口家具"。天价家具并不像其宣称的那样是100%意大利生产，所用的原料也不是名贵实木"白杨荆棘根"，而是高分子树脂材料、大芯板和密度板。

　　上海市工商局曾介入调查并发布公告称，初步发现并认定达·芬奇家居公司主要有三大问题：一是涉嫌虚假宣传，达·芬奇公司在宣传时使用了诸如"最大、顶级品牌、最高"等绝对用语。二是部分家具产品被判定不合格，如售价 92800 元的卡布丽缇床头柜，号称是实木，实际上是密度板贴三聚氰胺，背后是多层面板。三是大部分家具产品标志不规范，没有标明产地和材质，按照国家相关规定，应该标明具体使用什么材质。对此，上海市工商局向达·芬奇家居发出行政处罚决定书，没收该公司经销的部分不合格家具产品，并开出了133.42 万元的罚单。

国内生产的产品"出国一日游"，回来便以天价卖给消费者，这样的做法不仅欺骗了消费者的感情，也极大地损害了企业自身的信誉与品牌。以后企业要想重建在消费者心目中的形象，可以说比登天还难。短线思维的营销，只会制造"短命"的企业。真正想要做大做强的企业，它不会满足于"赚了就跑"，竭泽而渔；它会沉静下来，用心地经营客户，用心地创造客户价值，着眼于长远的利润和回报。

营销是 4P，绝不能被缩减成 1P

小心 4P 剩下 1P。道戈·霍尔的一项调查显示，有 75％的新产品、服务以及业务会失败。无论市场调查观念更新、产品试验、业务分析、产品开发和试验以及市场调研、开办商业实体等工作的进展如何，这些失败仍然会发生。这是为什么呢？部分原因就在于，当一种新的产品或服务出现时，大部分的营销工作被缩减成一个 P——促销，而不是一套 4P 的工作。

——《营销力——科特勒观点》

科特勒所提及的"4P"指的是传统的 4P 理论，分别是产品、价格、渠道和促销：

产品 (Product)，从市场营销的角度来看，产品是指能够提供给市场被人们使用和消费并满足人们某种需要的任何东西，包括产品、服务、人员、组织、观念或它们的组合。

价格 (Price)，是指顾客购买产品时的价格，包括折扣、支付期限等。价格或价格决策，关系到企业的利润、成本补偿以及是否有利于产品销售、促销等问题。

渠道（Place），所谓销售渠道是指在商品从生产企业流转到消费者手上的全过程中所经历的各个环节和推动力量之和。

促销（Promotion），是指公司或机构用以向目标市场展示自己的产品、服务、形象和理念，说服和提醒他们对公司产品和机构本身信任、支持和注意的任何沟通形式。

4P理论是营销策略的基础，对企业来说，产品、价格、渠道、促销这四者，哪一个环节都不能疏忽。然而事实却是，很多企业常把4P缩减成1P，也就是过于依赖促销，为了赢得市场、保住市场，以逼近成本价的方式去促销，譬如，大打价格战，或者疯狂地打折、赠送等。

从事营销工作的人大都熟悉这样一句话——"没有业绩一切免谈"，正是这样的一种过度营销的思维，使得很多企业渐渐地将4P砍成了1P，为了追逐业绩，在促销上不惜投入。事实上，企业的业绩从周期上可分为长期业绩、中期业绩和短期业绩；从表现形式上也可分为显性的定量业绩，如年度销售量、客户开发量、利润达成量等；还有隐性的定性业绩，如客户满意度、员工满意度、品牌知名度等。由此可见，业绩是企业的一个综合平衡发展系统，不能将其定义为单纯意义上的短期销售业绩，否则必然会以偏概全、助长过度促销之风。有的企业只盯着短期的利益，为了获利，不惜用上各种各样的促销方式，甚至挑起恶性竞争，这样的做法只会使得竞争环境恶化、消费潜力枯竭、可持续发展的空间收窄，最终削弱企业的长期发展动力。

当4P变成了1P，企业在短期内的确可能获益良多，但这种过度营销会使得消费群体流行着超前消费、畸形消费等不良消费风气，强化消费者的不良心理预期，从长远来看，无论是对企业自身，还是对整个行业、整个市场，都是极其不利的。

促销是产品成功走向市场的关键性一环，但绝对不是唯一的一环，过度依赖促销只会缩短产品的生命周期。根据木桶理论，各方面因素相互匹配才是关键。如果研发力跟不上营销力，工艺落后导致产品质量不稳，无法满足客户需求，那么无论促销如何卖力，产品在市场上的表现也必然受到制约；如果价格方案不合理，定价过高或过低，也会影响产品的销量；还有渠道，如果没有一个上通下达的渠道，无法保障顾客能方便、快捷、满意地获取产品，那也会造成客户不满和客户流失。

科特勒强调，75％的新产品、服务以及业务之所以会失败，很大一部分原因就在于，大部分的营销工作被缩减成 1P——促销，而不是一套 4P 的工作。一个新产品的成功，不能仅仅依赖于促销，而应该做好 4P 的每一个细节。

营销不是单兵作战，而是全员战役

市场营销不仅仅是市场营销部门的事，它会影响到顾客体验的方方面面。这就意味着市场营销无处不在——从商店布局、包装设计、产品功能、员工培训、运输物流等所有可能与顾客接触的地方，都与市场营销息息相关；同时，也包括诸如管理创新和业务拓展等各种管理活动。市场营销是如此重要，以至于绝不可能使营销变成只是市场营销部门的事情。

——科特勒《营销管理》

科特勒认为，市场营销职能处于企业职能的核心支配地位。因为企业的主要任务就是创造和保持顾客，而这正是市场营销职能的重任，但同时顾客实际得到的满足程度也受到其他职能部门工作的影响。因此，市场营销职能必须影响或控制其他职能部门，向这些职能部门贯彻以顾客为中心的市场营销思想，才能使顾客得到期望的满足。无论是生产管理、研发管理还是财务管理、人力资源管理，都应服从于市场营销管理，成为市场营销的支持性职能，使之密切配合企业总体战略的发展。

市场营销不是营销这一个部门的事情，而是需要企业所有部门、所有人员共同配合来完成。在这一点上，杰克·韦尔奇在通用电气所推行的"群策群力"和"无边界"的管理模式就是绝佳的典范。

韦尔奇经常把公司比喻成一幢楼房。楼层好比组织的层级，房屋的墙壁则如同公司各职能部门之间的障碍。公司为了获得最佳的经营效果，就必须将这些楼层和墙壁拆除，以便创造各种想法都可自由流动的开放空间。

韦尔奇"群策群力"和"无边界"的管理思想源于克罗顿维尔管理学院的成功实践。每年公司在克罗顿维尔开设三期最高级的管理课程，从1984年开始，每一次课程开班韦尔奇都要去与学员们见面。大家在这里感到说话很自由，这种公开而广泛的直接交流让韦尔奇受益匪浅。韦尔奇从不发表演讲，他希望每一个人都能给他以反馈和挑战。

在克罗顿维尔的收获使韦尔奇决心在 GE（美国通用电器公司）推行"群策群力"计划，他要让所有的子公司都创造出这种自由沟通的氛围。他不能让公司的领导组织这些交流会，因为他们认识自己的这些员工，人们很难敞开心扉自由交谈。韦尔奇想出的办法是聘请外面受过训练的专业人员来提供帮助。这些人员多数是大学教授，他们听员工们的谈话不会别有所图，员工们与这些人交谈也会感到放心。

在"群策群力"座谈会上，有40～100名员工被邀请参加，他们可以自由地谈论对公司的看法，意见整理汇总之后，经理进入会场，他们必须对至少75%的问题给予"是"或"不是"的明确回答。如果有的问题不能当场回答，那么对该问题的处理也要在约定好的时限内完成。由于员工们能够看到自己的想法迅速地得以实施，他们会更为积极地建言献策。

韦尔奇进一步提出"无边界"的理念，他认为，无边界公司应该将各个职能部门之间的障碍全部消除，营销、工程、生产以及其他部门之间能够自由流通、完全透明。无边界公司还将把外部的围墙推倒，让供应商和用户成为一个单一过程的组成部分。此外，它还要推倒那些不易看见的种族和性别藩篱。

无边界公司将不再仅仅奖励千里马，它还要奖励那些甄别、发现、发展和完善了好主意的伯乐。其结果是鼓励公司的各级领导与他们的团队一起分享荣誉，而不是独占，这将大大改善人与人之间的关系。无边界公司还将向其他公司的好经验、好主意敞开大门，如从日本学习弹性生产，"每天发现一个更好的办法"这个口号出现在世界各地的 GE 工厂和办公室的墙上。

在随后的几年中，GE 的主营业务增长速度翻了一番，尽管业务种类没有增加，但都注入了新的活力。公司的营业收入从 1995 年的 700 亿美元增长到了 2000 年的 1300 亿美元，营业利润率从 1992 年的 11.5％增长到了 2000 年创纪录的 18.9％。而"群策群力"和"无边界"的新思维方式无疑发挥了极其重要的作用。

韦尔奇的"群策群力"和"无边界"理念，打破了层级与部门的观念，扫除了隔阂与藩篱，不再各自为政，让所有人能全心投入到那些对企业而言最具建设性的事务中去。

曾任沃尔玛公司首席营销官的卡特·卡斯特说过："最让我感到惊讶的就是，在我成为首席营销官后我跟除了营销部门之外的其他部门之间的互动与合作越来越多了。在一开始，我并没有意识到这种关联，后来才知道我必须去了解产品供应、盈亏平衡点和会计等管理活动。"

营销是企业与顾客之间的一道桥梁，它为顾客创造价值并使企业赢利。通常来说，企业都会构建一个专门的营销部门，并由该部分负责创造与交付顾客价值，但正如惠普公司创始人之一的大卫·帕卡德所发现的：市场营销是如此的重要，以至于绝不可能使营销变成只是市场营销这个部门的事情。现在，企业都知道每个员工都会对顾客产生影响，并把顾客视为企业繁荣发展的根基所在。因此，它们开始在关键流程中重视跨部门的团队合作，同时，它们也很重视对新产品创造、顾客获取与挽留以及履行订单等核心业务流程的管理。

当你忽视竞争者的时候，他会悄悄闯入你后院

公司需要更好地界定并监视它的竞争对手。从未考虑过竞争的企业会蓦然发现这些对手已经来到自家后院了。公司不能只关注邻近的竞争对手而忽略远处的竞争对手和破坏性的技术，也不能没有收集和分发竞争情报的系统。公司必须建立竞争情报办公室，关注竞争对手的员工，留心可能影响公司的技术，准备好竞争对手所准备的资源。

——科特勒《营销管理》

科特勒特别强调的一点是，企业不仅要关注眼前直接威胁到自己的竞争对手，更要留意到那些潜在的、远处的竞争对手，还有那些破坏性的技术，它们与眼前的竞争对手相比，更具有隐蔽性，也更具有杀伤力。企业如果忽视了这些潜在的对手和破坏性的技术，那么，有朝一日，它们会悄无声息地出现在后院里，给企业以致命的打击。

施乐与佳能在复印机行业的鏖战就是一个值得深思的案例。

施乐公司曾经是美国企业界的骄傲。在复印机随处可见的今天，人们不容易理解最初施乐向市场推出复印机时所引起的轰动。但在20世纪50年代，用得最多的是一种叫蓝图的复印技术，用它复印出来的东西味道极重，而且湿乎乎的，就像洗相片一样。在这个时候，施乐发明了静电复印机——迅速、洁净而清晰，可以直接使用普通纸。这几乎就是复印机行业的一大革命。施乐当时推出的最著名的复印机，因为使用的纸张尺寸为9×14英寸，所以命名为914复印机。914复印机简直就是施乐公司会生金蛋的鸡，为公司赢来了滚滚财富。靠它，施乐公司1968年的收入突破了10亿美元。20世纪60年代，这么多

钱对于一家公司来说，简直就是花不完的。施乐的成功使得当时的人们一想起复印机一定想起施乐这一品牌。施乐成了复印机行业的老大和代名词。

为了保护自己，为了让专利壁垒尽可能无法逾越，施乐先后为其研发的复印机申请了 500 多项专利，几乎囊括了复印机的全部部件和所有关键技术环节。当这个庞大的技术壁垒完成以后，施乐认为可以高枕无忧了。可惜，以后的事实表明，这个壁垒并不能阻止后来者。美国这类产品的专利有效期为十年，在这段时间里，佳能开始了对施乐的深入研究，它试图从施乐产品那些不能满足人们需要的地方入手，需要没有得到满足，就意味着机会。佳能遍访施乐的用户，了解他们对现有产品不满意的地方，同时走访没有买过施乐复印机的企业，寻找没有买的原因。最后发现这样几点：

第一，施乐复印机是大型的，当时叫集中复印，一个有钱的大企业也最多能买得起一台，因为施乐产品要几十万、上百万元一台，速度和性能非常好，但价格太高，不是每个企业或企业的部门都能消费得起的。

第二，施乐的复印机非常庞大，一个公司假如说是十层楼，一台复印机放在任何一个地方，所有人哪怕复印一张纸也要跑到那里去，不方便。

第三，如果某人要复印一些保密的东西，他不愿意把文件交给专门管复印的人，因为复印机的保密性不好。

针对这几点，佳能提出了解决方案：

第一，设计一个小型复印机，把造价降低到十分之一、十二分之一。

第二，将复印机做成像傻瓜相机一样，简单易用，轻巧便携，不用专人使用。

17

第三，力求简单、便宜，让每个办公室都可以拥有一台，老板房间可以自己用一台，解决保密问题。

这三个问题都解决了，是不是就可以打倒施乐了？不是！施乐是当时复印机行业的巨无霸，即使佳能能将这种复印机生产出来，施乐只要一反击，佳能很可能就会吃不消，毕竟那时候施乐誉满天下，而佳能还只是一个不太知名的小品牌。

那么怎么办呢？佳能想到了协同竞争，它找其他的日本厂商，如东芝、美能达、理光等。佳能把自己造出来的产品拿给这些企业看，提出联合生产这种复印机。佳能设计了一个其他人难以拒绝的合作方案。如果其他企业从佳能这里购买生产许可，相比于他们自己从头研究开发，投产时间要快一年多，而开发费用只需十分之一。

经过佳能的努力，十来家日本企业结成了一个联盟。这些企业都从佳能那里购买生产许可证，同时针对施乐的"集中复印"，推广"分散复印"概念，大举向小型化复印机市场发动集体进攻。于是，施乐的对手从佳能一家一下子变成十几家。这样一来，施乐可就不那么容易夺回失地了。

这种企业联盟还创造出佳能复印机行业领导者的地位。施乐过去的用户都是一些大企业，许多普通人、非专业人员由于没有接触过复印机，从来没有听说过施乐，看到佳能率先推出小型复印机以后，便把佳能认成了复印机行业的老大。

在佳能领导的企业联盟的全力攻击之下，施乐遭遇了全方位的挑战和严重的挫折。从 1976 年到 1981 年，施乐在复印机市场的市场份额从 82％直线下降到 35％。在其后的市场份额争夺当中，施乐也曾经成功地从佳能手中夺取过部分的市场份额，但已经不可挽回地从一个市场垄断者、领导者变成了一个追赶者，而且，这种追赶还很吃力。

施乐公司当初并非没有想到过"分散复印""简单复印"，但是，当时施乐从大型复印机中获利丰厚，又有貌似铜墙铁壁的专利壁垒保护，没有将小型复印机太当回事，因此，才给佳能留下了一个切入口，也丢了行业老大的地位。

俗话说："只见树木，不见森林。"施乐一心防守着大型复印机这一块市场，却没料到，佳能会从小型复印机这里突破，并且，后来居上，击败施乐。这一案例正验证了科特勒的观点——不仅要关注那些直接威胁自己的竞争者，更要提防潜在的威胁者和破坏性的技术。

大趋势：未来营销唯一不变的就是变化

真正的顾客为王：从参与、互动直至主导

当今的市场，已经不再是昔日的市场了。顾客已经取代生产商、分销商，成为强势、主导的一方。顾客为王。

——科特勒 2011 年《IT 经理世界》采访

科特勒曾经提出，新经济的时代是逆向经济的时代。在过去，顾客处在相对弱势的一方，很多时候是企业在引导甚至是支配着顾客，而现在反转了，顾客由被动地接受，转变为参与、互动直至主导。有一位营销专家甚至说："现在的企业，从某种意义上说，已经成了代理商——向顾客出租自己的制造设备、物流设施以及其他资源，让顾客去发现、选择、设计，进而使用它们所需要的产品。"的确如科特勒所说的一样，顾客已经取代生产商、分销商，成为强势、主导的一方，这是真正的顾客为王。

企业生存的全部意义，就是在产品、品牌与消费者之间建立起有效连接，随着产品的同质化进一步加剧，产品和产品之间、品牌和品牌之间的差异越来越小，如何让品牌吸引消费者，促成消费者购买呢？

让客户充分参与，与客户保持互动，甚至让客户来做主导者，这是一种拉近并深化企业与客户之间关系的好方式。营销人员必须意识到这样一点：一切应以客户为主，未来的世界是客户主导的时代。

有一家房地产开发商准备开发高档别墅，在前期设计时他们就邀请目标客户参与，按照客户的要求来建造别墅。通过与客户的互动，企业不仅满足了消费者个性化的要求，更重要的是企业有了销售量的保证。

再如，一家装潢公司开发了一套三维数字化装潢软件，设计师可以根据顾客的需求，在电脑上设计出直观的三维室内装潢效果图。

在整个设计过程中设计师随时和客户保持互动，利用软件方便地修改装潢图，最终，不仅装潢的色彩、结构、布局等令客户满意，而且还能让客户选择不同价格的材料；把它们写入施工面积，就能精确地显示出各部位的装潢费用以及总的装潢费用。这样的做法，在提升客户参与度的同时，也为企业带来了巨大的利益。

让客户参与、互动，甚至是主导，是对传统营销中企业对消费者的单向推动的大改变。

随着居民收入的提高、消费意识的成熟以及消费理念的转化，差异消费、个性消费成为时尚，未来营销模式将是一个个性化的客户关系的竞争模式。从以企业自我为中心转向以客户为中心，这不仅有利于客户，更有利于企业。

第一，这种转变非常符合马斯洛的需要层次理论。如果客户能够充分参与到企业的生产经营这个过程中来，他们得到的就不仅仅是产品，而是一种被尊重、被重视以及自我实现的成就感。"DIY"的模式为什么会受到消费者的欢迎，就是因为在"DIY"的过程中，消费者的内心得到了最大程度的满足，这样的产品，不再是企业推销给他们的，而是融合了他们自身心力付出的珍品。他们当然更愿意消费这样的产品。

第二，让客户参与、互动、主导，这跟头脑风暴法、德尔斐法等有异曲同工之妙，企业可以跳出自身的局限，从客户那里获得意见建议与创新的启发。这种"换位思考"会带来全新的观察问题的视角。

第三，以客户为中心，对企业来说，还能带来一个实质性的收获，那就是能帮助企业对顾客需求的未来趋势更早感知，更早察觉，更及时地预测和把握，在制定并实施具体的营销计划时就能做到未雨绸缪，决胜未来了。

客户的参与、互动和主导，不仅缩短了企业与消费者之间的实际距离，并通过消费者积极参与生产的全过程，使企业既可获得大批量生产的规模经济，又能使其产品适应单个消费者的独特需求，既满足了大众化的需求，又满足了个性化的需求，从而实现最大限度地提高消费者满意度这一目的。

全面营销：广泛、整合的视角不可或缺

今天的企业正面临前所未有的激烈竞争，而企业如果能从产品理念和销售理念走出而转向全面营销理念，就能有效地应对竞争。全面营销者认为，在营销实践中每个细节都是特别重要的，采纳广泛的、整合的视角不可或缺。
——科特勒《营销管理》

科特勒所提倡的全面营销观念是由关系营销、整合营销、内部营销和社会责任营销四部分组成的。关系营销强调了外部合作伙伴的重要性，整合营销强调了对系列营销工具的合理组合与运用，内部营销明晰了内部成员的工作思路，社会责任营销则突出了平衡短期利益与长期利益的必要性。

有专家曾说，80年代的市场是"高生产、快贸易"；90年代商品经济是"跟市场、做推销"；跨入新世纪那几年的市场奉行"打品牌、建销路"；而现在及未来一段时间的市场，则是企业全营销的时代。

"全面营销"观念提倡营销者在通过有效的营销实践活动保证企业

内外部"直接利益相关人"（股东、员工、供应商和分销渠道成员等）综合需求满足的同时，还要去践行能够保证"间接利益相关人"综合需求（如社会公众对保护自然资源与环境的需求、顾客需求即时满足与长期健康之间的平衡和社会对弱势群体的关怀等）的组织公民行为。总之，"全面营销"观念是一种要求组织，尤其是商业企业在商业利润、消费者需求与福利、社会经济与人类社会福利等诸方面达到和谐平衡，进而实现可持续发展的营销观念。"全面营销"观念可以被广泛应用到不同行业的营销领域，成为指导企业日常营销行为的有效原则。我们可以先来看一个全面营销的案例。

北京心力源源电子有限公司，其前身北京富达中天电子有限公司，是国内知名的电子通信产品商，在中国市场销售的正品摩托罗拉汽车电话的90％是由富达中天代理销售的。因此，富达中天是摩托罗拉在中国最亲密的战略合作伙伴之一。早在2000年，富达中天就获得了摩托罗拉的授权，成为中国内地唯一全权代理其汽车电子及汽车通信产品的经销商。在推广摩托罗拉汽车电话的时候，心力源源公司打了一场漂亮的全面营销的仗。

这次活动，由2002年初发起，心力源源公司宣布，活动期间，任何拥有汽车的消费者个人或者单位客户，可以完全免费得到一部摩托罗拉汽车电话，并可以与心力源源公司签订正式赠送协议，从而得到法律保护。受赠人所履行的义务很简单：只需要将按照正常要求的汽车保险费交纳，或者转移，或者延伸到心力源源公司的合作保险公司那里即可。年"赠送"的总量达到了1.4亿元人民币。

这个模式创造了一种全新的市场模式：无竞争市场。以完全免费的方式赠送给消费者高价值的名牌产品。而一般的制造商或者代理商是不大可能有实力并能够如此深刻把握转型期中国消费者心理，来大胆执行这个免费模式的。

当然，这种免费也并非无偿，否则这个快乐的循环链的发起者心力源源公司之举无异于竭泽而渔。其实，心力源源在实施方案之前已和中国平安保险公司签署了协议，作为平安的保险代理，从车主交纳的车保费中获得8%的正常与合理的返利。消费者的车保也只是按照正常的标准交纳，并无涨价。心力源源要求消费者稳定投保的期限也并不长，仅仅两年。两年之后，按照赠送协议，消费者可以完全拥有这台电话的产权。

2002年，舒尔茨教授到访中国时，听说了这个案例，他称赞说："在心力源源这个案例中，消费者得到了满足，而且没有付出额外代价；保险商得到了稳定和高价值的客户；代理商得到了合理的佣金；心力源源获得了市场、品牌和资金回报。这样就形成了一个良性的闭环财务系统，没有任何资源的浪费。"

心力源源通过与直接消费者、保险公司、代理商等利害关系者的沟通，组成一个"快乐的商业链"，由于这个商业链本身就是一个良性的物流和财务的回环，所以才能顺利地完成产品的销售任务。这是一个良性的全面营销的过程。

"全面营销"观念的提出与不断完善，向我们揭示出市场营销——"建立和管理可赢利的顾客关系"，本身是一个处于不断变化的动态管理过程。在未来，只有那些融"关注顾客需求、获取合理利润、平衡社会福利"为一体的营销设计，才能让企业在市场竞争中赢得更响亮的掌声。

差异化：成为与众不同的"紫牛"

差异性市场营销针对不同细分市场，设计不同服务产品，制定不同的营销策略，满足不同的消费需求。越来越多的公司已开始采用差异性市场营销战略，差异性市场营销往往能带来比无差异性市场营销更大的总销售额。

——科特勒《市场营销教程》

雅虎前营销副总裁赛思·高丁曾提出——今天的营销竞争如同一群带着花斑的牛在前行，你分辨不出任何差异，这时一头紫色牛的出现，才会吸引你所有的关注。差异化就是让企业成为那一头引人侧目的"紫牛"。

科特勒大力倡导的 STP 营销，也就是市场细分（Segmentation）、目标市场（Targeting）、定位（Positioning），其中很关键的一个要点就是差异化，企业通过市场细分选定目标市场，然后进行差异化的定位，让自己从激烈的市场竞争中脱颖而出。

差异化市场营销战略与无差异化市场营销战略，二者各有利弊。

无差异市场营销是指企业在市场细分之后，不考虑各子市场的特性，而只注重子市场的共性，决定只推出单一产品，运用单一的市场营销组合，力求在一定程度上满足尽可能多的顾客的需求。其优点在于：第一，它比较有效地适用于广泛需求的品种、规格，款式简单并能够标准化大量生产、大量分销的产品。它可凭借广泛的分销渠道和大规模的广告宣传，往往能够在消费者或用户心目中建立起"超级产品"高大而不可摧的形象。第二，它可大大降低成本费用。这是无差异营销战略的最大优点。首先，标准化和大批量生产可降低生产成本、储存成本、运输成本。其次，无差异市场营销的广告等促销活动可缩减促销费用。最后，它不必对各子市场进行市场营销研究和计划工作，又可以降低市场营销研究和产品管理成本。第三，它简单易行，便于管理。单一的市场营销组合便于企业统一计划、组织、实施和监督等管理活动，减少管理的复杂性，易于操作。

然而，无差异市场营销战略的弊端也是明显的。首先，消费者需求客观上千差万别并不断变化，一种产品长期为所有消费者和用户所接受非常罕见。其次，当众多企业如法炮制，都采用这一策略时，会造成市场竞争异常激烈，同时在一些小的细分市场上消费者的需求得不到满足，这对企业和消费者都是不利的。最后，当其他企业针对不同细分市场提供更有特色的产品和服务时，采用无差异策略的企业可能会发现自己的市场正在遭到蚕食但又无法有效地予以反击。正由于这些原因，世界上一些曾经长期实行无差异营销策略的大企业最后也被迫改弦更张，转而实行差异性营销策略。例如，曾被视为实行无差异营销典范的可口可乐公司，面对百事可乐、七喜等企业的强劲攻势，也不得不改变原来的策略，一方面向非可乐饮料市场进军，另一方面针对顾客的不同需要推出多种类型的新可乐。

相比之下，差异性市场营销战略的优点在于：

第一，它可以通过不同的市场营销组合服务于不同子市场，更好地满足不同顾客群的需要。第二，企业的产品种类如果同时在几个子市场都具有优势，就会大大增强消费者对企业的信任感，进而提高重复购买率，从而争取到更多的品牌铁杆忠诚消费者。第三，它对企业市场经营风险的分散具有重要意义。第四，它可通过多样化的渠道和多样化的产品线进行销售，通常会有利于扩大企业的销售总额。

差异化市场营销需要对不同的细分市场采取不同的营销策略，针对不同的细分市场做不同的广告促销，这就导致了营销成本的额外增加，这也是差异化营销战略的一大不足。

唯有让产品成为本行业中的"紫牛"，让产品与众不同、出类拔萃，才有可能在不消耗大成本的广告运作下使企业扩大市场规模。正如紫牛在一群普通的黑白花奶牛中脱颖而出一样，真正的营销应该是让人眼睛会为之一亮的、可以把人们的注意力恰到好处地引向我们的产品和服务的一门艺术。

精准营销：广泛的精准和精准的广泛

精准也就意味着会获得更高的效率，即用更低的成本去做更多具体的事情。在现代追求高效率以及存在诸多需求的市场中，精准营销无疑会让企业获得巨大优势。

——科特勒 2011 年 GMC 总裁论坛巡回演讲

科特勒认为，市场细分最终的层次将会"细分到个人"，甚至是"定制营销"、"一对一营销"。当今的顾客在决定购买什么和如何购买时，已经具有了很大的主动性。他们登录互联网，浏览有关产品与服务的信息和评价，与供应商、用户和产品的批评者进行交谈。在很多情况下，他们还可以设计自己想要的产品。面对这样的顾客，千篇一律的产品已经很难对他们构成冲击力和吸引力。企业必须开展精准化的营销。

传统的营销模式有些类似于战争中的狂轰滥炸，而精准营销就如同现代战争中利用先进的定位系统来有效击中目标的做法。当产品日趋同质化、价格战使得利润空间日渐趋薄的时候，企业为了在竞争中体现出差异性，纷纷高举服务牌、文化牌和品牌等。面对这种情形，谁能够把握客户的需求，分析趋势、把握潮流，将个性化服务视为营销的重要组成部分，谁就能够将营销工作做深、做细、做透，能够牢牢占据更多的市场份额。

精准营销，简而言之，就是如何增加营销效益。一方面，营销开始更加重视技术，比如营销的数据化、自动化，另一方面，营销的过程不仅仅是涉及创新，还必须考虑到财务因素，进行投资回报的计算。我们不可否认，精准营销的优势符合现代市场经济发展的需要，而且其必将成为未来的营销发展趋势。"有的放矢"的战略更能帮助企业赢得"竞赛"。

华院分析技术（上海）有限公司的技术总监何直曾经对淘宝网上的一些高端皇冠店铺做了一次深入的调查，调查发现，很多淘宝大卖家现在面临发展瓶颈，其中一个最大的问题是他们已经面临精确营销的挑战。

　　何直说，淘宝网商经过数年的快速发展，已经涌现出数万家年销售额超百万、千万的皇冠卖家。

　　这些大卖家在发展过程中，虽然也探索和创新了许多营销手段，但总体来说还是传统的营销方式。

　　第一种是以低价为卖点，争夺的是传统渠道的客户资源，但现在，这种方式的竞争力已经明显弱了很多，淘宝网上有些商品已经便宜得离谱，出现了"没有最便宜只有更便宜"的奇怪现象。拼低价的营销模式难以维系持续发展。

　　第二种则是拼广告，在产品种类饱满、竞争激烈的淘宝网上，要想获取新客户的注意，打广告成了很多商家不得不选的方法。淘宝网上选择做直通车的网店越来越多，这种继续拼投入的方式很多卖家已无法承受。

　　这些问题困扰着淘宝网商。而对此，何直开出的药方是：以最快的速度熟悉网络上的精确营销。

　　从以产品为中心，转向以客户为中心；从抢新客源为重，转向新老并重，关注回头客生意；从粗放营销转向精确营销；从凭感觉营销转向可精确度量的营销。

　　譬如，淘宝网上一家三皇冠的店铺，是何直重点调查的一家，该店店主说，她从何直的调查数据中学到了很多，有些数据让她很诧异，比如客户的购物周期："我以前根本不知道我的客户购物周期是多少时间，现在我很清楚地知道是平均 120 天。这个时间比我想象的要长。我还知道了自己店铺里有多少客户是睡眠客户，怎么去激活他们。"

　　"比如，和蛋白粉关联最紧密的东西是钙、B 族维生素和维生素C，我现在就学会了把这几个产品打包卖，或者在产品描述上面的相关推荐中有针对性地放上上述产品，缩短客户的购物路径，这样才是真正的关联推荐。以前的方法是在所有产品上面都生硬地放上几个广告商品，那样客户的体验是非常不好的。"

"比如发促销信息，现在我促销什么产品，就发什么人群，没有目的的群发很浪费。"该店主已经学会了用数据工具方便地归类人群，"以后我会慢慢转型成为某类人群服务，这是未来商业零售的趋势。以前都是我有某种商品，然后找客户。现在我想转型成先锁定一群人，然后分析他们的需求，再帮他们找东西，倒过来做，因为现在物质很丰富，组织产品的难度并不是太大。"这位店主的第一个营销策划，是想帮助减肥的人找健康食品，她认为这就是为人群服务。

何直在总结这次调查时，说了这样一番话："如果说拼价格、拼广告是针锋相对的搏杀，精确营销开启的则是没有硝烟的战争。后知后觉者将在悄无声息中被蚕食，而先行者将确立在此战场上的竞争优势！"

何直的这番话值得每一位从事营销工作的人深思。精准营销，它寻求的是一种广泛的精准和精准的广泛。

广泛的精准是指，面对广泛的消费群体，企业不可能做全网的营销，只能针对自己的目标群体，选择自己的精准客户进行营销和推广。

而精准的广泛如何理解呢？当企业走上了精准营销的道路，如果只能找到一个人，而不是一万人、一百万人甚至更多的人，那么这样的精准是没有任何价值的。所以说，在确定精准路线后，企业要找到足够量的符合要求的客户人群，实现精准情况下的广泛。

第二章

营销环境新解

◎ **宏观环境：鱼不离水，营销脱不掉社会力量影响**

企业必须掌握的六种主要宏观环境因素

读懂人口环境才能透视营销受众

每一种新技术都是一种"创造性破坏"力量

政治法律有底线，企业要"做正确的事情"

◎ **微观环境：层层面面构建起企业的价值传递网络**

企业必须掌握的六种主要微观环境因素

持续地监控和适应外部市场环境是极其重要的

企业最大的风险就是放松对顾客和竞争对手的关注

◎ **市场信息与顾客洞察：信息的价值在于应用**

营销胜利的基础越来越取决于信息，而非销售力量

太多的信息与太少的信息一样有害

内部资料、市场情报、营销调研中都藏着宝贵信息

聪明的公司在每个可能的顾客接触点上捕捉信息

宏观环境：鱼不离水，营销脱不掉社会力量影响

企业必须掌握的六种主要宏观环境因素

宏观环境由影响微观环境的较大的社会力量——人口、经济、自然、技术、政治法律和文化——构成。为了应付迅速变化的全球形势，营销人员必须监测这六种主要的宏观环境因素。

——科特勒《市场营销原理》

科特勒指出，公司的营销环境由影响市场营销管理者与其目标顾客建立和维持稳固关系的能力的所有外部行为者和力量构成。市场营销环境由微观环境和宏观环境构成。微观环境由影响公司顾客服务能力的联系紧密的组织或个人——企业、供应商、市场营销中介、顾客、竞争者和公众——构成。而宏观环境则是由影响微观环境的较大的几种社会力量——人口、经济、自然、技术、政治法律和文化——构成。

人口是第一要素，人口的数量决定市场的规模与潜在容量，人口的性别、年龄、民族、婚姻、职业、居住地等等因素也影响着市场格局，影响着企业的营销活动。所以，企业应重视人口环境因素的研究，

从而及时地调整营销策略，适应人口环境的变化。

经济也是一个对企业营销活动影响极大的主要宏观环境因素，它包括消费者收入、消费支出、产业结构、经济增长率、银行利率等因素，尤其是消费者收入状况和消费结构对营销活动有直接影响。

自然环境指的是自然界提供给人类的各种物质资料。经济的发展，工业化的进程，一方面给我们创造了丰富的物质财富，满足了人们不断增长的需求，但另一方面，也给自然环境造成了巨大的压力与破坏。自然环境保护越来越被各国政府和公众所重视。这些问题都是企业营销过程中必须予以高度重视的。

技术影响着人类社会的历史进程和社会生活的方方面面，它对企业营销的影响更是显而易见的。技术的发展，会给企业带来新的市场机会，会造就新的行业，同时也会给一些行业、一些企业带来威胁甚至颠覆，它还会改变消费者的购买行为和习惯，进而会促使企业在营销上进行变革和创新。

政治和法律这二者共同对企业的营销活动发挥作用，施加影响，政治环境引导着企业营销的方向，而法律环境则为营销活动定下了行为准则。企业在营销活动中，特别是在对外贸易活动中，必须要对目标市场的政治法律环境有深刻的认识和了解。

文化环境指的是价值观念、宗教信仰、风俗习惯、道德规范等等。无论是消费者，还是企业，都处于一定的社会文化环境之中，企业营销活动必然受到文化环境的影响与制约。因此，企业制定营销策略，应了解和分析文化环境，在此基础上开展营销活动。

宏观环境的发展变化，既会给企业制造有利条件与发展机会，同时也会给企业的生存发展带来不利因素甚至造成环境威胁，企业必须密切注视宏观环境的发展变化，并注意从战略的角度与之保持适应性。

读懂人口环境才能透视营销受众

人口统计是根据人口规模、密度、地理位置、年龄、性别、种族、职业和其他一些统计量进行的人口研究。由于人口统计环境与人相关，而正是人构成了市场，因此，市场营销者要密切追踪国内外市场中的人口变化趋势和动态，关注不断变化的年龄结构和家庭构成、人口的地理迁移、教育特点以及人口多样化。

——科特勒《市场营销原理》

科特勒认为，只有读懂了人口环境，才能更精准地透视营销受众。在人文环境中，营销人员必须认识到世界性的人口增长、年龄结构变化和教育水平改变、非传统家庭的发展和大量的人口迁移。人口是很关键的一个环境因素，因为市场是由人所组成的。营销人员尤其感兴趣的是不同城市、地区和国家的人口数的多寡和成长率；年龄分布、教育水平、家庭结构、地区特征和迁移。

有句话说："顾客就是上帝。"消费群体是企业的服务对象，如果不了解"上帝"的喜好，以及目前的状况和未来动向，又怎能赢得消费者的青睐呢？特别是当企业进入到一个全新市场的时候，更要对自己的消费群体有深入的了解。

2006 年，一则 PSP 广告也引起了各界的广泛关注，这则索尼为陶瓷白色 PSP 在欧洲打出的广告一推出就立刻引发了激烈的争议。广告中一名白人女子单手掐住一名黑人女子的下巴，面露威胁之情，也正是这个动作，被普遍认为有严重的种族歧视倾向，遭到许多人的反对。最后，索尼撤下了分布在各地的引起争议的 PSP 广告，并就此事公开赔礼道歉。索尼的一位官方发言人表示："广告中使用的人物形象是为了强调黑、白两种颜色 PSP 的对比，我们承认，其中一个画面所表现的主题可能在某些国家或地区引发争议，因此我们决定撤回这些广告。"此外，索尼方面还对由于广告所带来的不良影响而道歉，并保证："索尼在将来的广告图片选择上将更加谨慎，同时也将加强对这类地区广告所带来的广泛影响以及对其他国家的潜在效果的预见和控制。"

营销就是要为消费者创造价值，而要创造出这种价值，首先就要了解消费者，了解自己所要面对的人口环境。

在营销上，对人口环境的分析，大致分为三部分——人口数量分析、人口结构分析和人口分布分析。近些年来，世界人口呈爆炸式的速度增长，对企业有着很大的影响。人是市场需求的主体，这也意味着市场需求也会随人口增长而发生爆发式膨胀。另外，人口结构老龄化，以及区域分布的一些特征，都是企业进行营销活动不得不考虑的因素。

分析人口环境，不能只是单纯地对数量、密度、分布、年龄、性别等数据的统计分析，最重要的是要能结合企业自身特点，从这些数据信息中寻找潜在机会。譬如，大众汽车就曾经注意到残疾人中有很大一部分人有着旅游驾驶的需求，因此，它不仅开发出了能很好满足需求的产品，更成功地运用了一些营销手段，开创性地占领了这个细分市场。

人口环境对企业有重要的意义。就拿中国来说，当年，为控制人口的快速增长，计划生育政策被全面地贯彻执行。结果催生了一批批"小皇帝"、"小公主"——他们受到父母、爷爷奶奶、外公外婆格外的溺爱和关注。现在，这个被宠爱群体的年龄从新出生的婴儿到20多岁不等，他们正显著地影响着从儿童用品到金融服务、饭店和奢侈品的营销。在很多家庭，年轻父母们将家庭收入的很大一部分花在这些宝贝孩子身上，这为儿童教育产品创造了巨大的市场机会。例如，时代华纳就看准机遇，推出了一种名为"英语时代"的互动型语言课程，包含200节课、40张CD，历时4年，针对的就是中国这个具有高营利性、庞大的孩子市场。该课程售价 3300 美元，几乎是许多中国父母一年的薪酬。可见，把准了人口大环境的脉，从某种程度上说，就等于是把准了消费者的脉。

每一种新技术都是一种"创造性破坏"力量

改变人类命运最戏剧化的力量之一是技术。每一种新技术都是一种"创造性破坏"力量。晶体管使真空管行业没落、复印机使复写纸行业衰败。新技术创造了新的市场和机会，新技术终将替代老技术。如果旧产业忽略甚至抵制新技术，它们自身就会衰弱。因此，市场营销者应该密切关注技术环境。不能紧跟技术进步步伐的公司很快会发觉自己的产品过时了，并错失了新产品和市场机会。

——科特勒《市场营销原理》

科特勒曾说："技术创造了许多奇迹，如青霉素、开胸手术、避孕药；技术也创造出了恐怖的'魔鬼'，如氢弹、神经性毒气、冲锋枪；技术还创造出了诸如手机、电子游戏机这样好坏参半的产品。"

新技术能创造新的市场和机遇，然而每项新技术的诞生往往也意味着旧的技术要被淘汰，如彩色电视机的出现慢慢淘汰了黑白电视的市场。如果企业跟不上科技进步的步伐，就会发现自己的产品已过时，同时也就失去了一些新的市场机会，从而市场竞争力会被大大削弱。相反，如果企业重视科技环境的发展变化，并能及时采取行动，则能在科技进步中不断获益。因此对于企业而言，科技环境的分析就显得异常重要。

提到新技术的"创造性破坏"作用，就不得不提互联网。互联网对传统行业的冲击，几乎可以说是毁灭性的。举一个很明显的例子——互联网媒体对传统媒体。

从 2008 年下半年开始，美国报业就面临着债务攀升、广告收入大幅下滑的压力。许多公司不得不通过裁员、申请破产等方式渡过难关。

2008 年 12 月，拥有《洛杉矶时报》《芝加哥论坛报》《巴尔的摩太阳报》等知名报纸和 23 家广播电视台、美国年收益第二、总发行量第三的报业集团"论坛报"提请破产保护。2009 年 2 月，拥有近 20 多家日报的 Journal Register 公司申请破产保护。第二天，大费城报业协会也在电子邮件中向该协会会员通知了费城报业公司申请破产保护的消息。而全美第一大报《纽约时报》在即将到期债务、股价及信用评级调低的重压之下，已经开始减少采编人员和削减股东红利。

市场通常将这些传统媒体所面临的困境解读成金融危机带来的附带伤害，但事实上，更主要的一个因素是互联网媒体的冲击。这是一股势不可当的趋势，金融危机只是加速了趋势的到来，只是起到了催化剂的作用。互联网技术的革命将在未来改变人们诸多生活方式。

试想一下，当某地出现了一件突发事件，记者接到爆料线索后，以最快速度赶到现场采访，写完新闻稿之后连夜发回报社，排版印刷之后第二天送到读者手中。传统新闻报道一直以来都是这样的流程。而现在，借助于互联网技术，那位现场的爆料人不仅可以联系传统媒体，更可以用手机轻松拍下现场照片然后上传到自己的博客或论坛中，同时以相对客观的立场发表一些自己的见解，那么他创造这条新闻的成本将远低于报纸，而这条新闻的传播成本更是大大低于传统渠道，网友只要把链接发给别人就行了。事实上，现在很多新闻是在网上热炒很多天之后，才被传统媒体所关注。

报纸除了提供新闻，还提供有价值的评论，特别是一些作者的专栏具有很高的用户黏着度，但是现在多数有"粉丝"的作者都会在网上开设专栏，通过方便的 RSS 订阅功能（类似于订报纸），读者甚至可以做到实时监控作者的最新文章，而不必等报纸拿到手。更关键的是，读者还可以通过留言等方式直接和专栏作者互动。这些，是传统的媒体无论如何都难以做到的。

在传统媒体广告日渐萎缩的今天，互联网媒体广告却持续高增长，艾瑞咨询曾发布研究报告称，2008 年中国综合门户网络广告市场高速增长近 60％，广告营收达到 47.4 亿元；而搜索引擎广告营收也实现了翻番。写博客赚钱也已经不是新鲜事了，加拿大有一位叫 John Chow 的华人，他每个月通过博客获得的收入超过 3 万美元，为此他还特地把自己的成功经验总结成了一本书免费发布。

互联网技术所带来的改变远不止于此，在未来，它还将继续这种"创造性破坏"。随着网络媒体的兴起，人们越来越多地选择通过网络来获取信息，势必将大大影响报纸等传统媒体的发行量，并减少其广告收入，未来数年内裁员、降薪和破产可能会伴随着它们，如何及早顺应趋势进行调整，是当前传统媒体不得不考虑的生存选择。

熊彼特曾说：创新固然会创造利润，但是有创新就有破坏，因为创新会破坏现有的经济模式，但破坏之后新的取代旧的，结果更美好，这就是著名的"创造性破坏"理论。技术环境是"双刃剑"，也是促进市场优胜劣汰进程的一个重要力量。重视技术、合理分析技术环境变化趋势，才能做到趋利避害，为企业的营销活动做出正确的指导。

政治法律有底线，企业要"做正确的事情"

有多种原因使得商业立法很有必要。首先是保护公司的利益，其次是保护消费者免受不公平的商业活动的损害，再次是保护社会的利益免受无序商业活动的损害。明智的公司鼓励其管理者遵守法律和法规，"做正确的事情"。

——科特勒《市场营销原理》

科特勒提醒企业，尤其是进行国际化的企业，在开展营销活动的时候，会遇到十几种甚至数百种为执行贸易政策和规定而设立的形形色色的机构。政府机构在执法时有一定的自主权，因此它们对公司的市场营销活动会产生重要影响。新的法律及其执法部门持续增加。企业经理在计划产品和市场营销方案时，必须关注这些发展。市场营销者需要了解地方、州、国家和国际各个层次的保护竞争、消费者和社会的重要法规。

企业必须把握住法律底线。企业经营活动须依法进行，不能逾越法律的规范。毫无疑问，非法经营、进行内幕交易和向国家工作人员行贿这些行为都是违法的，只要有所逾越，纸终究包不住火，违法的代价最后终究得由企业来承担。在这方面，默多克旗下的《世界新闻报》就是一个典型的反面案例。

2011年7月，传媒大亨默多克新闻集团旗下的英国通俗小报《世界新闻报》曝出非法截取、窃听私人电话信息的丑闻，由此使默多克集团陷入窃听风暴。《世界新闻报》是一份英国小报，每周日发行。该报纸是默多克所有的新闻集团旗下的报纸，通常被认为是太阳报的周日版。该报纸停发之前每周出版印刷300多万份，是世界上发行量最大的英语报纸。

它以名人新闻、丑闻、八卦消息、揭秘报道等为卖点，风格属于"小报"。英国小报素有靠窃听电话、付费购买名人隐私、骚扰王室等涉嫌违法行为来报道的传统。有人讽刺说，只要有"卖点"，任何人都逃不出《世界新闻报》的掌心。

2006年，《世界新闻报》记者因雇用私家侦探窃听威廉王子、哈里王子的手机，于2007年被捕、受审入狱。它曾最先爆出美国游泳名将菲尔普斯吸食大麻、美国高尔夫名将伍兹性丑闻……

英国警方调查表明，受雇于《世界新闻报》的私家侦探格伦，家中有长达9200页的英国公民信息资料，包括谋杀案和恐怖袭击的受害者、影视和体育明星、政客及跟英国王室成员关系密切的人士，甚至还包括阵亡英军士兵家属。警方说，可能有4000人的电话遭《世界新闻报》雇员窃听。

很多民众认为，《世界新闻报》的做法，"极其恶心"，"他们应该受到审判，付出代价"。因为窃听丑闻，这份有 168 年历史、英国最畅销的周报被停刊，而默克多的新闻集团亦因此事件形象一落千丈。

德鲁克曾提出"先做正确的事，再正确地做事"的理念，"做正确的事情"比"正确地做事"更重要。而谨守政治、法律、道德的底线，就是在"做正确的事情"。

美国管理学者卡罗尔曾将企业社会责任分为经济责任、法律责任、伦理责任、慈善责任四个部分。

经济责任是指企业必须赢利，给股东以回报，这是最低层次的社会责任，是实现其他更高层次社会责任的基础。

法律责任是指企业必须依法经营，一切活动必须遵守法律的相关条款。

伦理责任是指企业的各项活动必须符合社会基本伦理道德，不能做违反社会公德的事情。

慈善责任是指企业作为社会的一个组成部分，需要为社会的繁荣、进步和人类生活水平的提高做出自己应有的贡献，是最高层次的企业社会责任。这其中的法律责任非常重要，就好比地雷一样，企业一旦触碰了这条红线，会给自身带来极大的负面影响甚至是灭顶之灾。当企业实力还很弱小的时候，它可能无力履行慈善责任，但它必须履行法律责任和伦理责任，这是处于发展阶段的企业所需要谨守的底线。

《孟子·尽心上》中有一句"穷不失义"，这不仅是对个人而言，也是对企业而言。在创业初期或发展遭遇困境的时候，企业追求自身的发展必须有底线，求生存、求发展不能成为企业无视法律、违背伦理的借口。这也就是说，企业只有守法经营，加之适应市场、立足创新、经营有方，才能保持较长的生命力。

微观环境：层层面面构建起企业的价值传递网络

企业必须掌握的六种主要微观环境因素

微观环境由影响公司顾客服务能力的联系紧密的组织或个人——企业、供应商、市场营销中介、顾客、竞争者和公众——构成。一个公司必须掌控这六种主要的因素。虽然这些因素有一定的独立性，但营销人员必须对其进行监视并采取相应的行动，因为它们会导致新机会与新威胁。

——科特勒《市场营销原理》

企业微观营销环境是指与企业营销活动发生直接联系的外部因素。科特勒认为，企业要取得市场营销的成功，必须与微观环境因素建立关系，与它们联合在一起，构建企业的价值传递网络，这个价值传递网络，也就是指企业为获得原始资源、扩展自己和交付产品而建立起的合伙人和联盟合作系统。具体而言，微观环境因素主要包括了企业本身、市场营销渠道企业、顾客、竞争者和社会公众。

第一，企业。企业内部环境是指企业内部组织划分和层次以及非正式组织所构成的整体。企业内部环境是企业市场营销环境的中心，不仅强调组织的正式和非正式关系，还强调组织成员的协作关系。企业内部环境包括营销部门、生产、研发、财务人力资源等部门的配合。

企业市场营销一般由企业主管市场营销的副总经理、销售经理、广告经理、营销研究与计划以及专家顾问等组成。企业营销要达成各职能部门相互理解和支持。营销部门在制定和实施营销计划时，必须考虑其他部门的意见，处理好同其他部门的关系。

第二，供应商。供应商是指向企业及其竞争者提供生产经营所需资源的企业和个人，包括提供原材料、设备、能源、劳务和资金等。企业选择供应商要考虑质量、价格、运输、信贷和承担风险等各方面的条件，择优用之。

供应商对企业营销的影响很大，供应商所供应的原材料数量和质量将直接影响产品的数量和质量；所提供的资源价格会直接影响产品成本、价格和利润。在物资供应紧张时，供应商更起决定性的作用。企业应尽可能与其保持良好的关系，开拓更多的供货渠道，甚至采取逆向发展战略，兼并或收购供应商企业。

第三，市场营销中介。市场营销中介是指协助企业促销、销售和经销其产品给最终购买者的机构，包括中间商、物流公司、营销服务机构（如调研公司、广告公司、咨询公司等）、金融中间人（如银行、信托公司、保险公司等）。它们都是市场营销不可缺少的中间环节，大多数企业的营销活动都需要有市场营销中介的协助才能顺利进行。

第四，顾客。顾客是企业营销活动的出发点和归宿，是企业最重要的环境因素。企业的一切市场营销活动以满足顾客的需要为中心。企业面对的顾客可分为以下几种类型：消费者市场，即购买商品的服务供自己消费的个人和家庭；生产者市场，即购买商品及劳务投入生产经营活动过程以赚取利润的组织；中间商市场，即为转售获利而购买商品的组织；非营利组织市场，即为提供公共服务或转赠需要者而购买商品和服务的政府机构和非营利组织；国际市场，即国外购买者，包括消费者、生产者、中间商和非营利组织所构成的市场。这几类顾客都各有特色，企业需要深入地了解每一类顾客，并以相应的方式提供产品和服务。

第五，竞争者。每一家企业在经营过程中都不可避免要与竞争者打交道。要在竞争中胜出，企业就必须充分了解自己的竞争者，努力做到比竞争者更好地满足市场的需要。企业可以根据对消费者购买决策过程的分析来识别众多的竞争者。一个企业所在市场上面对的竞争者主要类型包括：愿望竞争者，指满足购买者当前存在的各种愿望的竞争者；平行竞争者，是指能满足同一需要的各种产品的竞争，如顾客要买电脑，可买笔记本电脑、台式电脑甚至是智能手机等，它们之间是平行的竞争者；产品形式竞争者，指满足同一需要的同类产品不同形式间的竞争，如笔记本电脑有各种型号、式样，其功能各有不同特点；品牌竞争者，指满足同一需要的同种形式产品的各种品牌之间的竞争，如笔记本电脑有华硕、联想、惠普、戴尔等牌子。

这其中，产品形式竞争者和品牌竞争者是同行业的竞争者，此外还有来自代用品生产者、潜在加入者等多种力量的竞争。企业需要全面地了解这些信息——目标市场上谁是自己的竞争者；竞争者的策略是什么；自己同竞争者的力量对比如何；以及他们在市场上的竞争地位和反应类型等等。正所谓，知己知彼才能扬长避短、发挥优势。

第六，公众。公众是指对一个组织实现其营销目标的能力具有实际或潜在利害关系和影响力的一切团体和个人。企业所面临的公众主要有：融资公众、媒介公众、政府公众、社团公众、社区公众、一般公众、内部公众。融资公众，指影响企业融资能力的金融机构，如银行、投资公司、保险公司等；媒介公司，主要是报纸、杂志、广播电台和电视台等大众传播媒体；政府公众，指负责管理企业营销业务的有关政府机构；社团公众，包括保护消费者权益的组织、环保组织及其他群众团体等；社区公众，指企业所在地邻近的居民和社区组织；一般公众，指上述各种关系公众之外的社会公众；内部公众，指企业的员工，包括高层管理人员和一般员工。

企业应树立良好的形象，力求保持和主要公众间的良好关系。现在许多公司都设有公共关系部门，专门负责处理与公众的关系。

持续地监控和适应外部市场环境是极其重要的

所有的营销人员都应该了解，营销环境会不断地为企业带来新的机遇和新的威胁，因此持续地监控和适应外部市场环境对企业来说是十分重要的。只有能快速获得正确信息的公司才能获得竞争优势，因为这些公司能更好地选择市场、开发产品、实施营销计划。

——科特勒《营销管理》

科特勒认为，虽然组织中的每个管理者都需要了解外部环境，但识别外部市场变化则是营销人员的主要职责。因为营销人员具备两项优势更能胜任这份工作。首先，他们具有一整套搜集信息的专业方法；其次，相对于组织中的其他管理者，他们能够投入更多的时间与顾客进行互动，并观察竞争对手和公司外部企业及其他组织的一些情况。

微观环境时刻处于变化之中。微观环境的变化，既可以给企业营销带来市场机会，也可以形成某种威胁。企业进行微观环境监测，就是为了从中发现并抓住有利于企业发展的机会，避开或减轻不利于企业发展的威胁，在一定条件下还可以因势利导、化害为利，将威胁转化成机会。

对微观环境进行持续的监测，市场机会往往就在市场营销环境变化中出现，这是机会出现的一般规律。企业应当建立系统的营销信息系统，采取适当的措施，经常监视和预测企业微观环境的变化，从中寻找有利于企业发展的市场机会。

监控市场环境，了解市场环境，进而适应甚至是引导市场环境，这是企业成长的基因，是营销和企业成功的关键。瑞士洛桑国际管理发展研究院营销与战略学教授肖恩·米汉和伦敦商学院管理和营销学教授帕特里克·马维茨曾在英国《金融时报》发表文章说，一家公司必须能够做到以下两点：首先，它必须能够感受市场的动向，做到这一点最常用的方法就是进行市场调研，加强经理人员和客户（顾客）间的联系，密切关注竞争对手的动向。其次，这家公司如想要利用这种对市场的认识改善经营状况的话，还必须形成一种鼓励灵活性和首创精神的企业风气。

由于微观环境风险的客观性和多变性，企业可以建立一套对微观环境变化风险的预警管理系统，来监测与评价环境对企业的影响，明确企业面临或可能面临的不利环境变动，然后采取有效对策，保持企业更好地适应变化之中的微观环境。企业微观环境预警管理系统由预警分析与预控对策两大任务体系构成：预警分析是对企业微观环境风险的识别、分析与评价，并由此做出警示的管理活动；预控对策是根据预警分析的活动结果，及时矫正与控制企业内部管理活动，采取有效管理活动来迎接环境的变化。这样就可以建立防范企业环境风险的有效机制，使企业可以早做准备，防范风险。

只有关注微观环境、关注外部市场、关注竞争对手，知己知彼，努力获取并保持竞争优势，企业才能谋求生存和发展的机会，才能在激烈的竞争中立于不败之地。如果企业仍将眼光局限于企业内部，只关注企业内部效率的提高，那么企业在竞争中必然一败涂地，再优秀的企业也必须通过外部市场才能转化为效益。

营销人员在关注企业微观环境的变化、分析企业内部数据信息的同时，更要为企业提供外部市场环境及竞争者的信息，通过收集、分析、比较竞争对手具有战略相关性的信息，了解本企业在市场竞争中的地位，从而保持和增强企业的竞争能力。

对于一个企业来说，持续对微观环境保持监控和关注，有利于降低经营风险、有利于企业及时调整战略，应对市场变化，抢占市场。

一个企业如果缺乏对市场、竞争对手的敏感度，缺乏创造力和想象力，缺乏对企业内部的自身管理，那么在激烈竞争的经济体制中被淘汰是必然的。

企业最大的风险就是放松对顾客和竞争对手的关注

对于企业而言，最大的风险就是没有能够认真地对顾客和竞争对手进行监视，也没能够持续改进其产品与服务。他们只是注重短期利益，奉行销售至上的原则，结果无法满足股东、员工、供应商和渠道商的需求。

——科特勒《营销管理》

科特勒非常强调一点，那就是，对于任何一家企业而言，顾客和竞争对手都是应该给予最大关注的对象，这二者可以说是微观环境中至为关键的两大因素。对于营销人员来说，"谁是我们的顾客，谁是我们的竞争对手，这是企业的首要问题"。

经营企业，商业模式是一个怎么也绕不开的问题，而其重点又在四个方面：第一个是用户模式，就是要回答谁是自己的用户，给他们提供什么样价值的东西。第二个是产品模式，就是你要做什么，不做什么。第三个是市场模式，就是如何定位，用什么手段去推广。第四个是赢利模式，就是怎样把用户价值变为商业价值。

要理清楚这四大模式，最关键的就是要深入地了解自己的顾客群体和竞争对手。

一方面，应从用户中来，放下架子，真正从用户角度去看产品，把一切花哨的玩意儿去掉，让用户看到的是简单、简洁，让用户用起来是顺手、顺心。这样做出来的东西，才会受到用户的欢迎，才会让产品到用户中去，从而会聚起大规模的用户基础。另一方面，要紧盯竞争对手，进行优劣势的对比分析，找准对方的弱势与短板，采取最有效的竞争策略。

我们可以看一下软银孙正义的案例。

在日本，最大的在线游戏公司、最大的入口网站、最大的电子交易网站、最大的网络拍卖平台网络服务，都是孙正义的公司，他曾自豪地说道："在日本，我们就等于雅虎加 Google 加 eBay。"

2001 年的时候，当时日本大部分用户还在用拨号上网，电信公司 NTT DoCoMo 独占光纤网络。但孙正义认为随着网络的全面普及，对广大的网上人口而言，宽带时代是必然的趋势，他为软银争取到了经营宽带业务的机会。

虽然资本额只有竞争对手的十分之一，但孙正义却并不畏惧，他刻意拉高技术竞争门槛，为用户创造更高的价值。当时 NTT DoCoMo 只能提供最快每秒 1.5M 的宽带服务，软件银行一出手就推出每秒传送 8M 数据的宽带服务，传输速度增加四倍多。当时日本的国内长途电话十分昂贵，孙正义又推出让软银的宽带用户免费打的网络电话，这些服务，为软银赢得了庞大的用户群体，同时又削弱了对手的获利能力。

这种投入是巨大的，开头四年，软银每年要亏损 10 亿美元。而 NTT DoCoMo 绝无孙正义那种破釜沉舟的勇气，难以推出和软件银行竞争的宽带服务。六年后，软银累积出近千万户的宽带用户，2007 年，软银终于有了 575 亿日元（约 40 亿元人民币）的税后净利润。

孙正义认为，从拨号到宽带，不过是网络革命性改变的第一阶段，接下来，手机宽带上网将会是最能吸引用户的下一个主流，手机上网时代的到来是大势所趋。孙正义现在要抢的下一个第一名，就是手机宽带上网。

2007 年 4 月，孙正义花了 155 亿美元买下日本第三大移动电话公司沃达丰，作为进军手机宽带上网的入口。为了与竞争对手全面拉开差距，孙正义果断将手机网络全部更新为高速 3G（第三代移动通信技术）网络，同时改造手机，一键即可直接通过 3G 网络连上软银集团旗下的日本雅虎网站，让消费者可以轻松用手机取代电脑上网。2007年软银卖出的手机中，99％是 3G 手机。到 2007 年下半年，软银收购的移动电话公司沃达丰已经是日本移动电话企业中新用户增加最快的公司。

孙正义是一个传奇式的人物，而造就他传奇的一个很重要的因素，便是他对用户需求的精准把握，他总能准确地判断用户的更高一级需求是什么，他从来都是根据用户的需求来决定公司的未来走向。而对于竞争对手，他则是又狠又准，他能够看透自己的对手，更能针对竞争对手的弱点采取强势的竞争策略。

紧盯顾客和竞争对手，在此基础之上，持续地改进产品和服务。只有这样，企业才能少走弯路，少犯过错，才能稳健地发展。

市场信息与顾客洞察：信息的价值在于应用

营销胜利的基础越来越取决于信息，而非销售力量

营销胜利的基础越来越取决于信息，而非销售力量。今天的市场营销者能够接触到大量的市场营销信息。由于信息技术的迅猛发展，公司现在可以产生大量的信息。他们需要更好地利用已经得到的信息。

——科特勒《市场营销原理》

任何营销活动，都离不开信息，没有信息，营销就很容易"失明"，寸步难行。在国家之间，都会有专门的情报机构负责信息的收集、处理，情报是一个国家首脑决策的重要参考，而对于一个企业而言，信息情报同样极为关键，如果没有市场情报的支持，无异于在茫茫的黑夜中盲目航行。

商场如战场，在战场上，如果一支军队没有情报信息，很难想象其能够打胜仗，在商场上亦如此，如果没有情报的搜集和分析工作，是很难在激烈的商场竞争中存活的。

现代社会可以说是一个由信息主宰的社会，对信息处理的优劣也成为决定性的环节。越来越多的公司都在忙于探知竞争对手们在做什么，市场环境是怎么样的情况。

随着企业市场活动范围的不断扩大，在不断面对新的环境时，也需要收集、加工许多新的信息；另外，消费者对产品与服务的需求也越来越多样化，这也就决定了市场的多元化趋势，企业面对的市场信息也愈加复杂。

因此，企业为了求得更好的生存与发展，就必须建立起高效的市场营销信息系统，通过系统的分析和研究来提高信息的质量，为企业的经营决策服务，达到提高其经营能力和竞争能力的目的。

成功的数据库营销战略都要求建立客户分群，并且通过对客户群的行为价值分析，设计出具有针对性的营销策略来吸引不同客户分群的兴趣。这往往要求企业采集和掌握客户相关的更深入的知识，并且运用这些知识来指导相关营销策略的设计。

而实际的情况是，很多公司并没有对信息提起十分的关注，也从未系统建立过客户分群，更谈不上开发相应的营销策略。

企业在客户信息管理策略方面，更多的是从交易和技术出发，很少考虑和分析客户的需求和行为，这些企业在系统性的采集和积累客户信息时往往缺乏经验，造成在展开营销时发现信息很多很杂，但真正需要的有价值的重要信息却少之又少。

与那些轻视营销调研、信息搜集的企业相比，某些企业走了另外一个极端，他们过分依赖于"专业调研公司"，迷信图表、模型之类的东西，总要拿着调研公司做出的一大堆厚厚的调研数据和调研报告才觉得安心。

但是，他们却不太注意自身平时的调研，其实，在公交车上、在聚会时、在旅游途中、在网上论坛里，都存在大量的有用信息，有心的营销人员都可以借着这些机会向周围的人询问他们的喜好、消费习惯等问题，甚至去翻翻人家的垃圾桶，也可能有意外的收获。

真正重视信息的企业，应该把信息搜集作为一门基本的功课。在请专业公司调研的同时，更要让自己的员工经常走到市场上去了解情况。

企业高层管理者也不能总是等着听下属长篇大论的市场汇报，多去市场里走走，增强对市场的感性认识，说不定就会有新的发现。

太多的信息与太少的信息一样有害

一些管理者会想要所有能够得到的信息，而不仔细考虑自己真正需要什么。其实，太多的信息与太少的信息一样有害。还有一些管理者忽略应该知道的信息，或者他们并不清楚自己应该想要什么信息。实际上，大多数市场营销经理数据载荷太大，甚至常常被数据淹没。

——科特勒《市场营销原理》

科特勒指出，企业在面对信息时，容易走入两个误区：一是信息过少，也就是企业不注重信息的收集和调研；二是信息过多，企业搜集的信息太多，却没有系统地加以整理，更别提有效地利用。很多企业都面临着这样的窘境：一方面，存在这种数据过剩；另一方面，市场营销者却经常抱怨他们缺乏足够有价值的信息。他们不需要更多的信息，而是需要更好的信息。所以说，太多的信息与太少的信息一样有害。

在这个信息至上的社会中，最不难获得的是信息，最难获得的同样还是信息。沃尔玛每小时从收银扫描仪更新销售数据，每天增加的就是 10 亿条数据，相当于大约 9.6 万部 DVD 电影，需要分析的数据实在太多了。

面对海量的营销信息，搜寻和分析出自己所需的信息很重要，还好，有着高速发展的信息技术的支撑，然而，对于信息的解读与处理，则是未完全智能化的科技所难以解决的，这需要决策者们的经验与准确的信息判断能力。若不能精细且合理地处理信息，那前面关于营销信息的一切工作都是徒劳，最后的结果必定是功亏一篑。例如，管理者需要知道有利或不利的消费者网络口碑，即消费者在博客或网上社交网络中关于其品牌的讨论。如果他们对这些讨论浑然不知，自然就想不到要去了解。市场营销信息系统必须监督市场营销环境，以便为决策制定者提供所需信息，帮助他们更好地理解顾客和制定市场营销决策。

在过去几年里，有几桩收购案值得一提：雅虎公司收购付费搜索服务供应商 Overture；IBM 公司（国际商业机器公司）收购澳大利亚 Web 内容管理软件供应商 Aptrix 公司；Interwoven 公司收购数字资产管理解决方案供应商 MediaBin 及文档整合管理以及协同内容管理解决方案供应商 iManager；EMC（易安信）公司将以 17 亿美元的高价收购内容管理软件公司 Documentum……

这些被收购的企业都有一个共性，它们都是面向企业用户，对企业内部和外部多种信息资源进行全面整合管理的企业。在这样一个数字信息极度膨胀的年代，对信息进行整合与管理，成为企业 CIO（首席信息官）的头等大事。

对于一个信息化发展到一定程度的企业来说，在企业内部同时运行着数百个甚至数万个不同的程序和应用系统，这些不同的程序和系统往往都会产生一些信息和内容。这些信息和内容之间往往不能相互传递和利用，而是形成一个个的"信息孤岛"，使用者如果要寻找一份特定的资料，就可能要到很多个"信息孤岛"里的浩如烟海般的内容中去查询和搜索，尤其是对于历史久远的内容来说，这个工作往往像大海捞针一般困难。

面对这样的问题，企业开始意识到，必须建立起一个跨平台、破除"信息孤岛"的内容管理系统，无论企业有多少个应用系统、多少内容，也无论这些内容放在哪里、谁在更新、谁在使用，所有内容都通过一个中间的内容管理平台进行转换、重新定向和提供，才能真正、有效地利用整个企业内部的信息和内容，使之发挥最大的效益。这对于机构遍布全球的大企业集团来说尤其重要。

大企业需要处理的营销信息很广泛，而且量大，处理起来就比较麻烦，重要数据还容易丢失，所以必须要建立营销信息系统，才能高效地处理数据并及时地服务于决策；对于中小企业来说，建立相对简单的营销信息系统，同样可以提升营销决策的质量。建立营销信息系统是企业处理营销信息的必然趋势。

内部资料、市场情报、营销调研中都藏着宝贵信息

市场营销者可以从内部资料、市场营销情报、市场营销调研中获得所需信息。公司尤其要积极地监督竞争者的行为。公司运用竞争者情报来获得竞争者动态和战略、新产品上市、新的或改变的市场、潜在竞争优势和弱势的预警。

——科特勒《市场营销原理》

企业可以从多种渠道获取信息，如对本公司员工的临时测验，对竞争对手的产品分析，与顾客进行访谈，利用互联网进行相关信息搜索等，更有甚者，派出商业间谍潜入竞争对手中去寻找情报信息。搜取情报的手段层出不穷，合法的以及铤而走险的，都充斥在这个尔虞我诈的商业斗争中。准确有效的情报信息不但是企业决策制胜的关键，更对企业战略规划有着深远的影响。

掌握情报的主动权，就能在战略上占得先机。情报的来源极其广泛，不但可来自供应商、转售商和客户那里，还可以是公司内部人员所得来的情报信息，甚至可以通过观察对手来获得情报信息。只要是与公司或行业有关的，无论是公开还是非公开的信息都应成为搜集的对象。比如，对手的年度报告、商业刊物、贸易展览品以及新闻报道等，然而，往往那些不被多少人掌握的非公开情报信息却具有更大的价值，这也是各公司极力想弄到手的情报。

必胜客在顾客信息搜集与处理方面做得非常专业。它的数据库包含了 4000 万美国家庭的详细顾客资料，这些数据是从遍布全国的 7500 多家网点的电话订购、网络订购和销售点交易中慢慢收集而来的。这些数据细致到什么地步呢？

必胜客可以根据消费者偏爱的配料、最近订购什么、是否在购买奶酪和意大利腊肠比萨的同时购买过色拉等，归纳和解析数据，然后运用所有这些数据强化客户关系。

例如，基于对数年来购买交易的深入分析，必胜客设计了一个"VIP（贵宾）项目"以留住最佳顾客。它邀请这些顾客交 14.95 美元参加"VIP 项目"，从而可以收到一个免费的大比萨。

然后，每月每订购两个比萨，VIP 顾客自动获得另一个比萨免单的优惠券。必胜客追踪 VIP 购买，并用电子邮件的方式与他们保持联系与互动。

总之，该活动不仅留住了必胜客的顶级客户，而且吸引了新顾客。该项目还引发了网上热议。一位作者在博客中写道："当我想吃比萨时，首先出现在我脑海里的会是谁的品牌？谁发给我优惠券和免费的东西让我想吃比萨而不做晚饭？你猜对了，是必胜客。它吸引我，现在还拥有了我的忠诚。它使一切如此方便，以至于我不想再烦心去别处了。"

必胜客从顾客的消费记录出发，一点点累积顾客信息，最终构建起了一个既庞大又细致的信息数据库。根据这个数据库中的信息，必胜客又有针对性地对某些群体开展相应的营销活动，既提升销量，又巩固了顾客忠诚。

内部资料、市场营销情报、市场营销调研等，这些都是很好的客户获取渠道，而科特勒还特别强调了一点，那就是从竞争者方面挖掘信息。普华永道的一次研究发现，在制定战略时，将竞争者情报用作关键要素的公司增长速度比没有这样做的公司快20%。

在企业与企业之间的竞争中，谁快一步，就可能领先一大步。营销人员要培养一种对市场信息的敏锐度，争取在第一时间获取第一手信息，而一些特别出色的营销者更能从已知的一星半点儿的信息中迅速判断出机会，进而先下手为强。

聪明的公司在每个可能的顾客接触点上捕捉信息

如何最好地分析和使用顾客数据是一个特殊问题。许多公司几乎被淹没在海量的顾客信息中。实际上，聪明的公司在每一个可能的顾客接触点上捕捉信息。这些接触点包括每一次顾客与公司之间的接触，如顾客购买、销售人员联系、服务和支持电话、网站访问、满意度调查、信贷和支付、市场调研等。

——科特勒《市场营销原理》

信息的重要性，每一家公司都心知肚明，但是，很多公司仍然在苦恼，到底如何才能捕捉信息。在科特勒看来，聪明的公司在每一个可能的顾客接触点上都会用心去搜集信息。有顾客存在的地方，就会有信息，企业应留意每一个可能的顾客接触点，对客户信息的正确认识、有效的获取是企业开拓市场、取得成功的第一步。

信息获取的渠道其实非常之丰富，如展览、搜索引擎、专业网站、权威数据库、专业机构、客户企业、会议与论坛、老客户、竞争对手等。有心的营销者在每一个顾客接触点上都能捕捉到有效的信息。

营销人员要先跟着顾客走，然后，才有可能让顾客跟着自己走。也就是说，营销人员先要搜集到足够的顾客信息，有了深厚的认识之后，才可能有针对性地为顾客提供有价值的产品与服务。

日本常磐百货公司的经营物品几乎包揽了当地所有人的日常生活用品和食品。自从它的新任老板长川上任以后，该公司营业额几乎每年翻一番，长川到底有什么秘诀呢？

他刚刚到常磐百货公司上任时，公司只是一个很普通的生活用品商场，当地和他们公司同样大小的百货公司还有五家。怎样才能为自己争取到更多顾客呢？

人们到百货公司买东西的时候，常集中采购，也就是三五天或者一周左右的时间集中地来商场购物，为防止丢三落四，他们通常会先写一张购物清单。有一次，长川看见一位女顾客买完一件东西要走时，把一张纸条扔到商场门口的纸篓里，他心里一动，便走过去捡起来，发现这是一张购物清单，上面写了顾客需要的另外两种商品，他们商场里也有，只是质量不如顾客注明要买的品牌好。他根据这一信息，更换了该商品的品牌，果然有很好的效果。

从此，长川开始组织员工每天把废纸篓里的纸条全部捡回去，仔细研究顾客的需要。很快，他就知道了顾客对哪几类商品感兴趣，尤其青睐哪几种牌子，对某类商品的需要集中在什么季节，顾客在挑选商品时是如何进行合理搭配的等。在长川的带动下，常磐百货公司总是能以最快的反应速度适应顾客，并且合理地引领顾客超前消费，一下子把顾客全部吸引进了他们的店里。

在顾客的每一个举动中，都会有丰富的信息流露出来。即使废纸篓里的一些废纸条，有时也潜藏着某些宝贵讯息。关键要看营销人员能否从这些细节中去发现，去提取。

在收集信息的同时，营销人员也要对信息加以归类整理，以便于及时挖掘提炼信息价值，使收集的各类资料最大限度地服务于企业。特别是对于大客户资料、竞争对手资料、项目资料，更是营销人员需要重点搜集、细心梳理的。

第三章

营销战略与管理新解

◎ **成功的营销是精心计划出来的**

　　没有认真计划，那么你正在孕育失败

　　所有公司总部都在从事这样四项计划活动

　　有效而清晰的使命声明能让企业走得更稳更远

　　营销策划是一个周密而系统的六步过程

◎ **先想"做什么"，再想"怎么做"**

　　优胜劣汰，规划出最佳的业务组合

　　找准战略业务单位，力争数一数二

　　企业目标不是成长，而是营利性增长

　　企业三种通用战略：总成本领先、差异化和聚焦

◎ **营销管理，把战略计划落到实处**

　　从营销角度出发 CEO 可分成四种类型

　　杰出营销的关键不在于做什么，而在于做成什么

　　企业应该在短中长三个规划期的视角下进行管理

　　策略趋同：任何行之有效的营销策略都会被模仿

成功的营销是精心计划出来的

没有认真计划，那么你正在孕育失败

制订计划并不好玩，并且它还要消耗工作时间。然而企业必须进行计划。倘若失败地做出计划，那么你正在计划失败。正式的计划能为各式各样的企业，无论大小和新老，带来许多益处。

——科特勒《市场营销教程》

科特勒强调，所有的企业必须向前看并且制定一个长期战略，以适应本行业中不断变化的各种条件。在形势、机遇、目标和资源一定时，每个企业都必须找到最合理的战略。

许多企业在经营时没有正式的规划。在那些刚成立不久的企业中，管理层忙着维持企业的生存以至没有时间来制订计划。在小企业里，很多经理们都认为只有大企业才需要正式计划。而在成熟企业，许多经理们又坚持说他们没有正式计划也做得很好，因此计划并不太重要。他们可能会拒绝"浪费"时间制定一个书面计划。他们可能会争辩说，市场变得太快了，计划只能等着积灰尘，根本没用。"倘若失败地做出计划，那么你正在计划失败"，机会是留给有准备的人的，在市场营销中也一样，缺乏一个切实的计划，必然不会得到市场的青睐。计划能够激励管理层去系统地思考已经发生的、正在发生的以及将要发生的事情。一个清晰明确的计划，往往还能帮助企业完善与实现其目标和政策，能够协调好各个部门之间的工作。同样，一个全面且实际的计划还能够应付不断变化的市场需求。完整的营销计划制订流程包括：扫描企业的内外部环境，确定企业在特定时期内要实现的目标及实施规划，在此基础上，将企业的计划细分，确定各部门的工作目标，制订各部门的工作计划。

企业在制订营销计划时，容易出现三种问题。

第一，计划不完整。比如，缺少对企业内外部环境的整体扫描，容易出现企业营销计划方向不符合企业实际情况的问题；再如，制订计划时，没有处理好营销计划和企业战略规划的关系；或者企业缺少战略规划，这都会导致营销计划缺乏方向性。

第二，计划目标不切实际。这是企业制订营销计划时常犯的一种错误，营销计划最突出的特点是其目标在特定的时期内是可以实现的，这就要综合考虑企业的人力、物力、财力情况，确立切实可行的计划目标，否则制订的计划只能是空中楼阁，遥不可及。

第三，营销计划缺少细分。企业的生产、销售、财务、市场等职能部门彼此独立，按照各自职能独自运作，而企业营销计划需要将各职能部门的职能工作与企业的计划结合起来，这就需要确立各职能部门的工作目标及其相应工作内容。

在营销计划工作中，企业最高层要扮演战略决策者的角色，要能够从战略的角度审视企业全局，对企业的发展方向作出判断。另外，企业营销计划是企业整体战略规划实施的重要组成部分，因此，在制订企业营销计划之前，企业需要明确其战略发展方向，并且将企业的营销计划与战略规划有机结合起来。

所有公司总部都在从事这样四项计划活动

所有公司总部都从事以下四项计划活动：一是确定公司使命，二是建立战略业务单位，三是为每个战略业务单位配置资源，四是评估增长机会。

——科特勒《营销管理》

科特勒将公司高层管理者最为关键的计划活动划分为四大项：

第一项就是确定公司使命。

公司使命就是战略管理层为公司定下来的总方向、总目的和总体的指导思想，它能够表明本公司与其他公司的差异所在，能够界定公司的主要产品、目标群体以及服务范围。公司使命是公司战略制定的前提，也是战略执行的基础，它能为公司的发展指明方向。

有句古话是这样说的："执道循理，必从本始。"这句话的意思是说要找到问题的最终答案，就要溯本求源，而对于一个现代公司来说，公司使命就是一切公司行为的"本"。像福特公司，它的创始人亨利·福特很早就为公司树立了这样一个共同的使命："我将有一个伟大的目标：建造每一辆汽车……它要很便宜，使得那些没有很高收入的人也能买得起，从而使他们能与家庭一起分享上帝赐予我们的快乐时光……马车将会从公路上消失，拥有汽车将会变成一件理所当然的事……为此我们要让大量的工人在更好的收入下工作。"正是这样的一种使命，使得福特一度成为汽车业的霸主，取得了长远的发展。

确定公司使命是一切公司计划的根与本。一个没有使命的公司，即使是在短时期内取得了市场成功，也会失去长久发展的动力，是不可能走远的。

第二项是建立战略业务单位。

战略业务单位是公司的职能单元，它有独立的业务，有具体的任务，有自己的竞争者，有一定的资源，有自己的一套管理班子，它可以独立地计划业务。战略业务单位就像一个个细胞一样，只有强大的战略业务单位联合起来，才能构成一个强大的公司。

公司需要有自己核心的战略业务单位，它能在一个多元化经营的公司或集团中占据核心的竞争优势，并创造主要的利润收入。这样的战略业务单位在公司所有的业务组合中一定是在该行业中最具有竞争能力的。它的存在可以给市场和消费者传达一个明确的概念——我（公司）主要是做什么的。

第三项是资源的分配。

一个拥有多个战略业务单位的公司，资源的分配是一个很关键的环节。资源分配的主与次、多与少在很大程度上会影响到每一个战略业务单位的表现与效益。

公司的资源是多方面的，但最重要的两大类就是财务资源和人力资源。财务资源是支撑公司发展的最关键的资源，"钱多好办事"，这句话未必准确，但是有一定道理的，没有资金财力上的支持，战略业务单位即使做出了出色的规划计划，也仍然会寸步难行。人力资源也是各个战略业务单位所看重的，有了高水准、能力强的人才队伍，业务才能顺利地、快速地推进。

可以说，资源分配是战略规划的核心任务。公司要根据各战略业务单位对整个公司战略的重要性来设置财务资源和人力资源分配的优先权与比重，以实现资源的高效利用和最大回报。

第四项是评估增长机会。

一个绝佳的市场机会，足以让一个公司快速壮大，甚至是起死回生。公司在评估增长机会时，首先要判断的是市场定位，一个好的增长机会必会有其特定的市场定位。公司要评估市场定位是否明确、顾客需求是否明晰、顾客接触渠道是否流畅、产品是否有持续衍生力等，由此来判断此机会可能创造的市场价值。

接下来，公司要评估的是市场结构和规模，要看围绕该增长机会，进入障碍如何，供货商、顾客、经销商的谈判力量如何，还有替代性竞争产品的威胁，以及市场内部竞争的激烈程度如何等。这个增长机会能创造一个多大的市场规模？在这个市场中成长速度和利润空间如何？这些都是公司需要研究的。

此外，公司还要评估市场渗透力以及投资回报率。公司的能力与实力是否能够驾驭这个市场机会，是否能够获得可预期的赢利，是否能够抵御其中的风险，以及应该选择什么样的最佳时机进入等，每一点都不容轻视。

这四项就是公司总部最应该重视的计划活动，只有将这四者梳理清晰，公司这艘大船才能行得稳、行得快。

有效而清晰的使命声明能让企业走得更稳更远

企业制定使命声明的目的，是使管理人员、员工和顾客可以共享公司的使命（在许多情况下是这样）。一份有效而清晰的使命声明往往可以使员工对组织目标、方向和机会达成共识，并提供指导。当公司的使命能够反映公司的远景——一个"几乎不可能实现的梦想，可以在未来的 10 年到 20 年里为公司提供发展方向"，就达到了使命的最高境界。

——科特勒《营销管理》

科特勒认为，一个好的企业使命声明或者说企业愿景往往具有以下五个显著特点：第一，它们集中在有限的目标上。"我们要生产最高质量的产品，并以最低的价格建立最广泛的分销网络和提供服务"。这样的使命声明听上去还不错，但实际上却由于目标太多而导致目标不明确。第二，使命声明应该强调公司的主要政策和价值观，并有助于对员工的自主范围进行限制，从而使员工的努力与组织目标保持一致。第三，使命声明应该明确公司想要参与竞争的主要领域与范围。第四，使命声明必须立足于长期视角。使命声明必须具有持久性，管理人员只有在使命变得与企业目标完全不相关时，才可以改变或调整公司使命。第五，使命声明应该尽可能简单、容易记忆和意味深长。

企业使命声明是企业未来的目标、存在的意义，也是企业之根本所在。它是指，根据企业现有阶段经营与管理发展的需要，对企业未来发展方向的一种期望、一种预测、一种定位。它回答的是企业为什么要存在、对社会有何贡献、未来的发展是什么样子等根本性的问题。

日本松下电器的创始人松下幸之助有这样一个习惯，每当有人晋升为中层经理时，他都会向这些中层的管理者讲述松下的使命声明是什么。松下这么做的用意在于。

首先，告诉中层，松下是一个有愿景的企业；

其次，给中层以信心；

最后的一点，就是让这些中层能够根据整个企业未来的发展，制定自己的生涯规划，使个人生涯规划与企业的使命保持方向一致。

如果一个企业有清晰明确且有效的使命声明，员工就会追随它，而不至于迷失方向。许多杰出的企业大多具有一个特点，就是强调企业使命声明的重要性，因为唯有借重于它，才能有效地培育与鼓舞组织内部所有人，激发个人潜能，激励员工竭尽所能，增加组织生产力，达到顾客满意度的目标。

企业的使命声明不只专属于企业管理层所有，企业内部每位成员都与之息息相关。企业使命声明的作用是促使组织的所有部门拥向同一目标并给予鼓励。同时，它也是员工日常工作中的价值判断基准。

在树立使命声明的时候，企业需要遵从这样几点：

第一，要确立焦点，比方说，海尔将焦点放在创中国的世界名牌上，这样一个焦点不仅能带来高曝光率，也能增强品牌的影响力和号召力。

第二，要持久一贯。如果企业今天是这个使命，明天是那个使命，换来换去的话，那么，比没有使命还要糟糕。使命声明需要长期的坚持，持久一贯，能为企业带来惊人的累积效果。

第三，要能将使命声明和品牌结合。一个结合品牌和使命声明的方式，就是选择一个和本业紧密相关的议题领域。例如，美国 Merck 公司的"帮助同疾病斗争的人"。

第四，取个响亮的名字。在宣扬企业使命声明时取个响亮的名字，往往能取得极佳的效果。例如，麦当劳为疾病儿童建立了一个温暖的治疗之家，就取名为"麦当劳之家"。响亮的名称能让主张更清楚，让影响更加深刻。

营销策划是一个周密而系统的六步过程

营销策划包括六个步骤：情景分析、目标、战略、战术、预算和控制。

——科特勒《科特勒说》

在企业的经营过程中，营销策划是非常重要的一个环节，它决定着在未来的一段时间内企业应该做什么，应该怎么做。科特勒将营销策划分成了六个步骤，每一个步骤都不可或缺，任何一步的缺失都可能会导致营销策划无法有效地执行到底。

第一步，情景分析。

情景分析是为了让企业对所处的大环境、小环境都能有一个全面而清晰的了解和把握。情景分析重点需要关注的是这样四个方面：

其一，宏观环境。企业需要对所处环境的各种宏观力量进行分析，这包括人口环境、经济环境、技术环境、政治法律环境、社会文化环境等。

其二，市场状况。掌握目标市场的规模及其成长性的有关数据、顾客的需求状况等。

其三，竞争状况。判断企业的主要竞争者，并摸清楚竞争者的规模、目标、市场份额、产品质量、价格、营销战略及其他的有关特征，以了解竞争者的意图、行为以及竞争者的变化趋势。

其四，机会与风险分析。就是对计划期内企业营销所面临的主要机会和风险进行分析，对企业营销资源的优势和劣势进行系统分析。科特勒建议企业变 SWOT 分析（优势 Strengths、劣势 Weaknesses、机会 Opportunities、威胁 Threats）为 TOWS 分析，也就是先分析威胁与机会，再分析劣势与优势。科特勒认为，这两种模式虽然针对的是四个同样的要点，但是，后者分析思维的顺序是由外而内，而不是由内而外的，相比之下，后者更理性、更实际一些，它可以防止企业根据自身的优势来选择性地认识外部威胁和机会。

第二步，确立目标。

通过情景分析，企业需要判断出那些最好的机会，然后，需要对这些机会进行排序，由此出发，确定目标市场，设立目标，并制定完成时间表。

确定营销目标是企业营销计划的核心内容，目标要用数量化指标表达出来，要注意目标的实际、合理，并应有一定的挑战性、开拓性。目标应重点从两方面去定义。

其一，财务目标，也就是确定每个战略业务单位在计划期内所要达到的财务报酬目标，这包括投资回报率、利润额、利润率等指标。

其二，营销目标，主要由这些指标构成，如销售收入、销售量、销售增长率、市场份额、品牌知名度、分销范围等。

第三步，制定战略。

任何营销目标都有许多达成途径，而战略的任务就是要选择最有效的行动方式来完成目标。制定营销战略，包括了目标市场选择和市场定位、营销组合策略等。企业要明确营销的目标市场是什么市场，如何进行市场定位，如何树立品牌形象，企业要采用什么样的产品、渠道、定价和促销策略等。

第四步，制定战术。

战术是将战略充分展开成细节，包括产品、渠道、定价和促销的具体营销方案和企业内营销相关人员的任务与时间表。根据营销战略制定详细的行动方案，也就是要理清楚这样的一些问题：要做什么？何时开始？何时完成？谁来做？成本是多少？怎么操作？整个行动计划要具体说明每一个时期内应执行和达成的目标，以及时间安排、任务要求、费用开支、人员分配等，使营销战略能落实于行动，并能循序渐进地贯彻执行。

第五步，制定预算。

预算就是企业为了达到其战略目标所计划的一系列行为和活动所需要花费的成本。制定预算，一方面要定下企业预期的销售量与销售收入总额，另一方面要将生产成本、分销成本以及营销费用等都考虑进来，而且要制定再细分的明细支出，预计出支出总额与各部分的支出额度。预计销售收入与预计支出之间的差额就是预计利润。预算是企业材料采购、生产调度、劳动人事以及各项营销活动的依据。

第六步，控制。

控制就是对营销计划进行检查和控制，以监督计划的进程。企业必须设立检查时间和措施，及时掌控计划完成情况。如果计划进度滞后或遇到问题，企业可以通过对目标、战略或者各种行为的修正或调整来纠正这种局面。

为便于监督检查，企业应将计划规定的营销目标和预算按月或季分别制定，营销主管每期都审查营销各部门的业务实绩，检查是否完成了预期的营销目标。凡未完成计划的部门，应分析问题原因，并提出改进措施，以争取实现预期目标，使企业营销计划的目标任务都能落实到位。

这六个步骤环环相扣，企业如果能够一步一步地执行到位，那么营销策划不仅能更贴近现实，更能保障最后的完成结果与效果。

先想"做什么"，再想"怎么做"

优胜劣汰，规划出最佳的业务组合

在企业使命和目标的指导下，管理部门现在可以着手规划企业的业务组合。所谓业务组合，是指组成企业的业务和产品的集合。最佳业务组合是指使企业的强项和弱项最好地适应环境所提供的机会的业务组合。

——科特勒《科特勒市场营销教程》

科特勒指出，企业要规划出最佳的业务组合，需要从两方面着手：其一，分析现有业务组合，并决定对哪些业务追加、减少或不进行投资。其二，为业务组合中增添的新产品或业务制定增长战略。企业通过对各项业务进行评估，对赢利的业务追加较多的投资，而对软弱的业务则会逐步减少投资或者放弃。

科特勒认为通用电气就是一个很好的例子，它通过有技巧地规划并管理其业务组合，抛弃了许多业绩不高的业务，如空调、家居用品等，只保留了那些在行业中数一数二的业务，最终成长为世界上规模最大、营利性最高的企业之一。

乔布斯曾说："我们所需的只是四大产品平台，如果我们能够成功构建这些平台的话。我们就能够将 A 级团队投入到每一个项目中，而不需要使用 B 级或者 C 级团队。也就是说我们可以更加迅速地完成任务。这样的组织结构非常流畅、简单，容易看明白，而且责任非常明确。"当其他公司都在追求把产品做全的时候，乔布斯却一直在做着减法，规划苹果的最佳业务组合。

在乔布斯逝世之后，李开复在一次采访中曾经这样说过："乔布斯最狠的地方是他回去苹果之后，砍了公司里杂七杂八的项目，他看到当时的苹果内部非常混乱，于是就非常简单地说：'我们只需要四个产品。'针对不同的用户，用四个产品规划了一个二乘二的矩阵，这是一个经典例子。"

当年乔布斯重返苹果后，他看到的是一家产品种类复杂、庞大的公司，苹果销售的产品大概有40种，涉及从喷墨打印机到 Newton 掌上电脑等各种产品。

所有产品中很少有占领市场主导地位的。而且这些产品中的一类又有多个系列，每个系列又有十几种型号，不同型号产品之间的差别很小，名称让人困惑。乔布斯对此感到不可思议，他说："我看到的是数目繁多的产品。太不可思议了。于是我开始问公司员工，为什么推荐3400而非4400？为什么直接跳到6500，而非7300？三个星期后，我依然无法弄清楚到底是为什么。如果连我都无法弄懂这一点的话，我们的顾客怎么可能弄清楚？"

乔布斯提出："如果苹果公司要生存下去的话，我们就一定要砍掉更多的项目。我们要有焦点，做我们擅长的事。"

他在一次大型产品战略会议上喊道："这真是疯了。"他抓起记号笔，走向白板，在上面画了一根横线一根竖线，做成一个方形四格表。"这是我们需要的。"他继续说。在两列的顶端，他写上"消费级"和"专业级"。在两行的标题处，他写上"台式"和"便携"。他说，他们的工作就是做四个伟大的产品，每格一个。他开始了大刀阔斧地削减产品线，苹果公司的产品一下子被缩减到了四种。

此后，乔布斯也一直保持着产品规划的聚焦与集中。从他重掌苹果至他因病离任，苹果公司最多也只涉及六大产品：台式电脑、笔记本电脑、显示器、iPod 以及 iTunes。后来又增加了迷你 Mac、iPhone

和 AppleTV 以及一些附件。

在乔布斯看来，太多的公司把摊子铺得太大，它们生产大量产品，以降低风险，最终都流于平庸。

而苹果公司的做法是聚焦、简化，把手中所有的资源集中在几样产品上，从而保持 A 级战斗力，让每一款产品都卓尔不群。

优胜劣汰是市场的游戏规则，同样，也是企业在规划其业务组合时的游戏规则。企业资源是有限的，如果什么都想做，反而什么都做不好，更不用说构建企业的核心竞争力。

所以，企业必须像通用电气，像乔布斯那样，做减法，做规划，摒弃弱项，甩掉包袱，保留强项，并使之更强。

找准战略业务单位，力争数一数二

管理部门进行业务组合分析的第一步，是鉴定企业的关键业务，这些业务被称为战略业务单位。所谓战略业务单位，是指具有单独的任务和目标，并可以单独制订计划而不与其他业务发生牵连的企业的一个单位。战略业务单位可以是企业的一个部门或部门内的一个产品系列，有时可以是一种产品或品牌。

——科特勒《科特勒市场营销教程》

科特勒认为，很多大型企业往往同时经营着一系列不同的业务，而且每项业务都有着独特的战略，像通用电气公司就曾把自己所经营的业务划分为 49 个战略业务单位。通常，战略业务单位具有以下这样三个主要特征：

第一，它是一项独立的业务或相关业务的集合体，而且在计划工作时能够与该公司经营的其他业务分离开来而单独编制计划；第二，它有自己的竞争对手；第三，它有专门的经理人员负责战略计划、利润业绩，而且该经理可以控制对利润产生影响的大部分因素。

对企业的关键业务进行鉴定，是为了制定独立的战略，并分配适当的资源。在公司的业务组合中，既有昨天的辉煌业务，也有明天可以支撑企业生存或成长的业务，既有价值潜力巨大的业务，也有鸡肋型的业务。企业需要对这些业务——进行鉴定区分。

一般来说，企业的业务单位可以简单地划分为四大类：

一是问题类。这一类"战略业务单位"是高市场增长率和低相对市场份额的，多数"战略业务单位"最初都处于这一类。该类单位需要大量资金，因为企业要进一步提高这类业务单位的相对市场份额。因此企业的最高决策者要慎重考虑经营这种业务单位的获利性，以做出正确的决策。

二是明星类。问题类的"战略业务单位"如果经营成功，就会转入明星类。这一类单位是高市场增长率和高相对市场份额的单位。这一类单位因为迅速增长，同时要击退竞争对手的攻击，投入也会是巨大的。由于产品都有其生命周期，这一类单位的增长速度会慢慢降低，最后就转入金牛类。

三是金牛类。明星类的"战略业务单位"的市场增长率下降到10%以下，就转入金牛类。金牛类的"战略业务单位"是低市场增长率和高相对市场份额的单位。这一类单位因为相对市场份额高，赢利多，现金收入多，可以为企业创造现金流。企业可以用这些现金来支援其他业务单位。

四是瘦狗类。这是指低市场增长率和低相对市场份额的单位，赢利少或亏损。这类业务一般不在保留之列。

在将企业的业务单位进行区分之后，企业需要制订业务组合计划，并确定对各个业务单位的投资战略。企业通常采用以下四个战略：

一是发展策略，即提高产品的市场占有率，有时甚至不惜放弃短期收入来达到这一目的，因为提高市场占有率需要足够的投资和时间才能奏效。

二是维持策略，也就是保持业务的地位，维持现有的市场占有率。

在产品生命周期中处于成熟期的业务，大多数采用这一策略。

三是收缩策略，即追求业务的近期收入，不考虑长期影响，这是为了短期内增加投资收益率而牺牲长期收益的做法。

四是放弃策略，也就是出售产品不再生产，把资源抽出来用于其他业务。这种策略适用于没有太大发展前途的瘦狗类或问题类业务。

企业要找准自己的关键业务，除了从目前各业务的市场增长率和相对市场占有率去判断外，还要重点考虑两大因素，一个是行业吸引力，这取决于行业市场规模、市场增长率、利润率、竞争激烈程度、周期、季节性、规模效益等因素。另一个则是企业战略业务单位的业务力量，也就是竞争力，它包括了相对市场占有率、价格竞争力、产品质量、顾客了解度、推销效率、地理优势等。从这些角度出发，企业可以甄选出最值得投入的战略业务单位。

企业目标不是成长，而是营利性增长

如果企业想更有效地进行竞争，满足其股东的需要，吸收高层人才，那它就需要高速的增长。企业应小心，不要将成长本身设为一个目标。企业的目标必须是"营利性增长"。

——科特勒《科特勒市场营销教程》

"企业目标不是成长，而是营利性增长"。——科特勒的这一提醒很值得企业去深思。许多企业，特别是熬过生存期进入成长期的企业，往往会过度地追求将企业做大，一心想要四面出击，快速扩张。表面上看，企业规模一天比一天大，员工人数一天比一天多，貌似蒸蒸日上，但实际上，很多只是假象，企业的确在成长，但却不是"营利性增长"。成长如果只有速度，而没有质量，那么对企业来说不是福，反是祸。

营利性增长是一种理性健康的成长，它在注重发展速度的同时，更加注重发展质量。当量的追求与质的目标发生矛盾时，企业应始终坚持质量优先、效益优先，确保营利性增长。与其盲目地多点出击，全面开花，企业不如通过加快技术进步，调整改善结构，全面推进精益管理，加强全价值链成本管理控制，提高投入产出效率，改善各项业务的收益性，提升整体的赢利能力。

那些卓越绩效型的企业指的是能有效地平衡当前需求和未来机遇，在收入、利润增长和股东回报方面持续超越竞争对手，并能在历经了时间、业务周期、行业分化和领导层更替等考验后持续保持绝对优势的企业。

贝恩管理咨询公司在 2012 年 5 月曾发布一份研究报告称，企业要想获得持续的赢利性增长，就应围绕正确的核心业务进行扩张，而不是单纯追求扩张的速度和广度。贝恩对 12 个发达和新兴经济体超过 2000 家公司进行了研究发现，企业为了追求新的增长点，往往会受盲目多元化策略的驱使，将最多的资源投入到实力最弱的业务中，而忽略甚至过早放弃了强大的核心业务。贝恩通过这次研究指出，强大的核心业务是企业获得竞争优势的关键来源和取得领先地位的根本因素，深耕核心业务是发掘潜在利润的有效手段，也是成功实现业务扩张的最佳经营之道。调查还表明，在那些创造的价值持续超越资本成本的企业里，95％是其各自核心业务领域内的市场领导者。

需要注意的是，核心业务不能狭义地定义为企业销售的主要产品和服务，或是所在的主要市场。其定义应更为广泛，通常由几项资产和能力构成，包括品牌、知识产权和人才等无形资产，以及差异化生产系统和技术、以客户为导向的创新体系、最佳的供应链管理以及世界一流的营销能力等。

很多企业家喜欢为"做大还是做强"而争论，有的人认为他们的企业必须做到最大，才能做到最好。为什么这么多企业对规模如此看重？因为规模自然可以带来生产效率的提高，这也就意味着更强的品牌效应和更大的市场份额，而且更有能力应付愈演愈烈的外来竞争，用一些企业家的话来说就是："大到让别人无法吃掉你。"

这样的观念，在一个静态的市场或许适用，但在当下这样一个竞争格局中，所谓的"规模经济"效应往往很难发挥出来。市场环境瞬息万变，新技术和竞争对手层出不穷，客户的需求也在不断改变，很多规模庞大的企业反而无法迅速做出反应，导致企业绩效严重下滑，这种现象被经济学家们称为"规模不经济"。

很多原本走专业化路线的企业，由于过于追求"做大做强"，反而陷入了泥沼之中。而能冲破盲目扩张的误区，坚持营利性增长的企业，方能更健康、更平稳地发展。

企业三种通用战略：总成本领先、差异化和聚焦

企业的通用战略可归纳为三种类型：总成本领先战略、差异化战略和聚焦战略。这为公司进行战略性思考奠定了基础。

——科特勒《营销管理》

科特勒所提及的"总成本领先战略、差异化战略和聚焦战略"源自于迈克尔·波特的三大竞争战略理论。

第一，总成本领先战略。

实施这一战略的企业往往努力实现生产成本和分销成本的最小化，以便能够以低于竞争对手的价格获得较大的市场份额。如果消费者对价格很敏感，产品和服务的价格弹性较大，那么努力获取成本优势、成为行业中总成本最低的公司不失为一种好的竞争途径。总成本领先战略一般在以下情况时更容易获得成功：

市场上的产品或服务基本上是标准化的，而且产品或服务差异化的途径并不多；行业中各公司的价格竞争十分激烈；价格是决定顾客购买的主要因素，价格弹性较大；顾客转换供应商或品牌基本

不需要什么成本，而且顾客有很强的价格谈判能力；竞争对手在相比之下，获得低成本的优势并不容易，而且也难以模仿到降低成本的方法。

总成本领先战略有两种基本方式，一是利用成本优势及产品、服务的价格弹性，以低于竞争对手的价格吸引顾客；二是保持现有的价格及市场份额不变，而是通过提高单位产品和服务的利润率来提高公司的总利润。像美国西南航空公司就是成功实施总成本领先战略的代表。

这一战略的确是许多公司攻城略地的有力武器，但它同时具有很大风险。这主要体现在：

一是容易被后来者模仿，使企业深陷价格战中不能自拔，导致极低的利润率；二是公司过分追求低成本，而忽视了对顾客需求趋势的关注与跟进，使得低廉的产品或服务再也难以吸引顾客，或者顾客转向那些差异化、高质量、高价值的产品与服务，使得低成本优势失去意义；三是在向国际市场扩张时，外国政府为了保护本国市场，很可能对低价商品发起反倾销调查，近年来中国纺织品、鞋类产品、家具、家电等公司在国际市场遭遇的反倾销调查及配额设限就是明显的例子。

所以，总成本领先战略有利有弊，企业应在此基础上，尝试建立新的竞争优势，如通过产品、服务、技术或者经营模式的创新来提高公司的赢利能力与水平。但无论如何，不管企业实施何种战略，成本控制都是必需的。

第二，差异化战略。

差异化战略的核心是向顾客提供对顾客来说有价值的、与众不同的、具有独特属性的产品或服务。采取这一战略，企业需要确保自己的产品或服务的差异化特征必须是顾客认为有价值的，必须与竞争对手的同类产品或服务有明显且容易辨识的区别，而且这种差异化还不容易被竞争对手模仿或复制。

持久的差异化，尤其是建立在产品革新、技术创新、优质的顾客服务基础之上的差异化优势，跟公司的核心能力和竞争力往往有着密切的联系。

企业实行差异化的途径有很多种，如产品差异化、服务差异化、渠道差异化、采购差异化、制造差异化、形象差异化等。

在市场需求快速变化、顾客日益追求个性的现代社会，产品或服务的差异化战略已经成为许多公司追求的首选竞争战略。

第三，聚焦战略。

这一战略是指公司把力量集中在一个或几个范围相对较窄的细分市场上，在该特定市场建立起竞争优势，比竞争对手更好地服务于这一特定市场的顾客，并以此获取高的收益率。聚焦战略可以是聚焦于某一特定的顾客群，或是某一特定的市场区域，或是某特定用途的产品等。

尽管公司舍下整个市场，而取其中一个细分市场，但由于可以集中资源和精力向特定的顾客提供更好的产品和服务，因此公司仍然可以通过聚焦战略获得超过平均水平的收益率。在以下这样几种情况下，聚焦战略更容易获得成功：

公司所聚焦的目标市场足够大，而且具有较大的增长潜力，能够保证公司的赢利；行业中有多个细分市场，而且没有一家公司有足够实力全面进入各个细分市场；公司具备服务于某个特定聚焦市场的资源和能力；公司所聚焦的这块市场不是行业中主要竞争者的重点市场，或者这些竞争者在该市场没有很强的竞争优势。

在进入目标市场后，企业要尽快通过聚焦战略建立竞争优势，构筑一定的进入该市场的壁垒，以防御后来的挑战者和潜在的进入者。

营销管理，把战略计划落到实处

从营销角度出发CEO可分成四种类型

根据经营一家公司时思考营销的不同角度，我把CEO（首席执行官）分成四种类型——"1P式CEO"，"4P式CEO"，"STP式CEO"，"ME式CEO"。

——科特勒《世界经理人》采访

科特勒从营销角度区分CEO类型的方法新颖而有趣。他认为，根据思考营销的不同角度，CEO主要有四种类型：

第一类CEO是"1P式CEO"，他们把营销看作1个P的职能，这个P就是促销，也就是通过各式各样的促销手段，如拼价格、买赠、加大人员推销力度等方式来达成营销目标。这类型的CEO看待营销的视角是极为狭隘的。

第二类CEO是"4P式CEO"，他们能够制定较为完善的营销计划，重视产品、定价、渠道、促销这四者的每一个环节，这样的CEO已经具备了一定的营销水准。

第三类CEO则是"STP式CEO"，他们冷静而理性，在4P之前，他们会先对市场进行细分，选择最适合自己企业的目标市场，然后进行定位和差异化。这是睿智型的CEO，在他们眼中，战略性营销要优先于策略性营销。

第四种CEO是"ME式CEO"，"ME"代表"营销就是一切"（Marketing is everything）。这类CEO深知营销对企业的意义与分量，他们在运营企业时，一切以营销为先，一切以营销为重，他们会调动上下所有人员，为企业的营销目标服务，打造出全员营销型的企业。

这样的企业在市场竞争中无疑会拥有更强的竞争力和更好的发展前景。

所有的 CEO，如果想要企业获得长足的发展，在市场中有持续的、上佳的表现，就都应该从"1P 式""4P 式"向"STP 式""ME式"转变，最终站稳在"ME 式"的层级上。坚持这种"营销就是一切"的理念，CEO 是有可能将一个企业带向全新天地的。

比方说，雅芳最令人瞩目的女性 CEO 钟彬娴，她在接掌雅芳帅印时，这家公司正遭遇巨大危机，业绩极度下滑，股票一落千丈，公司很不景气，原来的 CEO 查尔斯·佩林引咎辞职。

钟彬娴接下这个"烫手山芋"后，展开了一系列以营销为核心的变革，她亲自主导，大刀阔斧地重新创建雅芳的营销体系，除了雅芳的原则、价值和公司的诚信，钟彬娴几乎改造了一切，用她的话说就是："这个品牌，它的形象、生产技术、销售渠道、激励体制、价值链，以及企业更高效的运作方式、赢利方式都变化了，现金流也变化了。"

从营销入手的这一场大变革，使得雅芳这个百年公司重新焕发生机，它不仅走出了低谷，而且股价上涨达 23％，年营业额超过 60 亿美元，还被《商业周刊》评为全球"最有价值的品牌"百强之一。

还有飞利浦公司也是如此。飞利浦旗下各个事业部都设立有一个首席市场官（CMO）。公司还规定，所有业务部门的主管都要有市场营销背景。

在中国市场，飞利浦专门成立了"飞利浦中国市场营销委员会"，由各个事业部总经理组成，高度重视市场，全力为顾客实现价值创新。在新技术革命的浪潮冲击每一个生产领域的时候，飞利浦能够抢先向市场提供新设备、新材料、新的消费品，并因此赢得顾客，赢得市场。在实施技术创新时，飞利浦坚持将技术与市场的需求，与顾客的要求相结合。

不管是意见和建议，还是抱怨或投诉，飞利浦都会真诚地听取这些来自顾客的声音，他们坚信，顾客所反映的正是公司需要寻找和解决的不足之处，搜集顾客的抱怨和意见来改进产品正是产品适应市场的过程。飞利浦会以最快的速度、最先进的技术来实现用户需求的满足。

营销是一切企业活动的核心。企业核心竞争力的构建和提升，离不开对市场的了解、开拓和占领，离不开消费者的喜好和认知。

企业的 CEO 应当以营销为中心，以市场为导向，以顾客价值的提升为方向，这样才能争取到更多的优质顾客，赢得企业的成功。

杰出营销的关键不在于做什么，而在于做成什么

一个杰出营销企业，它的杰出并不在于"它做什么"，而在于"它做成什么"。营销执行是一个将营销计划转变为具体任务，并确保按计划要求实现目标的过程。如果执行不力，一份出色的战略营销计划就毫无价值。

——科特勒《营销管理》

科特勒认为，在营销活动中，战略解决"是什么"（what）和"为什么"（why）的问题；而执行解决"谁"（who）、"何地"（where）、"何时"（when）、"如何做"（how）的问题。它们是密切联系的。有关管理实践的研究表明，持续的高绩效往往依赖于充分的执行能力、着眼于高目标的公司文化、灵活的组织结构和明确而聚焦的战略方案。

有一个真实的案例很多人曾经听过：

一家工厂破产后被日本某企业收购。厂里的人都翘首盼望着日方能带来让人耳目一新的管理方法，让这家厂子起死回生。但出人意料的是，日本企业收购后什么都没有改变，制度没变，员工没变，机器设备也没变。日方只立了一个规矩：把先前制定的制度坚定不移地执

行下去。结果不到一年，这家工厂就扭亏为盈。这其中的关键在哪里？两个字——执行，把已定的制度规则全部执行到位。

营销的战略制定得再怎么尽善尽美，没有有效的执行，它就只能是镜花水月。杰出的营销不仅要能明确做什么，更要能做成，能执行，能将战略和计划"兑现"。

杰克·韦尔奇有一次到中国演讲，台下的很多企业家听后觉得有些失望，好像没取得什么真经，没什么新意，就对杰克·韦尔奇说："你所说的这些常识我们都知道。"杰克·韦尔奇则回应说："你说得对，这些原则你们都知道，但我做到了。"

任何企业要发展壮大，必须在每一个环节、每一个阶段都做到一丝不苟，否则，一个环节、一个岗位、一个人员出了问题，就会像烂苹果一样迅速将箱子里的其他苹果腐烂掉，影响其他的环节，这样企业的发展也会被慢慢腐蚀掉。

企业中执行不力的"烂苹果"必须剔除，否则企业无法变强。杰克·韦尔奇对待公司中的"烂苹果"就从不手软，他的做法是——每年，我们都要求每一家 GE 旗下的公司为他们所有的高层管理人员分类排序，其基本构想就是强迫我们每个公司的管理者对他们领导的团队进行区分。

他们必须区分出：在他们的组织中，他们认为哪些人是属于最好的 20%，哪些人是属于中间大头的 70%，哪些人是属于最差的 10%。如果他们的管理团队有 20 个人，那么我们就想知道，20%最好的四个和 10%最差的两个都是谁，包括姓名、职位和薪金待遇。

表现最差的员工通常都必须走人。将"烂苹果"挑出来，就是为了保证整个团队的执行力。

马云曾经说过："比起一个一流的创意、三流的执行，我宁可喜欢一流的执行、一个三流的创意。"什么是一流的执行力？按培训师余世维的观点，执行力就是保质保量地完成自己的工作和任务的能力。这中间有四个字最为关键，那就是保质保量。把战略和计划保质保量做下来，这就是执行力。

执行力是企业的核心竞争力。有执行力的企业会在市场竞争中获得成功。企业能够赢得市场，站稳脚跟，完美执行是其制胜的法宝之一。

执行不到位，营销战略就会打水漂；执行不到位，客户就会对企业失去信心；执行不到位，企业就难以将构想变成现实。"做成什么"比"做什么"，更能决定企业营销的成败，更能决定企业的生死。

企业应该在短中长三个规划期的视角下进行管理

我们认为，企业需要制定三个层次的规划：短期、中期（三至五年）和长期。在常态时期，每家企业都应该将其项目和措施放进三个方框里：短期、中期和长期。一家企业可能会将 50% 的项目放入第一个方框，30% 放入第二个方框，20% 放入第三个方框。如果第三个方框中一个项目都没有，它就不是一家拥有大胆创新意识的富有挑战性的企业！

——科特勒《混沌时代的管理和营销》

科特勒指出，在常态时期，很多企业都能准备好三个方框，做好短中长期的规划，但当企业受到动荡冲击时，许多企业可能就会改变这些比重。

惊慌失措的企业很可能会将全部资源都投入到短期项目中去，甚至会放弃很多短期项目，而对于中长期项目，他们则很难顾得上了；而冷静的企业在将主要精力投入短期项目的同时，可能会继续开展中期规划中的一些项目，但很可能没有时间去关注长期规划的项目了。只有那些明智的企业会继续原有的规划，在三个方框中都保留一些项目，尽管数量上会有所减少，但绝不会放弃中长期的规划。

科特勒认为，冷静的和明智的企业，特别是明智的企业，更有可能在动荡冲击之下生存下来，而且还会拥有长远而强劲的未来。

明智的企业会在短中长三个规划期的视角下进行管理。员工会被长期规划的愿景所激励，也会被中期规划的挑战所推动。不仅员工是如此，其他的利益相关者，像供应商、分销商、投资者等，也是如此。

有一位管理大师曾说过这样一句话："既要有'近忧'，又要有'远虑'。在做决策的时候，必须将长远发展与权宜之计通盘考虑。"

一个企业如果缺乏长期规划，其短期效益的取得未必能够给企业带来正面的影响，甚至有可能成为发展的包袱。

很多企业不缺长期规划，只是在忙于实现短期、中期规划的过程中，渐渐偏离了长期规划。时间长了，长期规划就变得模糊，甚至是面目全非了，结果有的企业就干脆放弃了长远规划，走一步算一步。

作为管理者，他的特定任务在于。

首先，他要规划出一个整体目标，并使得整体目标的绩效大于部门目标的总和，同时要保障整体目标的顺利实现。

其次，管理者要深入分析每一项决策和行动的可行性，并有效协调近期目标和远期目标，不能顾此失彼。

倘若管理者没有远虑，不能规划好企业的长期目标，那么企业在市场中很容易陷于被动地位。管理者在做出企业决策的同时，必须将长远发展与权宜之计通盘考虑。

管理者要将近期和远期作为两个时间维度，即使不能使两个维度的决策保持一致，至少要在两者之间找到一个平衡。

的确，有时候，企业不得不为了当前利益而牺牲未来，但必须把握好这种牺牲的尺度，如果当前的利益将为未来埋下巨大的隐患，甚至危及企业的长远发展，那么，这样的当前利益就不可取。

集中精力完成重要的短期目标，同时不断密切关注长期远景，这样的公司才能实现非凡的收入增长。

策略趋同：任何行之有效的营销策略都会被模仿

今天的市场没有永远的赢家。随着市场和技术变化日新月异，营销战略过时比以往快得多。任何行之有效的策略都会被模仿。正是这样的"策略趋同"造成了"策略无效"。公司必须向他们的竞争者和世界级的企业看齐以确保核心业务的竞争力。企业的战略思维不仅包括对现在境况的判断，更应包括对未来可能的情形及其对企业影响的设想。

——科特勒《科特勒说》

2011 年科特勒考察三一重工时曾说过这么一句话："5 年内，如果你在企业经营方式上一成不变，那么你最终将会被市场淘汰。"之所以会如此，是因为现在的市场、技术、环境变化太快了，尤其是网络发展起来后，基本上这一刻什么概念流行起来了，下一刻就有人跟风甚至超越了。就如科特勒所言"任何行之有效的策略都会被模仿"，有了"策略趋同"，就会造成"策略无效"。

伴随着技术的突破、新的竞争同盟、消费者需要和偏好的变化等等因素的多变，一个已经在市场上确立其地位的企业都有可能在一夜之间被挤垮。企业要在竞争中生存下来，在营销策略上创新是必需的，但仅仅创新又是不够的，因为很容易被别人跟风模仿，企业必须持续不断地对其营销策略进行创新，而不能停留在过去取得的一两次成绩之上。

有一个故事，流传很广，很多人对这个故事几乎是耳熟能详，但这个故事很能说明"持续创新"的重要性。

在某山区，乡民们很多都靠山吃山，开山为生，他们将山上的石块砸成石子运下山去，卖给建材商。而其中有一个年轻人却从不这么做，他直接把石块运到码头，卖给外地搞园林建筑的商人。因为这儿的石头总是奇形怪状，很有观赏性，他认为卖重量不如卖造型。于是，三年后，他成为村里第一个盖起瓦房的人。

后来，山区不许开山，只许种树，于是这儿又成了果园。等到秋天，漫山遍野的鸭梨招来八方商客，商客们把堆积如山的鸭梨成筐成筐地运往大城市，有的还通过港口销往国外。因为这儿的梨汁浓肉脆，鲜美无比，所以客商络绎不绝。就在村里人为鸭梨带来的小康生活欢呼雀跃时，曾经卖石头的那个年轻人却卖掉果树，开始种柳。因为他发现，来这儿的客商不愁买不到好梨，只愁买不到盛梨的筐。五年后，他成为第一个在城里买房的人。

再后来，一条铁路从这儿贯穿南北，北到北京，南抵九龙。小山区更加开放，果农也由单一的卖水果开始涉及果品的加工及市场开发。就在一些人开始集资办厂的时候，这个年轻人在他的地头砌了一座三米高百米长的墙。这座墙面向铁路，背依翠柳，两旁是一望无际的万亩梨树。坐火车经过这儿的人，在欣赏盛开的梨花时，会清晰地看到墙上的四个大字——可口可乐。据说这是五百里山川中唯一的广告。这个年轻人凭着这墙，每年凭空多出了几万元的额外收入。

有一次，日本一家公司的负责人山田来华考察。当他坐火车路过这个小山村时，听到这个故事，他被主人公罕见的商业头脑所震惊，当即决定下车寻找这个人。当山田找到这个人的时候，他正在自己的店门口跟对门的店主吵架，因为他店里的一套西装标价800元时，同样的西装对门就标价750元；他标价750元时，对门就标价700元。一个月下来，他仅仅批发出8套西装，而对门却批发出800套。山田看到这情形，以为被讲故事的人骗了。但当他弄清楚事情的真相后，立即决定以百万年薪聘请他，因为对门那个店也是他的。

这个人所做的就是不停地在营销策略上进行创新。别人开山卖石子，他就卖整块的石头；别人卖鸭梨，他就卖柳筐；别人办工厂，他就做广告；就连开店，他都一明一暗开两家，抬着扛地卖。他的任何一步策略其实后来者都可以很快地加以模仿，但关键在于，他从不给别人模仿他的机会，他不断地更新自己的策略，不断地创新，别人想跟都跟不上。

企业也应该如此，如果是营销战略的引领者，那么，应不断地提升并尝试新的营销策略，不应止步不前；如果是营销战略的跟随者，那么，不能东施效颦，而应该借鉴性地学习，选择性地采纳。很多企业为了提升自身的营销能力，会以巨额的成本去购买一些领先企业的成熟制度或战略模式在本企业实施推广，但这样的标杆学习方式往往效果并不好。盲目地模仿别人的战略和策略成功率并不高。

策略趋同带来的结果就是竞争恶化，利润锐减，赔本赚吆喝。正是在这些策略趋同的悲剧下，使策略倡导者变成后来者的垫脚石，更使战略追随者变成了无头苍蝇，最终搅乱的是整个行业的氛围和风气。所以说，企业要根据自己的实际情况进行策略的创新，并且要不断地创新，真正做到"人无我有、人有我优、人优我新，人新我变"。

营销精髓：用户体验

◎ **顾客为什么购买：影响消费者行为的因素**

　　消费者的购买行为受文化、社会、个人因素的影响

　　核心价值观决定了消费者的长期决策和需求

　　营销者要关注消费者的人生大事或重大变迁

　　消费者对彼此的信任要远远超过对企业的信任

◎ **消费者的购买决策心理与行为**

　　消费者典型的购买决策会经历五个阶段

　　人类学研究，从宏观上把握消费者心理

　　理性的行为其实并不是具有最后决定性的力量

　　消费者购买决策追求的是价值最大化

◎ **打造深度的用户体验营销**

　　顾客期待从购买中获得理性、感官、社会和自我的满足

　　向顾客传达一种愉悦的体验比推销产品更重要

　　体验营销满足的是消费者的思想、成就感和自我表达

　　企业必须深入开展与消费者的合作

顾客为什么购买：影响消费者行为的因素

消费者的购买行为受文化、社会、个人因素的影响

购买者行为受到三种主要因素的影响：文化因素（文化、亚文化和社会阶层）、社会因素（相关群体、家庭、角色和地位）、个人因素（年龄、生命周期阶段、职业、经济环境、生活形态、个性和自我观念）。所有这些因素都为如何更有效地赢得顾客和为顾客服务提供了线索。

——科特勒《营销管理》

科特勒指出，对消费者的购买行为影响至深的三大因素分别是：文化因素、社会因素和个人因素。

第一个是文化因素。它的影响则是最为广泛和最为深刻的，它是影响人的欲望和行为的最基础的决定因素。低级动物的行为主要受其本能的控制，而人类行为大部分是学习而来的。在社会中成长的儿童通过其家庭和其他机构的社会化过程学到了一系列基本的价值、知觉、偏好和行为的整体观念。每一文化都包含着能为其成员提供更为具体的认同感和社会化的较小的亚文化群体，如民族群体、宗教群体、种族群体、地理区域群体等。

一个想打入中国市场的美国清洁剂厂商投放了一则广告，我们以该广告为例来说明：人们在兴高采烈地抛帽子，在所有帽子中，有一顶绿色的帽子特别起眼，因为它洁净如新，这顶绿帽子最后落到了一位男士头上。

先不说这则广告能否体现产品的特色和卖点，能否达到传播效果，但从绿色这一色彩的使用，就足以预见这家厂商的产品在中国市场的命运。因为在中国传统文化中，人们以"被人戴绿帽子"暗示妻子的不贞。在这样的广告宣传下，即便其产品质量再好，哪位丈夫还愿买它，哪位妻子还敢买它呢？市场营销中的大量实例表明，色彩这一文化因素在营销中发挥着经济、政治、法律等其他因素所不能替代的作用，对营销的成败有着不可低估的影响。

色彩仅仅是文化因素中的一个小点。每个文化都包含小的亚文化，亚文化包括国籍、信仰、种族、地理区域等，理解亚文化可以帮助营销人员更具体地进行细分识别。当一种亚文化的影响力足够大的时候，公司通常需要设计特别的营销计划来为之服务。要读懂消费者群体的文化因素，企业需要下大力气去努力。

第二个是社会因素。消费者的购买行为总是受到诸多社会因素的影响。社会因素包括消费者所属群体、家庭以及社会角色和社会地位。每个人都在一定的组织、机关和团体中占有一定位置，每个位置也就是其所扮演的各种角色。例如，一个男子不仅扮演父亲和丈夫的角色，而且还可能是公司的总经理、某个登山协会的会员等。个人角色不但影响一般的行为，还会影响到购买行为，而且多种角色的消费需求可能不一致。比如，作为父亲，会触发你的许多有利于儿子成长的消费需求；同样作为丈夫，会激起你源自对妻子关爱的一些消费需求；作为公司管理人员，则会使你产生维护自己与团队利益的一些消费需求。

社会阶层是由具有相似的社会经济地位、利益、价值倾向和兴趣的人组成的群体或集团。社会阶层具有四个特征：一是处于同一阶层的人，行为大致相同；二是人们都依其社会阶层而占有优劣不等的社会地位；三是一个人处于哪一个阶层，不是由某一种因素决定的，而是由一系列因素决定的，如职业、收入、财富、教育、价值取向等；四是一个人在其一生中，其社会阶层并非一成不变，而可能由高层跌入低层，也可能由低层进入高层。企业了解这些特征，可以专门生产和经营适合某个或某些社会阶层所需要的产品和劳务。

第三个是个人因素。购买者决策也受其个人特征的影响，特别是受其年龄所处的生命周期阶段、职业、经济环境、生活方式、个性以及自我概念的影响。消费者的购买行为会受其动机、感觉、经营和态度等方面的因素支配，而且随着经济的发展，个人因素对购买行为的作用会越来越大。不同的人用不同的方法同时看到同一事物的结论是不一样的，同样，同一个人在不同的时间用不同的方式看同一事物，结论自然也不同，这就是感觉的作用。

一个人的选择是文化、社会、个人这些因素之间复杂影响和作用的结果。其中很多因素是营销人员所无法改变的。但是，营销人员必须尽可能去了解它们，进而适应它们，引导它们，最后影响甚至改变它们。

核心价值观决定了消费者的长期决策和需求

消费者的决策受核心价值影响，核心价值观是指由消费者的态度与行为所构成的一个信念系统。核心价值观比态度或行为更深入存在于消费者心中，它决定了消费者的长期决策与需求。锁定消费者价值观的营销人员认为如果能吸引人们内在的自我，就能影响到他们外在的自我，即他们的购买行为。

——科特勒《营销管理》

消费者的行为是受其价值观支配的。有一个众所周知的故事很能反映不同国别的消费者在消费价值观上的巨大差异——两个即将走完一生的中美老太太碰到一起，中国的老太太说："我辛辛苦苦一辈子，攒了一辈子的钱，终于可以买房子了。"而美国的老太太说："我终于把住了一辈子的房子的贷款还清了。"同样买了一套房子，一个住了一辈子，一个还没有享受过，这两种截然不同的消费价值观反映了中西方消费观的差异。

　　核心价值观是在一段较长的时期内形成并被广泛持有的居于主导地位的一些基本的价值观念，这些观念很大程度上影响消费者的消费行为和习惯。受中国传统文化观念的影响，中国的消费者也形成了自己的核心价值观念，这些是营销人员一定要去发现并加以重视的。比方说，家庭至上的观念。在中国这个儒家思想根深蒂固的社会，家庭有着很深刻的含义。家庭的和睦、幸福、小康是很多人为之奋斗的目标。孝顺和尊敬父母也是传统的美德之一。像"孝敬爸妈还是'脑白金'"正是抓住了子女的软肋，抓住了一个"孝"字。很多商家在春节和中秋节等传统节日，会大打广告，鼓励消费者向自己的父母送礼物，如营养保健品，来表示对父母的关爱。围绕家庭这个概念，营销人员能够做出很多的"好文章"。从家庭延伸开去，我们还能发现一种消费者对本土、本地的热爱。市场营销人员应该意识到，在消费者乐于尝试新鲜事物的同时，他们在内心深处更有一种对本土的文化、传统和品牌的认同。因此他们在购买东西时，很多时候，信赖和支持的还是本地品牌，希望本地品牌能够得到良好的发展。所以，品牌传播应注意到这一点，在本土、本地上发掘产品的卖点与特色。例如，非常可乐一直强调"中国人自己的可乐"，就是为了勾起消费者的本土、爱国观念。

　　还有，追求社会认可与尊重。根据马斯洛的需求理论，在物质需求得到满足之后，获得尊重和自我价值的实现成为追求。中国的消费者现在正在从物质层面向精神层面过渡，重视他人和社会的评价，追求外界的认可和尊重，譬如，买了辆好车需要炫耀，买了套名牌服饰需要更多人知道，请重要客人吃饭要去豪华饭店、要上好酒等，为了"面子"观念，很多消费者可以违背内心的真实想法，去迎合别人的看法，也正是这种"面子"情结，让更多的消费者喜欢买品牌的东西，喜欢买昂贵的东西。简单地打个比喻，就好比肚子饿了，要去吃饭，饿了是现实的需求，而选择去五星级酒店吃饭还是路边的大排档就是心理需求了。

如果仔细地观察，在很多家庭会发现这样一种现象，摆放在客厅的很多家电像电视机、音响等都是大品牌的，而摆放在厕所、阳台的一些家电，像洗衣机就很可能不是那么大牌了。这其中的原因很简单，客厅里的家电是朋友来可以看到的，是一个家庭的"脸面"，而摆放在偏僻角落的东西不是每个朋友都会去看的，相比之下，就要随意一些。从这样的一些小细节中，也可以看出面子观念对消费者的影响有多深。

现在的消费者思维与行为都变得越来越复杂，他们不会轻易相信营销人员的推销术语的。他们只相信"自己认为的事实"，只认可自己眼中的价值观。营销人员再也难以单纯地采用一招半式来征服消费者，而应该把准消费者的价值观念，并且迎合这种价值观，从而让消费者产生"自己认为的事实"。

营销者要关注消费者的人生大事或重大变迁

> 营销人员还应该考虑到消费者的人生大事或重大变迁，如结婚、生子、患病、搬迁、离婚、职业生涯改变、孤寡等都会导致新的需要；这些都能提醒服务提供者，如银行、律师、婚姻、求职、丧葬咨询机构等应当对他们提供协助。
> ——科特勒《营销管理》

购买者的决策也受到个人特征的影响，这些特征包括年龄、生命周期阶段、职业和经济情况、个性和自我概念、生活形态和价值观。这其中许多因素对消费者的行为具有很直接的影响。科特勒曾经在"科特勒（中国）战略营销年会"演讲中分享过这样一个案例：

有一个英国的公司，它是超市行业的第一，大家看看这家公司，能够学到很多的东西，特别是搞食品行业的，更能学到不少的东西。他给每一个客户发一张卡，然后这个公司就会了解这个客户今天买了什么，只要你在他的店里购物了，他就有一个清单，每周他都有记录，所以这个公司有一个非常非常大的数据银行，可以进行一些数据的处理。数据的整合、数据的处理可以帮助他们了解趋势，比如说是不是更多的人买了一些小的包装，而不是买这种大包装的食品，也许更多的人他们对那种蓝色的包装，而不是绿色的包装更感兴趣，另外他们也了解了一些买家的分类，这家公司基本上把客户分成了一千多个群体，你们可能觉得一家市场最多也就四五个分区，他们把市场分成了一千多个区。你这么想一想，如果说你现在在这个公司的信息部门工作，那你知道有一些家庭突然开始买婴儿食品了，这能告诉你什么？为什么会这样？那他们家里一定出了什么事情，他第一次买婴儿食品你会怎么想？那不是说他们突然想吃小孩儿食品了，那一定是他们家里有了新生儿。因此，这家公司就邀请了刚刚升级为母亲的人来聚会，来讲座，分享怎么样让婴儿进行营养的补充……这是信息的力量，如果你了解你的客户在买什么，你可以做很多事情，你可以进行分区、客户的细划，你可以建立各种各样的社区，就是说有很多人和你是合作伙伴，他们是消费者，从你这里获得价值。

科特勒所举的这个案例很有启发意义。这家超市从信息中挖出了很多的宝贵机会。一个家庭开始购买婴儿食品了，公司就针对这样的家庭开展一系列针对性的后续营销，既拴住了顾客，又提升了自己的销售额。可见，营销人员如果能关注消费者的人生大事或重大变迁，那么获益不仅丰厚，而且会是长期性的、持续性的。

比如，在美国，有一代人非常有特色，他们被称为"婴儿潮"一代，二战之后，美国百废待兴，很多男性从战场返乡，结婚生子，1946～1964 年，这 18 年间婴儿潮人口高达 7800 万人，平均下来就是每位女性平均生 4 个小孩。这一代人在过去近 20 年内主导了美国社会的方方面面，特别是在 2005～2006 年到达了他们的消费巅峰，那个时候也是房地产泡沫的巅峰时期。

同样地，在中国，也有一代特殊的群体，他们就是"80 后"，"80 后"的人口数超过两亿，这一代人经历了互联网的兴起，被称为独生代或新新人类。而今，这个群体正走向成年，如果说 10 年前 80 后的"独立""叛逆"和"娱乐"精神带给中国社会一个思想的浪潮，那么，如今的 80 后已经从"思想新秀"开始走向"消费新秀"。今天的他们基本都已经走上社会、参加工作，年龄偏大的 80 后已经过了而立之年，正处于职场上的黄金阶段，不仅趋于成熟，而且有了一定经济实力，成为一股不可小看的消费生力军。从他们的消费特征上看，他们与"70 后"、"60 后"有着较大的差别，"80 后"这一代追求多变、刺激、新颖的生活方式，不愿意拘泥于教条、固化和墨守成规。他们崇尚品质生活，对各类名牌产品如数家珍。很大一部分的"80 后"将大量的精力和财力投入到网络上，网上购物日渐成为"80 后"的主要购物方式。据淘宝网分析，未来随着这一人群的成长，他们将成为网络消费的主体力量，对整个社会的消费模式将产生深刻影响。更加值得一提的是"80 后"的"提前消费"意识。他们是敢于"花明天的钱，圆今天的梦"的人群。正因为这样，他们常常被人们称为"月光族"。这一点，也使得他们迥异于"70 后"和"60 后"。

举"婴儿潮"和"80 后"的例子，是为了说明，营销人员可以对目标消费群体进行这样的代际划分，不同的代际人群之间有着鲜明的差别，而同一代际人群之间又有着显著的共性。这种差别和共性能帮助营销人员设计出更符合某一代际人群的营销方案和计划。

消费者对彼此的信任要远远超过对企业的信任

营销 3.0 时代是一个消费者彼此进行水平沟通的时代，垂直控制对他们丝毫不起作用，企业只能靠诚实、特性和可靠来赢得消费者的青睐。如今，消费者对彼此的信任要远远超过对企业的信任，社会化媒体的兴起本身就反映了消费者信任从企业向其他消费者的转移。

——科特勒《营销革命3.0》

　　科特勒指出，如果说过去是一个企业对消费者进行"垂直控制"时期的话，那么，现今，这种控制方式的效力已经非常弱了，更多的消费者倾向于水平沟通，他们更信任彼此，而不是企业。

　　麦肯锡咨询公司曾发布一份调查报告，其中列出了2007～2009年金融危机之后商业发展的十大趋势，其中一个重要趋势是企业所面对的市场正日益转变为低信任度市场。实际上，这种信任感并没有缺失，它只是从垂直关系转化成了水平关系。根据尼尔森全球调查报告，现在几乎没有多少消费者真正把企业制作的广告当一回事，更不会以此来决定自己的购买行为，他们认为消费者之间的口碑作用往往比企业广告可靠得多。根据这份调查，约有90％的消费者相信朋友或熟人推荐的产品，70％的消费者信任网络上的顾客观点。有调查咨询公司的研究甚至发现，消费者似乎更愿意相信社交网络上的陌生人，而不愿听从产品专家的指导建议。

　　这些研究结果对企业而言如同警钟。它们表明，从某种程度而言，消费者已经对商业经营失去信心。有的营销人员或许会说，这是商业道德问题，已经超出了营销者的能力范围。但事实是，营销对此难辞其咎。营销在很多人眼中已经和销售画上了等号，它靠说服艺术来打动消费者，有时候甚至会操纵消费者。虽然，现在的市场营销活动越来越强调关注消费者，但营销行为有时还是难免会夸大、掩饰甚至是欺瞒，以此来实现销售。

　　这是一个强调口碑效应的时代，消费者信任圈子成员胜于信任企业，虚伪的品牌很难有生存机会。如今的企业面临的，不再是单个的弱势的消费者，而是具有集体智慧的消费者群体。企业的欺骗和谎言在这样的群体智慧面前很快就会被揭穿。

在运动用品行业，很多大公司都会花费巨额广告费用邀请一些明星来拍广告、做活动、搞推广，而有一家 Lululemon Athletica 的运动服饰制造商却采用了一种很草根的方式吸引了大量的消费者。

这家公司为了推广其 100 美元的瑜伽装，制定了一个"大使计划"，在某个区域市场，他们会招募当地运动员以及健身教练，不付代言费，只是为每个代言人提供价值 1000 美元的运动服装和器材，让他们体验产品，在学生面前穿着该公司的服装，以及在当地的店面里穿着这些服装上健身课。

该公司市场营销部主管说："我们的大使穿着我们的服装，无论他们去哪里都能为我们进行宣传。"这样的一种营销方式简单而卓有成效。该公司 2012 年的预计收入为 10 亿美元。有营销专家评价说："这些品牌大使和他们所处社区的联系十分紧密，通过这种方式扩大品牌影响力是十分有效的，并且能让人们感觉到这家企业正在对消费者进行回馈。"

Lululemon Athletica 的这种营销方式，走出了传统的"垂直控制"，而是利用消费者之间的信任与口碑传播，以较低的成本却收到了最好的效果。

用消费心理及消费行为的理论解释，在消费者购买决策过程中，现身说法的案例可以刺激消费者觉察自己对产品的需要，并为消费者收集信息提供资料，尤其是身边的或熟悉的人购买或使用的感受对消费者的鼓动作用是非常大的。

现身说法策略就是用真实的人使用某种产品产生良好效果的事实作为案例，通过宣传手段向其他消费者进行传播，达到刺激消费者购买欲望的策略。

企业应找到一种方式，将自己的顾客变成品牌的推广者。营销不能小看普通人，普通人口口相传的力量比起名人推广或者大手笔的广告来，丝毫不逊色。一个品牌说自己很好是一回事，但是它的顾客说它很好就是另一回事，效果更好。

消费者的购买决策心理与行为

消费者典型的购买决策会经历五个阶段

营销研究者开发了一个购买决策过程的"阶段模型"。消费者会经历五个阶段：问题认知、信息搜索、方案评估、购买决策和购后行为。很清楚，购买过程早在实际购买发生之前就开始了，并且购买之后很久还会有持续影响。

——科特勒《营销管理》

科特勒总结说，消费者典型的购买过程包括这样几个步骤：问题认知、信息搜索、方案评估、购买决策和购后行为。对于营销人员来说，购买决定是导致购买行为的关键，但前三个阶段都能影响到购买决定阶段，即整个购买决策过程的阶段是环环相扣的，因此，营销人员需要关注的是整个购买过程，而不是只单单注意购买决定。

第一，问题认知。引发购买者的动机，是整个购买过程的开始。一个产品要能销售出去，首先应该能让消费者"注意"及"知道"这个产品的存在。所以新的产品推出时，沟通的目标就应该是帮助消费者认识这种产品。让消费者意识到自己的需要和需求，这既可以凭借内在刺激唤起，也可以借助于外在的刺激。比方说，一个人渴了、饿了，他会去主动寻找可以喝、可以吃的食物，而另一方面，饮食店通过色香味俱全的鲜美食物也可以刺激人的饥饿感。营销人员一方面要帮助消费者认识到其自身需求，另一方面更要主动地去激发、去引导消费者的需求。史玉柱当年在江阴市场推广脑白金的例子就很经典，他在深入走访江阴市场后，免费向市民派发出了大量的脑白金产品，市民们感受到效果后，纷纷去药店询问，而看到广告的市民也四处打听哪里可以购买。问的人多了，经销渠道自然就打开了。他走访市场，赠送产品，大打广告，其实就是为了培育这个市场，进而引发消费者的关注与追捧。引导消费者认识自身需求、认识产品，这是将产品营销出去的第一步。

第二，信息搜索。当消费者意识到自己有某方面的需求时，一般会主动地去获取信息，进行信息的搜索，以了解产品的特性、功能与价值。在这个过程中，消费者会多方面、多渠道地搜集信息，企业广告宣传、网络、熟人介绍等，都是消费者常用的信息渠道。

第三，方案评估。消费者在掌握了足够的信息后，会对这些信息进行分析、对比，以选出自己最为满意的方案。不同消费者评价产品的标准和方法会有很大的差别。就拿衣服来说，有人喜欢大品牌的，有人喜欢款式新潮的，有人喜欢布料安全无刺激的等。当消费者充分认识到产品的优点后，自然而然会对其进行评价，并与同类产品相比较，从而得出好或不好的印象。消费者可能喜欢某一产品，但并不特别偏爱，营销人员要做的就是设法建立消费者的偏爱。

第四，购买决策。消费者即使对自己的需求有了认知，也搜集了信息，并进行了评估，但未必就会将购买行为落实了。

营销人员要想促成消费者的购买行为，那么，一方面，要向消费者提供更多详细的有关产品的情报，便于消费者比较优缺点；另一方面是要通过各种销售服务给顾客提供方便，加深顾客对企业及产品的良好形象，促使其做出购买企业产品的决策。

第五，购后行为。消费者购买了产品，并不代表一切就结束了。就像科特勒所说"购买过程早在实际购买发生之前就开始了，并且购买之后很久还会有持续影响"。消费者购买产品后，往往会通过使用，通过家庭成员与亲友的评判，对自己的购买选择进行检验和反省，重新考虑购买这种产品是否明智、效用是否理想等，形成购买后的感受。

很多营销人员过于偏重售前，而忽视售后，这是一种典型的营销短视。消费者对企业真正形成印象往往是从购买了产品、使用了产品之后开始的，双方之间的信任关系也是从此刻才开始真正起步。

因此，销售圈子里有句话说："真正的销售是从售后开始的。"营销人员要重视消费者在购后的使用情况和感受，争取与顾客建立长期、紧密的合作关系。

人类学研究，从宏观上把握消费者心理

人类学研究是一种特殊的观察方法，研究者通过使用人类学和其他社会科学领域中的一些概念和工具，能够对人们的生活与工作方式得到深层次的了解。这种方法的目的是研究者通过深入消费者的生活，以揭示用其他研究方法所不能清楚表示的消费者无法言传的需要。

——科特勒《营销管理》

科特勒所提及的人类学研究是一种新的研究方式，它把焦点放在观察人们的日常行为上，比方说，食品企业会去观察人们是如何吃饭喝饮料的，清洁用品制造企业会观察人们是如何清洁、打扫的，化妆品企业会去观察人们的肌肤问题并观察他们是如何应付的……人类学研究是观察人们在干什么，而不是问人们在干什么，这样能给企业带来最有益的信息。观察消费者的日常行为比收集客户对产品的主观反应和评价更能让企业获得突破性的启示和灵感。

很多成熟的企业在进行营销活动时，非常注重人类学研究这种方法，它们通过这种方式去了解最为真实的消费者群体。

美国某研究团队曾在香港电信、金山工业和摩托罗拉资助下对中国香港普通居民进行为期六周的生活观察。他们拍摄了数千张照片和居家生活的录像，包括居民们在烧菜、打电话、帮助小孩做作业、把工作带回家完成以及其他生活中的细节。尽管这些照片和录像第一眼看上去，很杂乱无章，然而，经过分析后的结果立即就显示，从这些资料中除了

发现三个可预见的市场领域外，还发现了六个此前从未考虑过的潜在市场。让企业管理层最感兴趣的三个亮点是：家庭成员如何保持相互联系、购买新鲜食品和父母帮助小孩完成功课。

这些企业管理者惊讶地发现，这支对香港人生活毫无了解的团队在短短六周内就帮助他们找到了全新的潜在市场。当然，这些潜在市场的规模和可行性还有待验证，但如果不是这样的研究，企业管理层可能永远发现不了这些潜在的消费者需求，也可能永远不会考虑到这些市场。更让人惊讶的是，这六个新市场还都是没有竞争者涉足的，而另外三个预见到的市场，竞争者已如过江之鲫。

这个例子很有借鉴意义，仅仅是通过拍照、录像、观察，就发现了如此多的惊喜和机会。正像科特勒所说的那样"揭示用其他研究方法所不能清楚表示的消费者无法言传的需要"，很多时候，直接跟消费者面对面进行调研，虽然看起来很有互动感、真实感，但是消费者未必就会把自己真实的一面完全展露出来，甚至有的消费者都不知道自己真正想要表达的是什么，所以，这样得来的信息准确率就需要打一个折扣了。而人类学研究更多的是在不惊扰到消费者的情况下，真实地记录消费者的行为、言语和反应，然后再去分析、去研究，虽然没有与消费者进行直接、深入的交流，但是，通过这种方式挖掘出来的信息更丰富，也更可靠。

2010年的时候，奥美任命了一位名叫麦克·格里菲斯的博士担任社会人类学总监，麦克博士加入其大中华区发现团队消费者洞察和趋势研究小组，致力于研究中国的社会文化，以求为客户创造更有效果、更能融合本土文化又兼具创意的作品。

"社会人类学总监"，这个职务对于大多数中国企业而言仍然是陌生的，但是，这从一个侧面反映了一些知名企业对社会人类学研究的关注和倚重。中国的企业也应该重视这种研究方法，通过这样一种新型的方式去更深入地了解一个更真实的消费者群体。

理性的行为其实并不是具有最后决定性的力量

我们发现理性的行为其实并不是具有最后决定性的力量。公司必须要在有关的品牌和公司之间增加一种感性的色彩，我们要构建一种感性，不仅能够触及人们的头脑，也能够触及购买者的心灵。

——2009年科特勒启动天阶计划的演讲

科特勒认为，消费者并不总是以深思熟虑和理性的方式处理信息或做出购买决策。他指出，消费者在作购买决策时，会受很多不同的捷思以及偏误的影响。比方下面几种捷思。

可得性捷思，这是指消费者很可能会想起过去的存在于记忆中的一些先例。譬如，某女士曾在某个专卖店里买过一件衣服，结果穿了没多久，就开线了，那么，她再次想到这家店的时候，就会想起过去不愉快的购买经历，从而影响她现在的选择和决定。

代表性捷思，这是指消费者对某个产品有意向时，会不由自主地想到它的同类产品，会想到这些产品的共性。这就是为什么许多不同品牌的同类产品，在包装、容量等方面或多或少会有些相似之处的原因。

定锚与调整捷思，消费者在了解产品之后，会形成一个初步的印象和评断，这个印象与评断虽然深刻，但并不是不变的，消费者会根据后续的了解来调整第一印象。譬如，某顾客初次见到一位销售员时，可能会觉得这个人缺少经验，不太专业，但随着彼此了解的加深，顾客很可能会发现销售员的闪光点，比方说热情、细心、服务周到等，从而改变印象，加深好感。所以，营销人员应该从第一印象开始经营，让消费者第一眼就看着顺，这样才能在消费者后续的体验中占得一个更有利的角度和位置。

简单地说，顾客作决策的过程，并不是完全理性的，他们脑海里会有无数营销人员想象不到的想法和念头冒出来，或者干扰，或者推进其购买决策。

我们平时购买产品和服务经常会在不理性的情况下发生。例如，有的女孩子因为感情上受挫了，会大买零食，大吃大喝，结果长胖，这是不理性的；很多女性如果跟一群姐妹出去购物，会比自己一个人出去逛街买得更多，这是不理性的；很多人即便经济能力并不是很宽裕，仍会节衣缩食省下钱来去为一个限量品牌包埋单上万元，这是不理性的；因为某个特定事件的发生，人们纷纷抢购食盐、大蒜等，把价格推高好几倍，这也是不理性的……

通过分析这些不理性的过程，我们会得出一个理性的结论——当消费者心里觉得是对的时候，错的也会是对的，不理性的也会是理性的。可以说，在很多情况下，营销往往需要更多的"非理性"。营销人员不仅要能从理性上征服消费者，更要善于从感性上、从情感上打动消费者。

在营销中，有一个情感营销的概念。所谓情感营销，是指通过心理的沟通和情感的交流，赢得消费者的信赖和偏爱，进而扩大市场份额，取得竞争优势的一种营销方式。如果我们把这种最真挚的情感渗入进营销中，从营销模式上进一步沉淀或升华，一定会引发一场情感营销的革命。情感的影响力和心灵的感召力在营销过程中是一股可以颠覆结果的力量。

一个好的情感营销，必须是能引起消费者共鸣的，必须是能打动消费者心灵的。在情感消费时代，消费者购买商品所看重的已不完全是商品数量的多少、质量好坏以及价钱的高低，他们更是为了一种感情上的满足、一种心理上的认同。

这是一个情感经济的时代，情感正在创造财富，情感正在创造品牌，情感正在创造一切。情感营销时代，企业要摒弃饮鸩止渴式的价格战，创造有魅力的产品，营造有情感的品牌，要尽其所能打动消费者，使其对品牌"一见钟情""一往情深"。一个品牌如果能够充满丰富的感染力，与消费者进行情感上的交流，就会使品牌从冰冷的物质世界跨入到有血有肉的情感世界，也会使品牌"楚楚动人""风情万种"。

消费者购买决策追求的是价值最大化

顾客是寻求价值最大化的。他们形成一个对价值的期望并付诸实践。购买者将从他们认知的能提供最高顾客让渡价值的公司购买产品，顾客让渡价值是整体顾客利益与整体顾客成本之差。

——科特勒《营销管理》

顾客是如何做出选择的呢？科特勒指出，顾客会在有限的搜寻成本与知识、流动性和收入约束下，追求价值最大化。顾客在购买产品时，总希望把有关成本包括价格、时间、精神和体力等降到最低限度，而同时又希望从中获得更多的实际利益，以使自己的需要得到最大限度的满足。因此，顾客在选购产品时，往往会从价值与成本两个角度进行比较分析，从中选择出价值最高、成本最低，即"顾客让渡价值"最大的产品作为优先选购的对象。企业为在竞争中战胜对手，吸引更多的潜在顾客，就必须向顾客提供比竞争对手具有更多"顾客让渡价值"的产品，这样，才能使自己的产品为消费者所注意，进而购买本企业的产品。

人都是理性的，也都是自利的。顾客会估计产品或服务能够传递最大的认知价值并采取一些行动。这个产品或服务是否能够达到顾客的期望，是否能令顾客满意，这直接影响顾客的购买和再次购买的可能。

比如某顾客欲购买一台空调，现在该顾客将目标锁定在甲品牌和乙品牌之间。假设他比较了这两种空调，并根据款式、工艺及主要性能、参数等指标作出判断——乙品牌具有较高的产品价值。他也发觉了在与乙品牌人员沟通时，促销导购介绍产品耐心、知识丰富、并有较强的责任心及敬业精神，结论是：在人员价值方面，乙品牌较好。但在顾客的印象中，甲品牌的知名度、整体形象等方面优于乙品牌，同时甲品牌售

4</

后服务、承诺等服务价值也高于乙品牌。最后他权衡了产品、服务、人员、形象四个方面，得出了甲品牌的总顾客价值高于乙品牌。那么，顾客就一定会购买甲品牌吗？不一定，他还要将两个品牌交易时产生的总顾客成本相比较，总顾客成本不仅指产品价格，正如亚当·斯密曾说过的"任何东西的真实价格就是获得它的辛劳和麻烦"，总成本还应包括购买者的时间、体力和精神费用。购买者将这些费用与产品价格加在一起，就构成了总顾客成本。

这位顾客要考虑的是，相对于甲品牌的总顾客价值，其总顾客成本是否太高，如果太高，他就不会购买甲品牌产品，我们就认为其让渡价值小。反之，相对于乙品牌的总顾客价值，若其总顾客成本较小，则这位顾客就可能会购买乙品牌产品，我们就说其让渡价值大。通常情况下，理性的顾客总会购买让渡价值大的产品，这就是顾客让渡价值理论的意义。

现在顾客除了关注产品的质量和价格外，也越来越注重产品的售后。比方说，相同质量的两个产品，一个服务态度恶劣，且经常断货缺货，甚至还需要客户支付邮费，保修时间也很短；而另一个服务态度友好，能保证准时免费送货上门，并且保质期较长，维修网点分布也比较合理。这时，顾客会选择哪个呢？答案很明显，没有谁愿意花费更多的时间、精力等成本。产品质量固然重要，但非质量因素对顾客同样影响很大。要想赢得顾客青睐，就必须要充分认识并满足顾客的让渡价值。

正常情况下，顾客都是成熟的、理性的，若某种产品的让渡价值大，则该产品对顾客的吸引力就大，购买该产品的可能性就越大。当然，让渡价值越大，顾客的实惠就越多，但公司方面的利润就会减少，所以，根据市场及竞争产品情况，合理定价至关重要，既要保证有吸引顾客的让渡价值，又要兼顾公司的利润。

顾客让渡价值概念的提出为企业经营方向提供了一种全面的分析

思路。

首先，企业要让自己的商品能为顾客接受，必须全方位、全过程、纵深地改善生产管理和经营。企业经营绩效的提高不是行为的结果，而是多种行为的函数，以往我们强调营销只是侧重于产品、价格、分销、促销等一些具体的经营性的要素，而让渡价值却认为顾客价值的实现不仅包含了物质的因素，还包含了非物质的因素；不仅需要有经营的改善，而且还必须在管理上、服务上适应市场的变化。

其次，企业在生产经营中创造良好的整体顾客价值只是企业取得竞争优势、成功经营的前提，一个企业不仅要着力创造价值，还必须关注消费者在购买商品和服务中所倾注的全部成本。由于顾客在购买商品和服务时，总希望把有关成本，包括货币、时间、体力和精神降到最低限度，而同时又希望从中获得更多实际利益。

因此，企业还必须通过降低生产与销售成本，减少顾客购买商品的时间、体力与精神耗费，从而降低货币、非货币成本。显然，充分认识顾客让渡价值的含义，对于指导企业如何在市场经营中全面设计与评价自己产品的价值、使顾客获得最大限度的满意，进而提高企业竞争力具有重要意义。

打造深度的用户体验营销

顾客期待从购买中获得理性、感官、社会和自我的满足

消费者总是期待从一个产品中得到以下四种回报之一：理性满足、感官满足、社会满足和自我满足。购买者可能通过三种体验形象化这些回报：使用后的结果体验，使用中的产品体验，附带使用体验。

——科特勒《科特勒市场营销教程》

科特勒认为，消费者期待从购买中获得的是理性的满足、感官的满足、社会的满足和自我的满足。比方说，"头屑去无踪"就属于使用之后理性的满足；而"滴滴香浓，意犹未尽"带来的则是使用过程中的感官满足；"喝杯清酒，交个朋友"体现的是一种社会的满足；"我的地盘我做主"体现的是一种自我的满足。

科特勒所总结的理性、感官、社会和自我这四大类满足，追根究底的话，跟马斯洛所提出的需求层次理论是非常契合的。理性满足对应的是生理与安全上的需求，感官满足对应的是情感与归属的需求，社会满足对应的是尊重的需求，自我满足对应的是自我实现的需求。

顾客是不会轻易满足的，他们的需求总是不断发生着变化，当基本需求得到充分满足后他们会去寻求更高一层的需要。而企业也需随着顾客不断提升的需求去完善并改进自己的产品和服务，以使顾客得到更大的满足。在这个顾客至上的商业环境中，谁能更好地满足顾客，谁就会在竞争中更胜一筹。

网上曾流传过一句很有意思的话——"人类已经无法阻止海底捞"。海底捞是一家绝不普通的火锅店。它的一家店面日翻台达 7 次，一家旗舰店年营业额达 5000 万元，一家店面 6 个月就可以完成从开店到回本的赢利周期。这样的成绩足以让其成为行业翘楚。它的案例曾经被《哈佛商业评论》收录，它的经验甚至吸引了餐饮老大百胜集团的区域经理们前来观摩学习。那么，海底捞为什么能取得这样出色的成绩呢？

本来，餐饮业满足的只是马斯洛需求层次最底层的生理需求，这个行业吸引顾客的传统方式就是食物的口味。然而，随着人们生活水平的提高，消费者对餐饮业的需求已经不仅仅满足于"吃饱喝足"，更希望能获得感官、社会以及自我的全面满足。

海底捞的高明之处就是在于看到了这之中的巨大市场空间。搞定了客户的心，就等于占有了市场份额。可如果想让顾客获得超乎寻常的满足，单靠标准化的服务方式显然无法做到。在海底捞，从一个洋溢热情的微笑、一句贴心的话语，到一块干净的毛巾，桌面上的一个小摆设，这些都让顾客感觉幸福和温馨。

　　几乎在每家海底捞都能看到一样的情形，等位区里等待人数几乎与就餐的人数持平。如果是在普通的饭店，等候就餐会是一件痛苦的事，而海底捞却将这变成了一种愉悦——顾客在等候的过程中，可以享用免费的水果、饮料、零食，可以打打扑克牌、玩玩跳棋等游戏，还可以在上网区上上网、听听音乐，或者也可以享受免费的美甲、擦皮鞋服务。这些服务虽然是免费的，可是海底捞从来不曾马虎。有顾客曾说，有一次美甲的时候，有个女孩不停更换指甲颜色，反复折腾了有5次，连旁边的其他顾客都看不下去了，可那位帮她美甲的阿姨却仍然耐心十足。

　　在客人就餐的过程中，服务员会更加细心。他们会为披着长发的客人递上皮筋和发夹，以免头发垂落到食物里；他们会为戴眼镜的客人送上擦镜布，以免火锅的热气模糊了镜片；如果你把手机放到了桌面上，他们会拿来小塑料套，帮你装好，防止油沾到手机上；每隔一刻钟左右，就会有服务员主动更换你面前的热毛巾；如果你带了孩子，服务员还会主动帮着喂孩子吃饭，陪他们在儿童天地做游戏；为了消除口味，海底捞在卫生间中准备了牙膏、牙刷，甚至护肤品；过生日的客人，还会意外得到一些小礼物；如果你点的菜太多，服务员会善意地提醒你适当减菜；随行的人数较少，他们还会建议你点半份；天凉的时候，客人打一个喷嚏，服务员马上就会从厨房端来一碗热热的姜汤；客人随口问一句有冰淇淋吗，服务员就会抽空跑到附近商店去买来冰淇淋；如果客人特别喜欢某个小菜，服务员还会细心地打包一份，在结账的时候交到客人手中；餐后，服务员会马上送上口香糖；店里的服务员都会向你微笑道别……

　　海底捞的这些服务被顾客们称为"花便宜的钱买到星级的服务"，

在这里，顾客享用的不仅仅是饱腹的食物，还有感官的满足、社会的满足，以及获得关怀、重视、礼遇的自我的满足。这样的一种感受是顾客所渴望的，也是最能让顾客牢牢记住的，它带给顾客的是全面的"四合一"式的满足，这远远超越了美食所带来的满足感。

随着消费者自我意识的觉醒，企业很难仅仅凭借基础性的产品和服务取悦消费者。企业面对的会是一个越来越精明、越来越难被打动的顾客群体。顾客获得了理性满足、感官满足，还会进一步期待社会满足、自我满足。要赢得顾客的心，企业需要提升产品、提升服务，以最严苛的方式要求自己，这样才能让顾客更加满意、更加满足。

向顾客传达一种愉悦的体验比推销产品更重要

什么是体验营销？营销人应当更多地关注产品或服务的设计，要向客户传达一种愉悦的体验，而不仅仅是销售一种产品或者服务。营销商应当通过从客户的体验出发来考虑对其产品或服务的营销和在营销中增强客户的良性体验。

——科特勒《科特勒说》

在提及体验营销的时候，科特勒特别提到了星巴克咖啡，他认为，星巴克提供了一种独特的咖啡体验。顾客在这里可以享受到优雅的环境，可以欣赏到咖啡的制作过程，可以躲避外面的熙熙攘攘。

体验有这样一个定义——体验是企业和顾客交流感官刺激、信息和情感的要点集合。这种交流发生在零售、批发环节中，发生在产品和服务的消费过程中，发生在售后服务的跟进中，也发生在与用户的交流活动中。可以说，体验存在于企业与顾客接触的所有时刻。体验营销就是要打破过去那种企业与顾客之间的鸿沟与障碍，打破企业说、顾客听的"独角戏"状态，让顾客充分参与到企业的活动中来，通过这样的融合，让顾客感觉到，整个企业都是在为他特别服务。

在西雅图有个派克街鱼市场，这个市场并不在黄金地段，规模也不大，仅由不到20名员工组成，但市场的日均收入却高达5万美元，人均近三千美元！西雅图人口才 58 万人，可是每年到派克鱼市观光游览的人却多达 1000 万人。这个市场被称为"世界上最快乐的鱼市"。派克鱼市成名的原因不仅因为海鲜丰富，还因为鱼贩们身手矫健的"飞鱼"技巧和现场欢愉的气氛，更因为鱼贩工作态度中所蕴含的哲理。

只要你一进入派克市场，就可以看到身穿工作服和黑色橡胶长靴的年轻人，他们唱着歌，大声吆喝着"三条鳕鱼飞往华盛顿""五只螃蟹奔向堪萨斯"，然后把不同的海鲜"飞"到顾客们的篮子里或者手中。各式海鲜像球一样在空中飞来飞去，鱼贩们的动作就像杂耍演员一样流畅而熟练。每个鱼贩都笑容高挂、歌声不断、合作无间，就如同正在游戏一般的快乐。

面对顾客的询问，他们耐心十足、经验老到、充满热情与诚意。要是有顾客带着小孩光顾，鱼贩们甚至会掰着鱼的嘴，让鱼嘴一张一合，然后自己装出小丑一样的表情和声音，逗得孩子们直发笑。在这里，看不到脸色沉重的人，无论是鱼贩，还是顾客，个个都面带笑容。顾客们只要到了派克鱼市，就鲜少空手离开的。

这个如今人声鼎沸、客流如梭的著名鱼市，在很多年前，却并不是这番光景。派克鱼市原本是一个死气沉沉、充满敌意的市场，每天，这里都充斥着吼叫声、叫骂声，有的员工偷窃、酗酒闹事、吸毒，还搞派系争斗。这样下来，生意自然不会好。到后来，大家都受不了了，于是决定做一些改变，卖鱼的时候唱唱歌、"飞飞鱼"、与顾客们逗笑一番，这样改变之后，大家发现不仅自己心情好多了，顾客们也跟着开心起来了，市场的生意简直可以用火爆来形容。

后来，斯蒂芬·伦丁得知这一故事，于是深入考察了这个市场，并且写出了一本畅销全球的书，书名就叫《鱼》，从此，派克鱼市成了西雅图的一大景，在全世界都享有极高的知名度。

派克鱼市吸引人的地方不是它的各式海产，而是它的气氛，是它带给顾客的那种轻松和欢乐。传达一种愉悦的体验比向顾客推销产品更重要，为产品融入文化、品位以及情感内涵，然后再传递给消费者，这就是派克鱼市的秘诀，也是体验营销的秘诀。

值得一提的是，完美的顾客体验绝不仅仅是营销部门或客服部门的事，要让顾客获得难忘的体验，企业必须找出哪些是影响顾客体验的因素，然后把这些因素分解，分解到每一个岗位、每一个职能，这样才能知道哪一环、哪些因素影响到了顾客体验。

例如，当顾客反映他买的东西没有按时到货时，企业就一定要分清楚，送货不及时是由什么因素引起的，是订单处理不及时，还是付款环节不及时，还是仓库里分拣不及时，还是物流运输不及时？总之要细化到每一个环节，一定要把一个大的问题分解到所有的环节里面去，最后才能找到给顾客造成不良体验的因素在哪里。

体验营销满足的是消费者的思想、成就感和自我表达

消费者将会受到以下三种动机的鼓舞：思想、成就感和自我表达。那些以思想为主要动机的人将会以知识和原理为指导。而以成就为动机的人会用产品和服务来向同伴显示自己的成功。而以自我表达为动机的人将会热衷于社交活动，追求多样化，敢于冒险。

——科特勒《营销管理》

科特勒认为，最能鼓舞消费者的是思想、成就感和自我表达这三种动机，而体验营销从本质上说，要为消费者创造的也正是这三方面的满足感——思想、成就感与自我表达。一个能和消费者进行沟通对话、能与消费者有双向交流的品牌，其影响力要远远大于只向消费者进行单方面宣传的品牌，因为，前者不仅凝聚了企业自身的努力，更融入了消费者的个人元素在其中，这样的品牌不单纯只属于企业，而是为企业与消费者所共有、所共享。

让消费者充分参与体验营销，充分参与到品牌活动中来，在这个过

程中，消费者的思想、成就感和自我表达都会得到极大满足。消费者与品牌、企业之间的距离也会无限拉近。对一个品牌而言，最重要、最有分量的代言人莫过于消费者。

Method 是旧金山的一家环保洗衣用品公司。当他们进军洗衣粉市场的时候，面临着巨大的挑战，他们烦恼的是，要怎样做才能改变消费者的购买习惯，才能使汰渍洗衣粉的忠实用户相信，Method 这个仅仅500 多克的洗衣液能够洗干净整整 50 桶的衣服。而且，他们的推广预算只有少得可怜的 20 万美元。Method 的联合创始人兼品牌设计师雷恩最后提出了一个想法——要用最少的钱达到最佳的宣传效果，最好的办法就是寻求客户的帮助。Method 最后雇用了媒体代理公司 Mekanism 拍摄了一个众包广告。他们绘制了一个情节串联图板，邀请人们来自行拍摄这个图板上的具体动作，然后再将他们拍摄的素材提交给 Method 进行最终剪辑。这次活动共有 332 名消费者参与其中。当这条众人你一笔我一笔创造出来的广告最终成型之时，它成了 YouTube 上观看次数排名第93 位的视频，这段视频也使得 Method 的 Facebook 粉丝数量增长了68％。一位营销界人士一针见血地指出："这条众包广告的美妙之处就在于，从这条广告完成之日起，它本身就构建起了一个分销网络。"

一般而言，企业推出的广告通常都是委托专业的机构制作，然后推向消费者群体，而 Method 从一开始就打破了这种固有传统，它将广告交付到消费者手中，让他们来主导广告的创意、内容与呈现方式。这样做的益处是多方面的。

第一，让消费者来制作企业的广告，这种形式本来就是一种开创式的革新，当消费者充分参与其中的时候，无论是那 332 名贡献了素材的人，还是"围观"的其他人，都会获得一种极大满足，这正是思想、成就感与自我表达的满足。

第二，消费者在参与制作或"围观"这段广告的过程中，势必要深入地去了解 Method 及其产品特点、特色，而这样的主动了解，比起企业"推"式的宣传，效果要好很多倍，他们在无形之中很可能就已经接受了这个产品，甚至喜欢上了这个产品，成了一个特殊的目标客户群体。这就是那位营销专家所说的"从这条广告完成之日起，它本身就构建起了一个分销网络"的含义所在。

消费者已经不再满足于充当"看客"的角色，他们希望能够有更高的参与度。谁能给他们带来最深刻、最精彩的顾客体验，他们就最有可能倾向谁、选择谁。

像星巴克，它从来不满足于仅仅向顾客提供一杯咖啡。星巴克咖啡就要求每一位服务生都掌握咖啡知识以及制作饮料的方法，并成为这方面的专家，他们可以详细地为顾客解说每一种咖啡产品的产地、特性、冲泡方法，而且很善于与顾客进行沟通。在某些城市的星巴克，还会有一项叫作"咖啡教室"的服务：如果三四个顾客一起来喝咖啡，星巴克就会根据顾客的要求，为他们专门配备一名咖啡师傅。顾客对咖啡豆的选择、冲泡、烘焙等方面有任何问题，咖啡师傅都会耐心细致、毫无保留地向他讲解，使顾客能在品尝咖啡的同时，也学到了星巴克的咖啡文化，如果顾客非常想要自己尝试冲泡咖啡，咖啡师傅也会从旁指导。这样的一家星巴克店，已经不纯粹是饮咖啡的场所了，而是顾客深入体验咖啡文化的一座殿堂。

很多顾客有着与生俱来的强烈求知欲与好奇心，帮助顾客实现学习有关产品的相关知识、弄清产品原理或制作方法的愿望，这既是在为顾客制造乐趣，营造体验，满足其思想、成就感与自我表达的欲望，更是企业营销自己的最佳方式。

企业必须深入开展与消费者的合作

消费者之间强调合作的趋势也开始影响到商业。如今，营销者已经无法全面控制自己的品牌，他们必须向日益强大的消费者团体妥协。企业必须和消费

营销精髓：用户体验

者合作，它表现出来的第一个特征是营销经理必须学会倾听消费者呼声，了解他们的想法，获取市场信息。当消费者开始主动参与产品和服务共建时，企业和他们的合作就会进入一个更深的层次。

——科特勒《营销革命 3.0》

科特勒指出，消费者的传统角色正在发生大转变——他们不再是一个个孤立的个体，而是开始汇聚成一股股不可忽视的群体力量；在做出购买决策时，他们不再盲目地被卖方所引导，而是积极主动地通过线上线下多种途径搜集各种有关信息；他们不再被动地接受广告，而是主动向企业提出实用的反馈；他们不再是旁观者的角色，而是要求有更多的参与权甚至是主导权。

正是因为这种大转变，营销也就不可避免地发生演变。在过去，营销活动或者以产品交易为中心，强调如何实现销售，或者以消费者关系为中心，强调如何维系回头客并增加销售；而现在，营销开始演变为邀请消费者参与产品开发和信息沟通等活动。

当代商业大师普拉哈拉德及其同事克里施南教授曾提出一个"协同创新"的概念，他们认为，协同创新有三个层面：第一个层面，企业建立一个"平台"，可为消费者进行一般性产品的个性化定制；第二个层面，企业允许某个群体中的个体消费者为自己量身定制产品，以满足自己独特的需要；第三个层面，整合消费者的定制化信息，对其进行深入的研究分析，据此来丰富平台的内容。简而言之，就是给消费者以发挥创意的空间，让消费者可以充分地表达自己的意见、建议、创想，企业通过与消费者之间的这种合作，不断地改进、提升产品与服务。

宝洁公司在与消费者沟通和合作方面做得就很出色，它的营销策略彻底走出了传统的消费者调研和开发方式，更接近于海星模式。

海星模式是什么样的？如果你砍掉海星的一条腿，它还会长出一条新腿，就连那只砍掉的腿也会长成一个新的海星。《海星模式》的作者布莱福曼和贝克斯特朗认为，这种模式将是企业未来的营销发展方向，它"无头无尾，更像是一群努力协作的细胞"。

宝洁就是一个坚持开放创新计划的"海星"，宝洁公司很多知名产品都是和消费者共同开发创建的，如玉兰油新生唤肤系列产品、速易洁除尘拖把和佳洁士电动牙刷等。外部创新计划对宝洁的营业收入贡献高达35%。正是因为与消费者之间的这种合作，使得宝洁在全球的管理者和供应商们都能源源不断地获取各种鲜活生动的营销创意。

消费者不仅能在产品开发上襄助企业，在营销方式上也能贡献他们的力量和灵感。多力多滋曾经向用户征集广告创意，最后采用的由用户制作完成的"多力多滋免费送"广告一举登上了第21届美国超级碗广告点播量榜首的位置，反响之强烈，让众多专业广告公司的作品都相形见绌。

有消费者合作参与的营销活动，往往更容易接近消费者，也更容易被消费者所认可和接受。让消费者参与产品共建，消费者可以借此展现自己的能力，满足自己的成就感，还可以以类似于"DIY"定制的方式打造自己想要的产品和服务，这个体验的过程能给消费者带来极大的愉悦与满足。

企业从这种合作中获益会更多，不仅能加深与目标用户群体的关系与信任，更能获得最真实的市场反馈和创意构想。企业应努力推进与消费者的合作，倾听消费者的声音。

STP目标市场营销新解

◎ **市场细分：舍大取小，分而制胜**

地理细分：地域不同，消费习惯也会有差异

人口细分：将消费者区分为有差异的群体

心理细分：心理模式影响购买行为

行为细分：建立细分市场最好的出发点

◎ **目标市场：选定最适合自己的区域**

评估细分市场时，企业必须考虑三大因素

企业理智的做法应该是一次进入一个细分市场

选定超级细分市场，而不是孤立的细分市场

选择目标市场时必须考虑道德与社会责任问题

◎ **市场定位：定义在消费者心目中的形象和位置**

成功的营销战略关键在于：聚焦、定位和差异化

定位的目标在于将品牌留在消费者心中

定位要求定义和传达品牌之间的相似点和差异点

企业可以用来成功定位的五种价值主张

市场细分：舍大取小，分而制胜

地理细分：地域不同，消费习惯也会有差异

地理细分是指将市场分成不同的地理区域，诸如国家、地区、州、城市或者街区。公司可以决定在一个或几个地理区域从事经营活动；或者在所有区域内经营，但同时关注需求和欲望的地理差异。

——科特勒《市场营销原理》

科特勒说，现在有很多公司已经对其产品、广告、促销和销售进行本土化尝试，进行地理细分，以适应各个地区、城市甚至是街区的需要。

地理细分是细分市场的一种简单明确的方式。公司在选取自己的目标消费市场时，第一步往往是根据目标市场所处的地理位置，如国家、地区、县市、城市或地段来用以区分。不同的地区所孕育的历史文化也各不相同，消费者的偏好与消费习惯自然也各有千秋。因此，地理细分已经成了一种很常见的细分方式。

科特勒举例说，有的食品公司总是会在靠近减肥中心的社区商店

额外多配送几箱低卡路里的快餐食品；电子游戏公司会在全球范围内根据不同的区域市场创造和出售同一个游戏的不同版本；有的公司为了逃离竞争激烈的大城市，在郊区或者小城镇建立商店。例如，家得宝公司正在发展一种新的商店模式，这些商店只有其传统店铺一半的规模，主要针对那些不够支撑大规模商店的小市场和空白区域设计，旨在提供更加亲切方便的五金产品购物环境。还有沃尔玛，在那些不足以新建大规模商场的地方，沃尔玛会开设小型的超市风格的街坊百货店与社区店，这类商店规模只有购物中心的十分之一左右，但足以满足当地的消费者需求。

地理细分抓住了消费者日益多样化这一特征，针对区域细分市场的地理特征和人文特征进行分析，进行个性化的市场营销设计，确保市场营销活动的利益最大化、风险最小化。这种细分方式要求营销人员深入了解某一地区的地理区域特征和消费群体人文特征，制定有针对性的战略策略措施，进行地理区域本土化市场营销运营。

麦当劳是国际餐饮巨头，创立之初，由于其创始人及时抓住了快速发展的美国经济形势下广大的工薪阶层需要方便快捷的饮食的良机，并且进行了准确的细分和定位，使得麦当劳一举成功。回顾麦当劳的发展历程就可以发现，麦当劳非常重视市场细分的重要性，尤其是地理细分。无论是美国国内市场，还是国际市场，都有各自不同的饮食习惯和文化背景。麦当劳因此进行地理细分，针对不同的地理单位采取不同的营销策略，从而做到因地制宜。

麦当劳每年都要投入大量的资金进行认真严格的市场调研，研究各地的人群组合、文化习俗等，然后再做出详细的细分报告，以便为每个国家甚至每个地区的本土化市场策略提供市场依据。

它在刚进入中国市场时，带来了大量的美国文化和生活理念，并试图让这些文化和理念在中国市场扎根，当时麦当劳希望以其主打产品——美国式的牛肉汉堡来征服中国消费者的"胃"。但事实却是，中国人更爱吃鸡，鸡肉产品比牛肉产品更符合中国人的口味，也更容易被接受。针对这种情况，麦当劳改变了原有的策略，打破了它在全世界从来只卖牛肉产品的惯例，在中国市场推出了鸡肉产品。这一转变正是针对地理因素所做的，也大大加快了麦当劳在中国市场的扩张步伐。

麦当劳的地理细分还给我们带来了另一重启示，在进行地理细分时，一定要提高研究所得的市场策略应用到实际营销活动中的效率。麦当劳虽然每年都投入甚多用于各个地理细分市场的研究，但应用效率却因为各种各样的原因不尽如人意。麦当劳在全球市场都领先于肯德基，唯独中国市场是个例外，落后于肯德基，这其中很重要的一个原因就是肯德基更加本土化、中国化。麦当劳在最初进入中国市场时对中国消费者的口味必然有所研究，但它一开始还是主推牛肉汉堡，直到后来才被动改变策略，主推鸡肉产品，这不能不说是市场研究与市场应用之间脱节的一种表现。

地理细分，一定要做好市场研究工作，并根据研究所得开拓市场。现在，越来越多的企业都意识到了地理细分的重要性。他们从产品设计、营销方案、市场服务等方面开始注重地理区域市场带来的差异，在营销差异化战略基础上，紧密结合地理区域特征，开展细分消费者市场的建设，走在了市场的前列。

需要注意的是，地理变量易于识别是细分市场应予以考虑的重要因素，但即便是同一地理细分市场的消费者在需求上仍是大有差异。就拿一个城市来说，它可以视为一个地理细分市场，但在这个城市里，有着几十万甚至数百万的人口，这些人群的需求有共性，但必然也有其差异性。所以，企业不能简单地以某一地理特征区分市场，还应该结合其他的细分变量综合考虑，去选择适合自己的目标市场。

人口细分：将消费者区分为有差异的群体

人口细分是将市场按年龄、性别、家庭规模、家庭生命周期、收入、职业、教育、宗教、种族、世代和国籍等人口统计因素分为多个群体。人口统计因素是最常用的市场细分基础。

——科特勒《市场营销原理》

科特勒指出，年龄、性别、职业、收入等都是人口统计学中的典型指标。将之应用在市场细分中，也就形成了人口细分方式。由于人口是构成消费品市场的基本要素之一，同时具有易区分、可衡量的可操作性，因而人口细分已成为市场细分最常用和最重要的标准之一。目前，企业中常用的人口细分变量主要有以下几个：

一是年龄和生命周期阶段。消费者的需要和欲望随着年龄的增长而变化。一些公司针对不同年龄和生命周期的消费者提供不同的产品，运用不同的市场营销策略。例如，一家食品公司为儿童提供一种充满趣味的儿童午餐，而为老人们提供的则是一种只需要用微波炉简单加热就能食用的热乎乎的、松软的新鲜三明治。

再比如，高露洁在生产牙膏和牙刷时，就分别建立了不同的生产线，以便能够为儿童、成年人和老年人提供产品；帮宝适将它的市场按月为单位分为不同的消费者市场；几乎所有奶粉企业都将奶粉划分为婴儿奶粉、幼儿奶粉、成人奶粉、中老年奶粉，而婴儿奶粉又按月划分为不同的阶段。

在运用年龄和生命周期细分市场时，营销人员要避免落入陈规俗套。比方说，一些老态龙钟的老人，他们的确上了年岁，可是，他们很可能比年轻人还要活跃，还要"年轻态"；还有，40多岁的中年人有的可能已经将孩子送入了大学，而有的则很可能刚刚开始组建家庭。也就是说，不能单纯地根据年龄去判断一个消费者的生命周期、财富、工作以及家庭情况、购买能力。营销人员需要透过表象看本质，对消费者加深了解。

二是性别。在服装、化妆品、日用品等市场，性别细分是很有必要的。男性与女性在很多产品的消费上，是有截然不同的需求和喜好的。比方说，宝洁推出过一个品牌叫"秘密"，这就是一个专门为展现女性魅力而设计的产品，无论是产品本身还是包装与广告都突出了女性的形象。在过去，男性是不大使用护理用品或化妆品的，但现在，随着男士越来越重视自身形象，一些专门生产女性化妆品的公司也开始营销适合男性使用的产品，例如，妮维雅推出的男士系列产品就将自己定位为"专为积极健康的男性而设计的护理产品"。

三是收入。收入水平直接决定着消费者的购买力，所以，根据收入进行细分也是不容忽视的。特别是汽车、服装、化妆品、理财、旅游等需要一定购买实力做支撑的产品，收入一直是一个重要的市场细分化变量。比方说，汽车就有针对富裕阶层的售价几十万元甚至上百万元的豪车，也有针对中产之家的定价在十几万元、二十几万元的车型，还有针对普通收入群体的定价在几万元左右的车型。在零售业，很多连锁商店瞄准中低收入群体，为他们提供物美价廉的商品，这些商店因为定位准确，能很好地满足占据人口大多数的中低收入人群，因此大获成功。

企业在进行人口细分的时候，要特别注意对人文变量的理解，营销策略如果触及了消费者群体的敏感神经，如宗教信仰、民族种族等，就很可能被市场所排斥，严重的时候甚至会威胁到企业的生存。

心理细分：心理模式影响购买行为

心理细分是根据社会阶层、生活方式或个性特征将购买者划分为不同的群体。具有相同人口特征的人，在心理模式上可能大相径庭。

——科特勒《市场营销原理》

消费者的心理模式对其购买行为有着直接且深刻的影响。即使是具有相同人口特征的人群，也可能表现出差异性极大的心理特性。所以，企业需要从社会阶层、生活方式以及个性特征等因素对消费者进行心理细分，具体而言是这样的：

社会阶层是指在某一社会中具有相对同质性和持久性的群体。同一阶层的成员往往具有类似的价值观、兴趣爱好和行为方式，而不同阶层的成员之间则会表现出较大的差异性。所以，识别不同社会阶层的消费者所具有的不同特点，可以为很多产品的市场细分提供重要的依据。

生活方式是指一个人怎样生活。人们追求的生活方式各不相同，如有的追求新潮时髦；有的追求恬静、简朴；有的追求刺激、冒险；有的追求稳定、安逸。生活方式不同，消费者所偏向的产品风格与类别自然也会有差异。

个性是指一个人比较稳定的心理倾向与心理特征。俗话说，千人千面，每个人的个性都会有所不同。通常，个性会通过自信、自主、支配、顺从、保守、适应等性格特征表现出来。因此，企业可以对消费者按照性格特征进行分类，从而为企业细分市场提供依据。在这方面最为知名的例子，就是万宝路，它塑造了西部牛仔这一形象，吸引了无数崇尚自由野性、洒脱阳刚、粗犷豪迈的消费者群体。

人们的心理状态直接影响他们的购买趋向，特别是在具备一定购买力的顾客群体中，他们购买商品已经不限于满足基本生活需要，心理因素左右购买行为的情况更为突出。美国斯坦福咨询中心曾经进行过深入的调研，并将美国的成年人的心理模式划分为八大类，分别是改革者、有思想者、成就者、尝试者、有信仰者、斗争者、生产者和挣扎者。这些群体每一类之间都有着很大的差距，对他们有必要进行心理细分，进而采取针对性的营销策略。

国内的消费者同样也是如此，在心理模式上是有很大差异的。比如《老男孩》的火热就是因为它把准了中青年一代人浓厚的怀旧心理。

特殊的经历与背景会造就特殊的心理情结，而有着共同经历与背景的群体很容易对同样的事物产生同样的癖好、同样的看法与心理，对于那些能够契合他们心理、引发他们共鸣的东西，他们会产生一种普遍的认同感、偏爱感和亲切感。所以说，根据消费者的心理模式来细分市场是一种行之有效的方法。

国内的长虹彩电在很早之前，就将心理细分市场这种策略运用得恰到好处。早在长虹推出彩电之时，它就抓住了人们强烈的爱国情结，打出"以民族昌盛为己任"的口号，不仅取得了消费者的认可，甚至得到整个社会的肯定，不但提升了市场销售量，更是极大地提升了品牌价值。这句口号在那个特定的年代，落在那个时代的消费者心里，就会收到意想不到的效果。

从这也可以看出，人们的心理模式是处于不断变化之中的，每个人在每个不同时期的心理状态是大不相同的。企业要深入地了解消费者，掌握他们的心理"密码"，然后根据消费者的不同心理模式对市场进行细分。

行为细分：建立细分市场最好的出发点

行为细分是根据人们对产品的了解、态度、使用情况或反应，将购买者划分为不同的群体。许多市场营销者认为，行为变量是进行市场细分最好的出发点。

——科特勒《市场营销原理》

科特勒指出，消费者的行为变量——如时机、利益、使用者状况、使用率、购买者准备阶段、忠诚状况及态度等——是建立细分市场最好的出发点。

第一，购买时机。营销人员可以根据消费者产生购买意图、采取实际购买行动以及使用所购买的产品的时机来细分市场。就拿我们身边的例子来说，城市公共机车运输公司就可以根据上下班高峰期和非高峰期乘客的需求特点来划分不同的细分市场并制定不同的营销策略。再比方说，航空公司就可以按照消费者的购买时机大致划分为公务、休假、家庭旅游这样几类。

通过购买时机细分市场还有助于帮助企业扩大产品的销量。例如，在母亲节、父亲节、情人节、圣诞节等节日，商家会对很多产品进行大力的推广和促销，但除了这些广为重视的节日之外，其他的一些小节日或者普通的假日也可以通过创意性的营销运作，对产品进行营销推广。可口可乐公司就曾推出过主题为"早上好"的宣传运动，它将软饮料宣传为一种适宜清晨饮用的提神饮品，从而提高健怡可乐的销量。

第二，追求的利益。消费者购买某种产品总是为了解决某类问题、满足某种需要。然而，产品提供的利益往往并不是单一的，而是多方面的。利益细分就是根据消费者从产品中追求的不同利益，将他们划分为不同的群体。比方说，同样是购买汽车，有人看重的是安全性，有人看重舒适感，有人看重驾驶的快感，有人看重档次与品位，还有人看重的是性价比。营销人员就可以根据消费者所追求的主要利益的不同，对他们进行细分。

第三，使用者状况。营销人员还可以根据使用者是否使用产品以及使用的频次情况，将消费者分为非使用者、曾经使用者、潜在使用者、首次使用者和经常使用者。市场营销者希望巩固和留住经常使用者，吸引目标市场的非使用者，以及重建与曾经使用者的关系。

第四，使用率。根据消费者使用产品的量的大小也可以对市场进行细分。通常会有大量使用者、普通使用者和轻度使用者。大量使用者的人数虽然不多，但其消费量在企业全部营收中占的比重是非常大的。美国有一家啤酒公司发现，其 80% 的啤酒产品被 50% 的顾客消费掉了。因此，公司决定将啤酒重度饮用者作为目标市场。那么，这部分群体有哪些特征呢？经调查发现，重度饮用者大多是蓝领工作者，年龄在 25～50 岁之间，喜欢看体育节目，每天花在看电视上的时间不少于 3～5 小时。显而易见，根据这些信息，企业就可以在其定价、广告传播等方面改进策略和思路。

第五，用户忠诚程度。有的消费者对企业非常忠诚，在较长时期内他们就专注于某一个或者有限的几个品牌，有的消费者却经常变换品牌。根据用户的忠诚程度，企业可以对用户的忠诚程度进行细分，针对不同忠诚程度的用户采取不同策略；同时，企业还可以从中去了解，为什么有的消费者忠诚于本企业，而另外一些消费者却忠诚于其他的竞争对手。

第六，购买的准备阶段。消费者对自身需求还有对产品的认识程度是不一样的。有的人尚未能察觉到自己对某类产品有需求；有的人能够意识到自己的需求，但还不知道该使用哪些产品；还有的人知道产品的存在，但对产品的价值、特性等等还缺乏了解；还有一些消费者则可能已经在考虑是否要购买。所以，从消费者所处的购买的准备阶段，企业可以进行细分并采用不同的刺激和引导策略。我们可以来看一个例子。

国外有一家高档厨房和烹饪用品零售商，它看准了一个特殊的消费者群体，那就是新婚人士与年轻情侣，为了向他们推广其产品，该公司在《新娘》杂志登了一则插页广告，广告上展示是年轻的情侣在公园散步，还有在厨房中亲密交谈的画面，在广告中，女孩问道："现在我已经找到了爱，我还缺什么呢？"广告画面中，在显眼的位置，就是该公司的刀具、烤箱、平底锅、碗等产品的精美图片，给人以强烈的暗示意味。该零售商还邀请新人们登记信息与需求。此次营销的结果是，登记信息的新人们几乎有一半成为该品牌的新顾客，而在未来，开始新的家庭生活的他们将会购买更多的厨房和烹饪用具。

　　这家零售商就是从消费者购买的准备阶段入手来进行市场细分和目标市场选择的，他们瞄准了年轻的情侣与新婚夫妇，刺激他们的需求和购买欲望，引导其消费。

　　第七，态度。不同消费者对同一款产品的态度可能会有很大不同。有的人持肯定态度，有的人持否定态度，还有的人则是无所谓的态度。企业可以根据顾客对产品所持的态度来细分市场，并在广告、促销等方面采取不一样的措施。

　　上述的这些行为变量能够直接地反映消费者的需求差异，因此被很多营销人员视为市场细分的最佳出发点。

目标市场：选定最适合自己的区域

评估细分市场时，企业必须考虑三大因素

　　市场细分有助于公司识别细分市场的机会。随后，公司必须评价各个细分市场并决定自己能够最好地服务于哪些细分市场。在评估各种不同的细分市场时，公司必须考虑三大因素：细分市场的规模和增长潜力、细分市场的结构吸引力，以及公司的目标和资源。

——科特勒《市场营销原理》

　　科特勒指出，企业要确定目标市场，首先要对细分市场进行评估。具体来说，要评估的是三方面的因素：

　　首先是评估细分市场的规模和增长潜力。公司应收集和分析各个细分市场的资料，包括细分市场当前的销售量、增长速度和预期的赢利性等。大企业对于较小的市场，往往不屑一顾；而小企业对于较大的市场，又缺乏足够的资源来进入，而且也难以在大市场上与大企业

竞争。如果细分市场的规模狭小或趋于萎缩状态，那么企业进入后就难以获得发展，无利可图。只有选择具有恰当规模和增长空间的细分市场，企业才能更好地发挥。

其次是评估细分市场的结构吸引力。该细分市场中是否已经有了很多强大的竞争者，是否有许多现有的或潜在的替代产品，是否有足够的具备一定购买能力的顾客等，这些都会影响到细分市场的吸引力。无论是大企业，还是小企业，都在寻找赢利潜力超过平均水平、成长前景看好的细分市场。市场吸引力取决于他们比对手更好地利用这些特性的能力。每一细分市场的成长前景取决于未被利用的机会。即使是成熟的市场也可能存在着非常重要且未被人注意的增长潜力。

最后是评估企业的目标和资源。某个细分市场即使很有吸引力，但它很可能与企业的长期目标不相符，或者说，公司缺乏在该细分市场立足所必须具备的资源和实力。如果进入这样的细分市场，非但不能推动公司实现发展目标，甚至还会分散公司的精力。如果企业实力雄厚、资源充裕、具有较多高素质的生产技术人员和经营管理人员，当然可以选择较大的市场作为服务对象。相反，如果企业资源有限，人力、物力、财力不足，则需集中使用有限的资源，也不要妄想"狮子大开口"地吞下过大的市场。只有选择那些公司有条件进入、能充分发挥其资源优势的市场作为目标市场，公司才能成功地实施其营销组合计划。

此外，产品的特点、生命周期阶段、供求趋势，还有竞争对手的策略等等，都是企业在选择目标市场的时候不得不考虑的一些因素。

企业选择目标市场时应综合考虑上述各种因素，权衡利弊，方可做出决策。

提起内衣店，很多人第一印象里想到的大都是女士内衣店，这样的内衣店大街小巷比比皆是，竞争非常激烈。有个人创业的时候就选择了开一个内衣店，不过，他选择的是男士内衣。很多人劝他，男士内衣相对于女士内衣来说，市场要小很多，做起来恐怕会很困难。这个人却仍然坚持，他在选址时没有选择传统的商业街，因为成本太大了，他在商业街后面的另一条普通街上选择了一个店铺，成本要低很多。他店里的男士内衣，样式多种多样，还有一些稀奇古怪的。而且，每一条内裤的定价至少都在50元以上，好的需要几百块。旁人看他店里的内裤款式奇特，都以为他的主打顾客群应该是年轻人，可事实却是，他店里的购买主力是35岁以上的中年男性，这部分顾客占到80%左右。年轻顾客也有，但是看热闹的居多，购买的少。

经营不到一年时间，这个人就连开了四家分店，生意相当不错。在谈及该店的定位时，这个人说，店里这些款式新奇的内衣在一开始的确定位在年轻人，他试过很多方式，如打折、促销、减价，这的确能吸引来年轻顾客，但是动辄百元的价格即使打折过后，年轻顾客仍然难以承受。而相比之下，中年顾客群体则大不相同，他们买的时候并不注重价格，更在乎样式和质量，注重产品的内质与舒适度，而且，这些顾客很容易培养出忠诚度，他们只要穿得舒服，下一次还会继续购买，而且很多顾客还会给这家店做免费的口碑传播。所以，内衣店的生意才蒸蒸日上。

这个例子说明，找准目标市场是多么重要。如果一开始就找错了目标消费群体，那么，即便营销手段再高明，也只能争取到本来就只占小份额的那一部分顾客，而真正的消费群体却没有办法被这些营销手段打动。上面例子中的店家，在目标市场的选择上，就非常明确，他锁定的就是35岁以上有一定经济基础的中年顾客群体。

在STP战略中，目标市场的选择是非常关键的一步。目标市场的确定意味着营销对象的确定，也意味着对营销战略规划具有直接指向性的影响。企业的营销战略必须适应目标市场的地理环境与人文环境，必须迎合目标消费人群的习惯和爱好，以满足其特定的需求。目标市场策略应有相对的稳定性，但这并不意味着目标市场策略一经确立就不能改变，当企业的内、外条件发生重大变化时，目标市场策略也需进行调整和转变。

企业理智的做法应该是一次进入一个细分市场

公司的明智做法应该是一次进入一个细分市场，并将全盘计划保密，不能让竞争者知道本公司下一步将要进入哪个细分市场。

——科特勒《市场营销原理》

科特勒提醒企业，在确定细分市场时，最好是一次进入一个细分市场，并做好全盘计划的保密工作。企业一次进入多个细分市场，很大程度上是为了分散风险、增加赢利，他们认为，同时在多个市场经营，即便有几个市场的表现比较失败，但总会有一两个市场能给企业带来丰厚的回报。但事实上，同时开辟多个细分市场，会给企业带来不小的风险，会造成企业资源的紧张、成本的增加，最终会给管理带来很大的挑战。

企业如果一次只进入一个细分市场，那么就能集中优势力量，实行专业化生产和销售，降低成本，提高企业和产品的知名度，提升企业在细分市场的地位和竞争力。

日本尼西奇公司最初是一家生产雨衣、尿布、游泳帽、卫生带等多种橡胶制品的小厂，由于订货不足，面临破产。当时的日本，正值经济复兴，人民生活日益提高，生活方式也在逐渐发生变化。尼西奇的总经理多川博在一个偶然的机会，从一份人口普查数据中了解到，日本每年约出生 250 万个婴儿，这个数据让他惊讶，要知道 250 万新生婴儿，如果每个婴儿用两条尿布，一年就会有 500 万条尿布的广阔市场。于是，多川博当机立断，先放弃尿布以外其他产品的生产，将公司所有资源都投放到尿布的专业化生产上来。

尼西奇公司为了满足日本生育高峰而带来的对婴儿尿垫的需求，集中力量大力发展婴儿尿垫和尿布的生产，不断研制新材料，开发新品种，在激烈的竞争中站住了脚跟。其他服装公司也在生产尿垫，但他们与尼西奇公司相比，在专业度上要相差很多，因此，在竞争中纷纷败给了尼西奇。

尼西奇公司认为，作为一个中小企业，财力、人力、技术都有限，如果什么都想做，到头来很可能样样都做不出成绩来，只有扬长避短，先把自己最有把握的产品经营好才会有出路。婴儿尿垫虽然是小商品，但它却是人们生活中不可缺少的东西。

经过十几年的努力，尼西奇公司的婴儿尿垫在日本可以说和丰田汽车一样有名，甚至赢得日本皇室的高度赞誉。几乎所有的大百货公司、超级市场、儿童用品商店里都陈列着尼西奇的产品。它的年销售额高达 120 亿日元，现今日本市场上的婴儿尿垫 70％ 以上是尼西奇公司生产的。这个资金、人员都有限的企业，不仅是日本的"尿布大王"，而且是世界上最大的尿布专业公司。现在，西欧、美洲、大洋洲、非洲以及东欧市场上都出现了大量尼西奇公司生产的尿垫，而且每年销售额仍以 20％ 的速度递增。

尼西奇公司的发展史充分证明了一点：因为专注所以专业，因为专业所以成功。中小企业无论是资源实力，还是抗风险能力都是难以跟大企业相比的，与其四处出击收效甚微，不如突破一点取得成功。

不仅中小企业是如此，其实许多知名的大企业在制定长期发展计划时也是如此步步为营的。

比方说，百事可乐公司在挑战可口可乐公司时，首先是向可口可乐公司的食品杂货市场进攻，接着是自动售货机市场，然后是快餐市场，它总是在吃透一个市场之后才会转向下一个市场，不疾不徐，稳打稳扎。

还有丰田公司，它先是主攻小型汽车（如雄鹰和花冠），然后再推出中型汽车（如凯美瑞、亚洲龙），最后推出的是豪华型汽车（如雷克萨斯）。

联想老帅柳传志先生在形容联想的做事风格时曾打过这样一个比喻："先撒上一层土，夯实之后，再撒上一层土夯实，然后再一步一步走。"一次只进入一个细分市场，就正如这比喻所言，是先撒土，夯实之后再撒另一层土，沉稳扎实地经营好细分市场。

选定超级细分市场，而不是孤立的细分市场

> 公司应设法在超级细分市场中营销，而不是在孤立的细分市场中经营。超级细分市场是指一组有相同开发价值的细分市场。例如，交响乐队的目标是有广泛文化兴趣的听众，而不仅仅是参加音乐会的常客。
>
> ——科特勒《营销管理》

科特勒指出，企业在明确目标市场的时候，应选择超级细分市场，而不应选择孤立的细分市场。

在强生公司大部分婴幼儿洗护产品上，我们都可以看到这样一句广告词"宝宝用好，您用也好"。这是一句很乖巧的宣传语，更是一种高明的超级细分市场营销的范例。就这样一句话，轻轻松松地将多个具有相同开发价值的细分市场串了起来。

我们都知道，婴幼儿专用的洗护用品品质佳、注重安全，而很多成人在呵护自己的肌肤时，都会想：婴幼儿用的产品，我能不能用呢？我用了是不是也会有婴幼儿的那种效果呢？而强生特别印上去的那句广告语恰恰起到了绝佳的暗示作用，它等于是在告诉非婴幼儿，但又对强生产品有兴趣的消费者，强生婴幼儿产品不仅孩子们可以用，大人也可以用。于是，产品的受众范围一下子从婴幼儿扩大到了更广大的人群。大人也开始用强生婴儿沐浴露作为自己的沐浴露，用强生婴

儿洗发液洗自己的头发，用强生婴儿润肤油滋润自己的肌肤……哪怕这些人只是偶尔用用，强生公司仍然取得了原本并不属于他的一部分产品消费份额。

除了强生公司之外，还有许多公司也都运用了这一营销策略，如有一种洗洁精在瓶身上注明"本品可作洗手液，保证不伤手"，这就等于偷偷占据了一部分洗手液的市场。

这些例子都足以说明超级细分市场的价值和意义。如果企业选择的是孤立的细分市场，那么就等于把鸡蛋完全放在了一个篮子里，风险是极大的。一来，只困守这么一个孤立市场，利润和发展空间都有限；二来，一旦企业在该市场遭遇不利，想要换一个战场重新起跑会很艰难。而超级细分市场就能帮助企业降低很多风险，不仅能够给企业带来更多的营业收入和利润，同时还能给企业留下"后路"，进可攻，退可守，不至于被困死在一个狭窄的细分市场之中。

在零售百货业中，有一部分市场嗅觉敏锐的领先型企业，现在越来越关注一类特殊的群体，他们被称为准富裕阶层。什么是准富裕阶层呢？在传统的分类中，零售百货业常将消费者群体按收入水平划分为富裕阶层和中低收入阶层，他们对应的就是高端与中低端定位。而随着近年来消费者收入水平越来越高，"准富裕"阶层应运而生。这部分消费者的收入水平要高于大众化的消费群体，但是又低于富裕阶层。他们虽然无力承受富裕阶层的高消费，但是大众化的消费品同样很难令他们满足。他们既不适合归入高端顾客，又不适合纳入中低端顾客。市场上现在还比较缺少专门针对这部分消费者群体的市场，但他们又是绝对不能忽视的，他们的购买力与潜在价值甚至超越中低端顾客群，也超越高端顾客群。像这样的一个消费者群体就是一个很有潜力的超级细分市场。

沃尔玛、家乐福这样的大型连锁超市主要瞄准的是大众化的市场，而一些精品商场则定位为高档，这样一来，针对准富裕阶层就出现了空白，这部分群体大有一种有钱花不出去的意味。为了吸引这部分群体，一些领先企业开始在营销策略上做一些转变，就拿沃尔玛来说，沃尔玛已经开始开设专门针对这一阶层的"店中店"，以充分挖掘准富裕阶层的消费潜力。在以后，必会出现更多的适合于准富裕阶层的产品以及零售渠道模式。

所以说，当企业受困于一个孤立的细分市场时，应有危机感，要重新审视细分市场，找出不同细分市场的共同点，以共同点为基础，将不同的细分市场进行整合，扩大自己的生存发展空间。

选择目标市场时必须考虑道德与社会责任问题

市场目标的选择应该尽量避免消费者的激烈反对。社会责任营销要求市场细分和目标化的服务不仅要考虑公司的利益，也要考虑整个目标市场的利益。营销者要在选择目标市场时考虑道德与社会责任问题。

——科特勒《市场营销原理》

科特勒提醒企业，在确定目标市场时，除了要重点考虑目标市场的规模和增长潜力外，还有一点是不容忽视的，那就是必须考虑道德与社会责任问题，要尽量避免消费者的激烈反对。

明智的目标市场选择可以使公司得以聚焦于最有利可图的、最有发挥空间的细分市场，并向特定的消费者群体提供能满足其需求的产品。但是，目标市场的选择有时也会引发消费者的争议和担心。最大的问题通常涉及对那些容易受到影响、处于不利地位的消费者提供具有争议的或者有潜在危害的产品。

在我们身边，其实就存在很鲜明的例子，比如烟草业、酒业、网络游戏、快餐食品等，这些行业是很容易引发争议与道德责任问题的。很多国家都对烟草广告、酒业广告严格管控，为的就是尽量减少这些广告对大众，尤其是对青少年的影响。

STP 目标市场营销新解

现在针对成人的很多产品的市场营销已经有意或者无意地倾入青少年的细分市场，也引发了新的问题。比方说，世界知名的内衣品牌维多利亚的秘密，曾针对18~30岁的年轻女性推出过年轻嬉皮又性感的产品，定名为"红粉佳人"，产品上市后备受女性欢迎。由于维多利亚的秘密出色的设计以及一系列营销活动的影响，不仅年轻女性喜欢，一些未成年少女甚至是十来岁的小女孩都为之吸引，她们纷纷购买"红粉佳人"产品，引起了家长和社会的担忧。

科特勒曾经提到说，在美国，十几岁的女孩可能将其低腰牛仔裤低到可以露出花里胡哨的短裤。法国的女士化妆品、吊袜带，都有适合十几岁青少年的规格。芭比娃娃也有采用露背吊带衫和高跟靴子的"亮闪闪的奢华"风格。不到12岁的女孩高声宣扬着："难道你不想自己的女朋友像我一样火辣？"这样的早熟让人不由得不忧心。

这些问题在国内的消费市场同样存在。青少年的身心健康引发的是全社会的关注。比方说一直以来人们对于网络游戏的批评与担忧。我国有超过2000万的网游少年，其中网游成瘾者有几百万。在网络游戏玩家之中，16~25岁的人占了四分之三左右，青少年更是其中的主体。网络游戏市场在显示出其超凡的吸金能力的同时，游戏中的色情、暴力元素也暴露出来，让很多青少年沉湎其中，难以自拔。网游几乎成了引诱青少年堕落的代名词，一些青少年因沉迷网游而抢劫、强奸、杀人的新闻也屡见不鲜。这些问题及其社会影响力都是企业在选择目标市场时不得不考虑的。

此外，像环境保护、食品安全、信息安全等问题都是消费者群体所共同关注的，稍有不慎，都会酿成大问题。企业在选择目标市场时，要审慎对待这些因素，有一些底线是不宜触碰的，否则，会给企业的形象和声誉带来至深的影响。

在目标市场营销中，真正的问题不在于以谁为目标，而在于如何选择目标市场和为什么选择。当市场营销者试图以目标市场为代价换取赢利时——不公正地以易受影响的细分市场为目标，或者向他们推出有问题的产品或营销策略时，就会引发争议。具有社会责任的市场营销要求，细分市场和目标市场选择不能只考虑公司自身的利益，还要考虑目标顾客的利益。

市场定位：定义在消费者心目中的形象和位置

成功的营销战略关键在于：聚焦、定位和差异化

成功的营销战略关键在于：聚焦、定位和差异化。企业必须仔细地界定其目标市场；建立独特的产品定位并将其有效地通过沟通传达给消费者；制定差异化市场供给品，使竞争对手很难完全模仿。

——科特勒《科特勒说》

在科特勒看来，成功的营销战略有三点至为关键，那就是聚焦、定位和差异化。

聚焦是指集中力量于某几个细分市场，主攻某个特殊的顾客群、某产品系列的一部分或某个地区市场，而不是在整个市场范围内进行全面出击。这样可以使企业以更高的效率、更有特色的产品和服务满足某一特定的战略对象的需要，以便在狭窄的市场范围内实现低成本、差异化或者二者兼得的竞争优势。

定位是指企业把针对目标市场细分开发出的产品特性传达给消费者。也就是要令自己的企业和产品与众不同，形成核心竞争力，让品牌在消费者的心智中占据最有利的位置，努力使品牌成为某个类别或某种特性的代表品牌。这样当消费者产生相关需求时，便会将该品牌视为首选对象。

差异化是指企业努力发展差异性较大的产品系列和营销项目，努力树立起企业的独特形象，以成为同行业中的领先者，以此获得产业中的竞争优势。

在这三点之中，定位是很关键的一环，营销定位需要解决三个问题：满足谁的需要？满足什么样的需要？怎样满足这些需要？这可以归纳为三步定位法。

第一步，找位，也就是解决"满足谁的需要"这一问题。这相当于对目标市场的聚焦。

在市场分化的今天，任何一家公司和任何一种产品的目标顾客都不可能是所有的人，同时也不是每位顾客都能给他带来正价值。事实上，有一部分企业的营销成本并没有花在能带来最大价值的顾客身上，大量的资金和人力被浪费了。因此，企业有必要对顾客进行甄别，理清楚到底为谁服务、要满足谁的需要这样一个大问题。

第二步，定位，也就是解决"满足什么样的需要"这一问题。

产品定位过程是细分目标市场并进行子市场选择的过程。这里的细分目标市场与选择目标市场之前的细分市场不同，后者是细分整体市场，选择目标市场的过程；前者是对选择后的目标市场进行细分，在选择一个或几个目标子市场的过程。

对目标市场的再细分，不是根据产品的类别进行，也不是根据顾客的表面特性来进行，而是根据顾客的价值来细分。顾客在购买产品时，总是为了满足自己某方面的需求，获取某种产品的价值。产品价值组合是由产品功能组合实现的，不同的顾客对产品有着不同的价值诉求，这就要求企业搞清楚自己应该"满足什么样的需要"，进而提供不同诉求的产品。

第三步，到位，也就是解决"怎样满足需要"这一问题，执行并落实既定定位的过程，差异化则是其中一个有效的手段。

在确定满足目标顾客的需要之后，企业需要设计一个营销组合方案并实施这个方案，将定位落实到位。这不仅仅是品牌推广的过程，也是产品价格、渠道策略和沟通策略有机组合的过程。整个营销过程就是一个找位、定位再到位的过程。

我们可以先来看一看美国西南航空公司的案例。

西南航空公司将自己牢牢定位为提供短程、低价航空服务的公司，它的口号就是"不奢华，但却廉价而有趣"。西南航空堪称高效低成本经营的典型。

例如，乘坐西南航空公司的班机是没有正餐提供的，只有花生。所有飞机上都没有头等舱，只有三人座。乘客不用预订座位，只需拿着登机卡，先到先得，每30个人一起登机。西南航空公司与其他航空公司相比，能达到更高的准点率。西南航空公司以短程航班为主，它吸引的是本来要开车或者坐公共汽车的旅客。比方说，该公司推出的路易斯维尔至芝加哥的航线，单程机票只要49美元，而竞争对手的价格是250美元。结果，两个城市间航空旅客每周总运输量从8000人次增加到了26000人次。西南航空公司的航班飞行时间一般为一小时左右，单程平均费用也只花费顾客76美元。

西南航空严格控制成本，砍掉不必要的服务，但这并不意味着西南航空的服务单调乏味，相反，乘客们在短短的旅途中还能享受到不少乐趣。西南航空公司会精心带给乘客大量好玩的、健康的娱乐。比方说，空乘人员会把自己装扮成爱尔兰守护神节的精灵和复活节的兔子，而在万圣节就几乎什么都有。空姐把安全事项用好玩的形式表演出来，有乡村音乐、布鲁斯和说唱音乐，让旅客互相做自我介绍，相互认识并交谈。他们用这些方法给旅客带来惊喜和娱乐，就连公司首席执行官都曾经化妆成猫王和顾客打招呼。

这家公司不仅给自己立下了准确的定位，更实实在在地做到了

"廉价而有趣",这使得西南航空获得了极高的口碑与赞赏,也助其战胜主要竞争对手,成为美国名列前茅的航空公司。

西南航空作为后起之秀,能从群雄逐鹿之中胜出,在很大程度上就得益于其准确的定位和出色的执行。短途的航线、低廉的价格、优质的服务,自然能够吸引顾客、留住顾客。

不同的消费者在不同情况下需求也各不相同,企业需要认清自己的定位,明确到底要满足谁的需要、满足什么样的需要以及怎样满足这些需要。只有定位清晰了,企业才能在竞争中立于不败之地。

定位的目标在于将品牌留在消费者心中

定位是指设计公司的产品和形象以在目标市场的心中占据一个独特位置。目标是要将品牌留在消费者的心中,以实现公司的潜在利益最大化。一个好的品牌定位能够通过阐明品牌精髓、该品牌能帮助消费者达成何种目标以及如何以独特的方法来实现,来帮助指导营销战略。

——科特勒《市场营销原理》

定位的终极目标就是要将品牌留在消费者心中,占有消费者心智资源,在消费者心智中完成"注册"。

比方说,提起耐克,人们想到的是"Just do it";提起高露洁,人们想到的是"没有蛀牙";提起宝马,人们想到的是"驾乘乐趣,创新极限";提起 M&M'S 巧克力,人们想到的是"不溶在手,只溶在口"……这些品牌通过定位在消费者心中占据了一席之地,所以它们成功了。国内的众多品牌中,也有一些得益于精准的定位,而确立了自己在市场中的地位和根基。

真正的品牌定位是找到在消费者心智中区别于竞争对手的定位,而不是盲目跟风。企业必须通过定位给消费者一个理由,一个为什么要购买企业的产品而不是竞争对手产品的令人信服的理由。

定位要求定义和传达品牌之间的相似点和差异点

定位要求定义和传达品牌之间的相似点和差异点。特别是定位的决策要求通过识别目标市场和竞争状况，以及共同理想点和差异点的品牌联想来确定参考框架。

——科特勒《营销管理》

科特勒指出，定位要定义和传达出品牌之间的相似点与差异点。相似点是指那些并非品牌所独有，而是与其他品牌共享的一些属性。而差异点则是指能够把自己与竞争对手的产品区分开来的属性与利益点。

要准确地定义并传达品牌之间的相似点和差异点，营销者应该首先问一问自己这样三个问题：

第一，企业是否确定了一个品牌参照系。

品牌参照系简单地说就是要明确品牌处于一个什么样的参照系之中。选择合适的参照系具有重大意义，因为参照系决定了消费者将会对品牌产生哪些联想，而这些联想就构成了品牌的相似点和差异点。参照系可能是同一类产品中的其他品牌，如百事可乐的竞争对手是可口可乐。还有的情况下，参照系可能来自于不同的产品类别，例如，百事可乐、脉动、冰红茶分别属于软饮料、运动型饮料和冰茶，但它们都在解渴饮料这同一个参照系内。

要确定品牌处于一个什么样的参照系中，需要重点考虑的一个因素是产品在生命周期中所处的阶段。如果是一种新推出来的产品，那么，它通常会把竞争产品选为参照系，以便让消费者迅速了解产品是什么、能做什么；而越到产品生命周期的后期，新的增长机会和威胁就会出现在该产品类别之外，这时候，就有必要调整参照系了。

第二，企业是否充分利用了相似点。

如果想要让消费者认为企业的产品在某个品牌参照系内是合理的，

并且值得信任，那么，该产品必须与参照系内的其他同类产品具有一些相似点。打个比方说，如果你的产品是洗衣粉，可是却不能对衣物产生任何的清洗效果，那么，消费者不会把你的产品当洗衣粉；如果一家餐馆不能提供饭菜食物，那么，它也就不能被归入餐馆这一类中。只有具备了某些基本的相似点，消费者才会对企业的产品有一个基本的、初步的认可。

第三，企业是否构建起了具有强大效力的差异点。

品牌定位必须构建起强有效的差异点，这样才能将品牌与同一个参照系里的其他品牌区别开来。这种差异可以从品牌性能上、品牌形象上以及消费者洞察上去寻找切入点。让顾客看到产品的不一样，并且让顾客感觉到这种不一样对他们而言是极为有利、有用的，这种强烈、独特又能给顾客以良好联想的差异，才是产品真正吸引顾客的地方。

以手机产业为例，有两个品牌很值得一提，一个是 OPPO 手机，它以宋慧乔为形象代言人，打出了"音乐手机"的鲜明旗帜，仅用三四年时间就坐上了国产品牌的第一把交椅。另一个则是小米手机，它的定位是最优性能的平价智能手机，瞄准的是伴随互联网成长的发烧友、理性消费的中低收入年轻白领，售价仅 1999 元，却是业内首款双核 1.5GHz 的智能手机，当得起"国产神机"、"性价比之王"的称号。这两个品牌凭借准确的定位与差异点塑造在竞争惨烈的国内外手机品牌搏杀中突出重围，收获了极高的人气和利润。

企业可以用来成功定位的五种价值主张

品牌的整体定位被称为该品牌的价值主张，价值主张直接回答顾客的问题——"我为什么要购买你的品牌？"公司可以用来成功定位的五种价值主张是：优质优价、优质同价、同质低价、低质更低价、优质低价。

——科特勒《市场营销原理》

在科特勒看来，品牌的价值主张体现的就是一个该如何与顾客沟通的问题，它不是简单地说服顾客，而是要引起顾客的共鸣。科特勒曾经说过这样一番话："要找出核心定位、价值定位、全价值主张，先要让公司描述出其整体贡献度比竞争者高的理由。然后公司再运用这些结果，建立强势的品牌认同，传递出潜在顾客期望得到的价值描绘。"他指出，公司可以通过五种价值主张来进行成功定位：

一是优质优价。

优质优价的定位是指提供优质档次的产品和服务，同时收取高额的价格，这一类里最有代表性的就是奢侈产品了。它们一般都拥有优异的品质、手工打造、持久耐用、卓越的性能或独特的风格，并有与之相匹配的高昂价格。消费者购买这类产品，买的不仅是上等的品质，还有优质优价品牌所代表的声望、地位以及高档的生活方式。

几乎在所有的产品和服务类别中，我们都可以找到这样的精品品牌，从酒店、餐饮、时装、化妆品，到汽车、房子、电器等等，不胜枚举。当一个产品类别中出现一个优质优价品牌的时候，消费者往往会感到惊讶、惊喜。像苹果公司推出设计与质量比传统手机优越得多的 iPhone 时，尽管价格不菲，可仍然吸引了无数"果粉"的疯狂追捧。

企业如果选择优质优价的价值主张，需要注意这样两点：其一，优质优价品牌因为利润丰厚，很容易吸引大批的模仿者，他们号称自己可以以更低价格提供同样质量的产品，这是企业需要提防的；其二，优质优价品牌在经济良好时期一般都能有不错的销量，但遇到经济低迷时期，当消费者开始捂紧钱包的时候，就可能会跌入低谷。

二是优质同价。

优质同价的定位是指以较低的价格引入提供相同质量的品牌来攻击竞争者的优质优价定位。例如，丰田的雷克萨斯产品线就是采取这一价值主张与梅赛德斯、宝马等品牌竞争。在美国市场，它打出的口号是："只需 3.6 万，不是 7.2 万，就能买到更好的车，有史以来第一次！"丰田发布的广告里，将雷克萨斯和梅赛德斯的性能逐项进行比较，以突显雷克萨斯的优秀品牌；丰田还公布消费者调研结果，指出雷克萨斯经销商能提供更好的销售服务。结果是，雷克萨斯吸引了梅赛德斯的很多准客户，而且，雷克萨斯的重购率达到 60%，是业内平均水平的两倍。可见，优质同价对于优质优价能产生十足的威胁力。

三是同质低价。

同质低价比优质同价更强大，因为很少有人不喜欢价廉物美，同样的质量之下，大部分人都会选择价格更实惠的那一种。像沃尔玛、百思买就是如此，它们提供的产品并不特别，但是，它们凭借卓越的采购能力和低成本的运营，使得产品价格相比之下更便宜些，这就足以吸引顾客了。还有的企业为了抢夺市场领先者的市场份额，会研发出相似的产品，以更低价格出售，像 AMD 之于英特尔，就是采取这种战略。

四是低质更低价。

低质更低价是指以更低的价格满足消费者较低的性能或质量要求。尽管现在的消费者越来越重视质量，越来越追求品质，但不可否认的是，有一些质量不太好、价格也不高的产品仍然有一定的市场空间。在很多情况下，消费者愿意为了一个低廉的价格，放弃最佳效能或花哨的特点。比方说，一个旅行者急需找到住宿之地时，他很可能会就近选择一家普通旅社，以极低的价钱凑合一个晚上。

五是优质低价。

优质低价是一种成功的价值主张。质量更优、价格更低，这样的品牌，消费者很难不动心。很多企业确实在实践这一点，从短期来看，它们的表现是很不错的，但是，从长期来说，要保持这种定位会很困难。提供更优的质量意味着要增加不少成本，而这些成本又使得低价的承诺变得很难兑现。这是企业应该多加考虑的一个问题。

每一个品牌都必须采用针对其目标市场需求的定位战略，优质优价的价值主张会吸引某一个目标群体，而低质更低价也会吸引其目标群体。企业通过不同的定位、不同的价值主张，找到属于自己的发展空间。重点在于，企业必须根据自己所选择的目标市场和目标群体，确定恰当的定位战略。

第六章

竞争营销新解

◎ **识别、分析、选准自己的竞争对手**

识别竞争者：从产业和市场出发，克服"近视症"

分析竞争者：每一个细节都不要放过

选择竞争者：强与弱，近与远，良与恶

企业要取得成功，必须构建核心竞争力

◎ **十面埋伏，竞争无处不在**

企业面临着五股竞争力量的威胁

行业竞争者：细分市场的容量是有限的

潜在进入者：有利润，就会有跟风

替代者：比现有竞争对手更具威胁力

◎ **市场领导者：第一不是那么好当的**

一步领先不等于步步领先

保持领先最具建设性的策略就是持续创新

扩大总体市场，将市场蛋糕做大

保护市场份额，巩固领导地位

识别、分析、选准自己的竞争对手

识别竞争者：从产业和市场出发，克服"近视症"

相比于将竞争定义局限于产品类别的做法，从产业和市场的角度去研究竞争能揭示更广泛的实际和潜在的竞争者群体。营销人员必须克服"营销近视症"，不能再用传统的产品类别来定义竞争。

——科特勒《营销管理》

科特勒认为，营销人员应该从产业和市场两个角度来研究竞争。产业是由一群可以提供同一产品或同一类别产品的公司所组成，这些产品之间有着极强的替代关系。营销人员可以根据销售者的数量，产品差异化的程度，进入壁垒、流动性以及退出壁垒的有无，成本结构，垂直整合的程度以及全球化程度来对产业进行分类。

而从市场角度出发，竞争者可以定义为满足相同的顾客需求的公司。给公司以直接威胁的竞争者是那些满足同样的顾客及其需求并提供类似产品的公司。但公司更应该重视的是那些采用其他方法或新方法来满足同种需求的潜在竞争者。因为很多公司都会患上"营销近视症"，它们只关注同行业显现的竞争者，而忽视了隐蔽的竞争者，从而造成竞争失败。如果公司忽视了这些潜在的竞争对手，那么当他们的实力足够壮大的时候，将会给公司带来致命的威胁。

例如，可口可乐公司曾经因为专注于软饮料，而放松了对咖啡吧、新鲜果汁吧市场的关注，最终使得其软饮料业务受到重大的冲击。还有，像新媒体对传统电视媒体、数字出版对传统纸质出版，都是一种潜在的威胁，甚至已经升级为明显的、直接的威胁。如果你制造玻璃瓶，那么那些生产塑料瓶、铝罐和纸板盒的制造商都可能是你的竞争对手。要识别来自行业之外的潜在入侵者，企业需要搞清楚什么资源是在自己的细分市场内获胜的基础，以及在所处的细分市场和行业之外，有哪些企业拥有的资源无论是在类型还是在数量上都符合这一要求。

从不同角度出发，我们可以对竞争者进行分类。

如果从行业的角度来看，企业的竞争者可以分为：

一是现有的竞争者，也就是行业内已经存在的与本企业生产同样产品或者从事同类业务的企业；

二是潜在进入者，只要一个行业前景乐观、有利可图，就会引来新的竞争企业，使该行业的市场份额和主要资源进行重新洗牌和分配。还有一些多元化经营的大型企业也常会利用其资源优势从一个行业侵入另一个行业。

三是替代性的竞争者：与某种产品具有相同功能、能满足同一需求的不同性质的其他产品，就属替代品。只要有替代品出现，行业内的所有企业都将面临与生产替代品的其他行业的企业的竞争。

如果从市场的角度来看，企业的竞争者可以分为：

一是品牌竞争者，也就是同一行业中以相似的价格向相同顾客群体提供类似产品或服务的其他企业。比方说，个人电脑市场中，惠普、戴尔、联想、华硕、明基、宏碁等就互为品牌竞争者。品牌竞争者之间的产品相互替代性较高，因而竞争非常激烈，各企业均以培养顾客品牌忠诚度作为争夺顾客的重要手段。

二是行业竞争者，也就是提供同种或同类产品，但规格、型号、款式不同的企业。所有同行业的企业之间存在着彼此争夺市场的竞争关系。如迪奥、兰蔻、雅诗兰黛、倩碧、雅芳、玉兰油、丁家宜等品牌，虽然定位的层次不一样，但却是行业竞争者的关系。

三是需要竞争者，是指提供不同种类的产品，但满足和实现消费者同种需要的企业。举个最简单的例子，长途客车、火车、飞机、船舶都能满足人们出行的需要，如果火车票票价上涨，或者难以购得时，利用飞机、长途客车出行的旅客就可能增加，它们之间就是需要竞争者的关系。

四是消费竞争者，指提供不同产品，满足消费者的不同愿望，但目标消费者相同的企业。比方说，一些高收入群体，他们既可以花钱旅游，也可以投资，还可以购车购房等，虽然目的不一样，但必然会激发不同企业相互争夺这些消费者购买力的竞争关系。

如果从企业所处的竞争地位来看，竞争者的类型可以分为：

一是市场领导者，也就是在某行业中占据第一位的企业。这类企业在产品开发、价格变动、分销渠道、促销力量等方面往往处于主宰地位。

二是市场挑战者，它们在行业中处于第二、第三甚至更低的次要地位。

三是市场追随者，它们在行业中居于次要地位，并安于次要地位，在战略上追随市场领导者。

四是市场补缺者，它们多是行业中相对较弱小的一些中、小企业，专注于市场上被大企业忽略的某些细小部分，在这些小市场上通过专业化经营来获取最大限度的收益，在大企业的夹缝中求得生存和发展。

总的来说，企业要克服"营销近视症"，不能轻易放过任何一个可能的竞争者，要从不同的角度识别自己的竞争对手，关注竞争形势的变化，以更好地适应和赢得竞争。

分析竞争者：每一个细节都不要放过

如果要准备一个有效的营销战略，除了要了解实际和潜在的顾客外，公司还必须了解自己的竞争者。公司一旦识别了其主要竞争者，那么它就必须查明这些竞争者的目标、战略、优势和劣势。

——科特勒《营销管理》

分析竞争对手，这是营销中的一个关键性环节，也是公司能否在竞争中制胜的一个很重要的影响因素。科特勒认为，公司在确定了自己的主要竞争者后，要对其做全面的了解和深入的分析，尤其是下面这三点，更是要认真地做出研究判断：

第一，竞争者的目标。

了解竞争者的目标，可以帮助公司更好地判断并预测竞争者的战略以及对外部事件或者对其他公司的战略举动可能做出的应对。

竞争者的目标会受许多因素影响，例如公司规模、发展历程、管理现况、财务状况等。竞争者的目标是追求成长、利润还是现金流？这些都需要公司去摸底探清。公司特别要监测并关注竞争者的扩张计划。

第二，竞争者的战略。

竞争者会采取什么样的战略与策略来实现其营销目标，会以什么样的方式应对竞争，这些都是很关键的情报信息。只有尽可能多地掌握这类信息，公司才能做更全面的准备与规划，防备竞争者，在竞争中获得更主动、更强势的优势。

第三，竞争者的优势和劣势。

竞争者的优势和劣势将决定它发起或应对战略行动的能力以及处理所处市场环境中事件的能力。公司要对此进行实事求是的评估，既不高估而怯战，也不低估而轻敌。除了优势和劣势，公司还要监测竞争者的市场份额，这不仅仅包括竞争对手在目标市场中所占的实际份额，还应包括竞争对手在消费者群体之中所占据的心智份额、情感份额。

对于竞争对手，是对抗他，超越他，还是学习他？这是公司能否在市场之中站稳脚跟必须做出的选择。要想战胜竞争对手，要想生存发展，一个重要的手段或者说一个重要的课题就是尽可能多地去了解竞争者。

比尔·盖茨曾说："一个好员工应分析公司竞争对手的可借鉴之处，并注意总结，避免重犯竞争对手的错误。"微软有一个团队，专门分析竞争对手的情况，包括什么时间推出什么产品，产品的特色是什么，有什么市场策略，市场的表现如何，有什么优势、什么劣势等。微软的高层每年都要开一个会，请这些分析人员来讲竞争对手的情况。微软这样做的目的就是为了更接近竞争者，知己知彼，百战不殆。

阿瑟·D. 理特咨询公司曾经对一家企业在目标市场中所处的竞争地位做了这样的划分：

主导地位。行业中占主导地位的企业支配着其他竞争对手的行为，并且在策略选择上有着广泛的余地。

得势地位。属于得势地位的企业可以独立运作，并且不会危及本企业的长期市场地位，无论竞争者如何行动，它们都能保持自己的长期地位。

有利地位。这类企业有力量执行特定的策略，并且拥有较多的机会来改善其市场地位。

足以维持。这类企业自身经营得当，足以维持营业。但它们的存在是在那些占有优势地位的企业默认许可下的，改善其自身市场地位的机会较少。

弱势地位。这类企业的经营状况不佳，但仍不乏改善的机会，它们必须进行革新，否则将被迫退出市场。

难以维持。这类企业经营状况极差，难以维持正常运营，而且没有转机。

居于主导地位的企业不能因为自身所占据的优势、强势地位就放松对身后追赶者的监控。而居于主导者之后的其他企业更要高度关注身边的竞争者，既要看到前面的领先者，也要看到身边的同行者，同时还要提防那些力量暂时不够强大的企业。

商场如战场，任何一个战场上都缺不了斥候。营销人员对企业而言，就是身在一线的斥候，必须要像侦察兵一样，去刺探、了解、分析自己的竞争对手，了解同行的经营目标、产品开发、市场营销、人才战略等情况，了解竞争对手的战略和目标、优势和劣势，这样才能提出相应的应对策略与对手周旋、竞争，使自己的企业不被对手蚕食、吞并、打垮，并确立行之有效的竞争战略和营销策略。

选择竞争者：强与弱，近与远，良与恶

在对顾客价值和竞争者进行细致全面的分析之后，企业就可以全力出击，对付下列类型的竞争者：强与弱，近与远，"良性"与"恶性"。

——科特勒《营销管理》

科特勒认为，任何一个企业，它要面对的竞争者很多，规模与实力都不一样。企业要从中去判断哪些竞争对手是对自己最具有威胁力的。科特勒提出了三种竞争对手的类型：

一是强与弱。很多企业将目标瞄准弱小的竞争者，通过与它们的竞争来稳固自己的市场地位，由于强弱悬殊，因此每获得单位市场份额只需要较少的资源投入。但企业更要警惕在行业内占据较大市场份额的强大的竞争对手，即使是行业内的强者，也会有其软肋，并非像表面上看起来那样的不可战胜。

二是近与远。近距离的竞争者是指与本企业在业务上有直接竞争关系的企业，如对雪佛兰来说，福特要比法拉利更有威胁力，福特就是近

距离的竞争者。在此同时，企业也应识别远距离的竞争对手，比方说对于美国钢铁公司，贝特勒海姆钢铁公司可以说是它的近距离竞争者，而令它更担心的是生产塑料、铝等产品的远距离的生产者。

三是"良性"与"恶性"。几乎在每一个行业中，都会有"良性"与"恶性"竞争者之分。"良性"企业按照行业规则行事，并根据成本来制定合理的价格，它们促进了行业的健康成长。而"恶性"竞争者则喜欢走捷径，通过价格混战、渠道混战以及对其他企业的产品或策略进行恶性打压或排挤来抢夺市场份额，它们本身就有很大的风险性，很容易破坏行业内的平衡状态，搅乱整个行业秩序。对于严重威胁市场竞争的"恶性"对手，企业有必要给之以打击，甚至是淘汰它们。

在选择竞争对手时，企业既要将竞争能力构成因素逐项与竞争对手相比较，也要拿产品的主要特性和竞争对手的产品进行比较分析。这样，才能全面地明确本企业产品的优势和劣势，为制定市场竞争战略提供具体依据。

在考察对手的综合竞争能力时，有很多要点是不能疏忽的，比方说市场占有率、销售人员数量及其配置情况、销售渠道、销售服务体系、制造成本、产品价格、产品质量、研发能力、品种齐备性、广告宣传能力、综合收益能力等。

企业可以就这些指标与竞争者进行一一对比，这样，可以很清晰地发现企业相对于竞争者优势何在，劣势何在。对比之下，企业也可以更加理性地找准自己的竞争对手。

不管竞争对手是强与弱，近与远，还是良与恶，企业都应有一个良好的竞争心态。生物界有一个共识，那就是没有天敌的动物多半会灭绝，而敌人越强大，其进化速度则越快，适应能力也更强。动物世界如此，商业世界更是如此。现在的商业竞争已经进入了一个竞合时代。竞合时代与竞争时代相比，前者最大的特点是在竞争中实现双赢，实现强强联合，取长补短，通过规模优势加强整体的竞争实力。

比方说宝马和奔驰，我们可以看到，奔驰的每一个车系其实都能在宝马的阵营中找到影子，但又绝非仿造雷同。宝马与奔驰在相互学习的过程中保持了自己惯有的风格。可以说，它们共同拱卫着豪华车的领地，抵御第三者的入侵，可以说是"两夫当关，万夫莫开"。在它们的竞争过程中，没有价格战的硝烟，而是各凭竞争优势寻求差异化的品牌策略，构建起了良性的竞争环境。所以，尽管这二者的市场定位和目标客户群高度重合，但它们却没有生产过任何一款同质化产品。"开宝马，坐奔驰"，前者强调驾驭乐趣，后者强调乘坐舒适，这已经成了消费者心目中对这两个品牌鲜明的品牌印象。

通过竞合组成攻守同盟的不光是宝马与奔驰，像麦当劳与肯德基、可口可乐与百事可乐、宝洁与联合利华、阿迪达斯与耐克、中国移动与中国联通……他们既是敌人，却更是领导行业并驾齐驱的两驾马车。他们通过彼此间的竞合，使得市场容量大增，使得行业进步，更实现了各自的扩张与增长。

没有永恒的敌人，只有永恒的利益。竞争者既是如芒在背的威胁者，也是最好的磨刀石，企业要理性睿智地选择竞争者。对手就是镜子，可以让企业清楚地认识自己的优劣势，有了参照物，才会更加清醒，更加勤奋。

企业要取得成功，必须构建核心竞争力

从传统的意义上讲，企业往往拥有和控制着企业在某一个领域中展开经营活动所需要的大部分资源——人力、原材料、机器、信息和能源，但是，现在情况已经发生了变化。目前，只要有可能，许多企业都是从外部来获得质量更好或成本更低的非核心资源。此时，关键是掌握和培育企业开展经营活动所必需的核心资源和能力。

——科特勒《营销管理》

科特勒所说的核心能力是指能为企业进入目标市场提供潜在机会的能力，是能借助最终产品为目标顾客利益做出重大贡献的、不易为竞争对手所模仿的能力。从这句话中，可以看出，核心能力应该具有这样三个典型特征：第一，它是竞争优势的源泉，并能够对顾客感知利益做出重大贡献；第二，在市场上具有广泛的应用性；第三，竞争者很难模仿。

在科特勒看来，企业生存发展的关键是掌握和培育出核心的资源和能力，而其他非核心的资源完全可以从外部获取。最鲜明的例子就是耐克，它自己并不生产鞋子，但是标有耐克标志的鞋子却享誉世界，这正是因为耐克在鞋的设计和营销方面培育出了强大的核心能力与优势，至于鞋子的生产，它完全可以交给那些生产能力强、制造成本低的厂商。

核心竞争力是一种能力，而不是一个产品，更不是产品的一种属性。企业核心竞争力是企业的生命线，是企业运行、发展的动力源，是企业战略的核心部分。这种核心竞争能力的打造不是一蹴而就的事情。一个企业要取得成功，就必须为顾客提供比竞争者更高的价值和满意。所以，企业不能仅仅适应目标消费者的需求，还必须通过在消费者心目中建立比竞争对手更强势的定位来获得战略优势。

美国学者弗雷德·克劳福德和瑞安·马修斯，通过对世界知名的公司进行研究，总结出这些企业成功的共同特征：产品稳定、价格诚实、购买便利、独特体验和服务践诺。这基本上与营销的 4P 要素相吻合。更令人惊奇的是，调查结果显示：最出色的公司也只是在五个属性中的某一个属性方面有绝对优势，在另一个属性上保持领先，而在其他三个属性上保持平均水平。

换句话说，每一家公司面临着选择：把哪些属性做得最出色，把哪些属性做得优秀，而把哪些做成平均水平。这是一个取舍的过程，也是营销定位的过程。营销定位成功的例子比比皆是，像戴尔电脑成功于直销优势，星巴克成功于独特体验，沃尔玛成功于价廉物美，而他们的产品并非与别人有多大的不同。企业构建自己的核心竞争优势可通过以下三大步骤来完成：

第一，识别可能的竞争优势。消费者所选择的总是那些能给他们带来最大价值的产品和服务。因此，赢得和保持顾客的关键是比竞争对手更好地理解顾客的需要和购买过程，以及向他们提供更多的价值。通过提供比竞争对手低的价格，或者提供更好的质量和服务，企业需要找到机会使自己的营销区别于其他企业，从而赢得竞争优势。企业一般从产品差异、服务差异、人员差异和形象差异等方面进行区别。

第二，选择合适的竞争优势。对企业而言，并不是所有的品牌差异都是有意义或有价值的，也不是每一种差异都能成为很好的区别因素。每一种差异都有可能在给顾客带去利益的同时增加企业的成本。因此，企业必须仔细地挑选区别于竞争对手的竞争优势。

比方说同仁堂，这个品牌最吸引人的地方就是它的秘方，它的生产技艺都是师傅徒弟手把手地教，一代一代地传，客观上限制了商品的大规模生产和被模仿，这对竞争对手就构建起了难以逾越的壁垒，让他们很难超越。除了同仁堂，像内联升的千层底儿鞋制作工艺、全聚德的烤鸭手艺、宫廷御厨的菜谱等，这些老字号都是靠着秘方与传承打造出了自身的核心竞争力。

第三，经营自身核心的竞争优势。企业确立了自己的核心竞争优势之后，更要用心经营。一方面，要将这种独特竞争优势准确地传播给潜在顾客，使顾客了解、知道、熟悉、认同、喜欢和偏爱本企业的市场定位，并在顾客心目中留下深刻印象；另一方面，要不断加强、巩固并提升这种核心竞争优势，防范竞争对手的追赶与超越。

现在各行各业竞争如此激烈，企业如果不能找到自己的优势与长处，不能形成自身核心竞争力，那是极其危险的。企业应对自身的优势和劣势有清醒的认识，从自身优势中去提炼并打造企业的核心竞争力。

十面埋伏，竞争无处不在

企业面临着五股竞争力量的威胁

企业面临着五股竞争力量的威胁，分别是：行业竞争者、潜在进入者、替代者、购买者以及供应商。

——科特勒《营销管理》

科特勒认为，无论在行业中处于何种地位的企业，都随时面临着竞争，这不仅仅指行业内其他企业的挑战与威胁，还有来自其他多个方面的竞争。在传统观念中，企业研究竞争环境时，往往只着眼于那些直接发生竞争的企业，但是在今天，竞争已经不仅仅是竞争对手之间的战斗，而更多地被看作顾客获取所需价值的各种可行途径之间的竞争。随着不同行业之间界限的模糊化，这一点也显得特别重要。

企业现在面临着五种竞争力量的威胁，它们是：

（1）同行业的直接竞争者。在同一个行业当中，如果已经有了众多、强大或者竞争意识强烈的竞争者，那么该细分市场就会失去吸引力。如果该市场处于稳定期或者衰退期，而生产能力不断大幅度扩大，将导致固定成本过高，撤出市场的壁垒过高。

（2）供应商。供应商有两个手段可以威胁到企业的发展：一是提高供应价格；二是降低供应产品或服务的质量，从而使下游行业利润下降。如果企业无法通过价格结构消化增长的成本，它的利润就会因为供应商的行为而降低。

（3）顾客的讨价还价能力分析。企业追求的是更高的投资回报率，而顾客追求的是以最小的支出获得最好的产品和最优质的服务。为了减少支出或降低成本，顾客通常会讨价还价，寻求更好的产品、更多更好的服务以及更低的价格；同时，行业内企业之间的竞争，也会让买方坐收渔翁之利。

（4）替代品。如果企业所服务的市场存在着替代品或潜在替代品，那么该市场的吸引力就会大大降低。替代品是指那些来自不同行业的产品或服务，这些产品或服务的功能与该行业的相同或相似。一般说来，如果顾客面临的转换成本很低甚至为零，或者当替代品的价格更低，或质量更好，性能相似于甚至超过竞争产品时，替代品的威胁会很强。

任何企业都应密切注意产品的价格趋向，如果在这些替代品行业中技术有所发展，或者竞争日趋激烈，就有可能导致该细分市场的价格和利润下降。在顾客认为具有价值的地方进行差异化，如价格、质量、服务、地点等，可以降低替代品的竞争力。

（5）潜在进入者。潜在进入者是指那些可能加入这个行业，成为企业直接竞争对手的企业。当某一行业，尤其是新兴行业获得高额利润时，资本就会大量流入，不仅行业内现有的企业会增加投资以提高生产能力，而且行业外的企业也会被吸引到该行业进行投资。例如，在房地产如火如荼的时候，受到高利润的吸引，很多有一定资本实力的企业纷纷涌入，试图从这个市场分一勺羹。

可见，企业除了要防范行业内的直接竞争者，还要对其他四股竞争力量提高警惕，这五种竞争力量对企业都有一定的威胁力，对其中的任何一个，企业都不能掉以轻心。

行业竞争者：细分市场的容量是有限的

如果一个细分市场已经有大量强大的激进的竞争者存在，那么它不会有吸引力。如果该细分市场已经稳定甚至衰退，工厂生产能力不足，固定成本和退出壁垒高，或者竞争者在细分市场中投资很大的话，那么这个市场更不具有吸引力。

——科特勒《营销管理》

科特勒认为，一个细分市场的容量是有限的，如果有太多的企业争夺这一片市场，就很可能导致惨烈的价格战、广告战、渠道战等，使得参与竞争的代价很高。像手机市场就是由于细分市场的竞争关系导致竞争异常激烈。

很多人都听过这样一个故事：

一天，一个犹太人来到小镇上。他发现这个小镇很有潜力，所以投资开了个加油站。过了一段时间，第二个犹太人也来了，发现加油站生意很不错，人气越来越旺了，所以投资开了个餐馆。又是一段时间，第三个犹太人来了，开了个酒店，第四个、第五个……不久之后，小镇就成了一个经济繁荣的小镇。

而中国人发现一个有潜力的镇子会怎么做呢？当第一个人投资开了加油站，获得不错的收益时，第二个人也会立马跟进，开一家新的加油站，第三个人来了，继续开第三家加油站，然后是第四个人、第五个人……

这个故事并不夸张，在很多行业里，我们都能看到这种同质化的竞争。很多公司做生意都喜欢一窝蜂，当看到某个行业某种生意能成功赚钱，那么，不出一两年，市场上绝对会有一批新的竞争者争相进入，引发恶性竞争。

放眼市场，我们很难找到一种没有竞争对手的行业，一条街上，一个社区里很容易就能找出三四家洗衣店，五六家便利商店，七八家美发店，十多家餐厅，二十几家小吃摊……没有一个行业没有竞争对手。

有句话说，同行是冤家，这句话从某种程度上来说确实反映了现实。要避免与较强的竞争对手相抗衡，企业需要采取一定的区隔策略，比方说，选择不同的区域市场，避开和主要竞争对手的面对面搏杀，这是市场区隔；选择不同的目标群体，这是对象区隔；在产品上实行差异化，针对不同对象提供不同产品，这是产品区隔……通过这些区隔策略，企业可以为自己留出一块相对而言较稳定、竞争不那么激烈的市场空间。

面对强大的同行业竞争对手，竞争是残酷的，如果势不两立，必定两败俱伤，最好的办法是谋求共赢。共赢有利于自身的发展，只有竞争才会有进步。竞争还有利于行业的发展，一木难以成林，当一个行业有良性竞争时，相关品种会增多，产品的结构也会丰富，这样能推动整个行业的进步，提高整体产销量。与竞争对手合作也有利于产业链的共同发展，一个产品成熟了，相关的配件配套设施会更完善，更有利于企业的发展。此外，同行联手能够共同抵抗外来产品的入侵，提高整体抵抗力。

对于行业内领先型的竞争者，学习它们的成功模式可以减少市场风险，也可以让企业少走很多弯路。如果能够模拟出竞争者成功的根本模式，并结合企业实际加以运用，可以避免很多最初阶段很难逃过的风险。

对于行业内的一些搅乱正常市场竞争的对手，企业应更警惕。市场竞争就是大鱼吃小鱼，但几乎在每一个市场，都会有一些小鱼小虾，它们图的不是长远的发展，而是一时之利，为了获得利润和市场份额，它们可以置市场规则于不顾，采取无所不用其极的手段，比如一味地挑动价格战，或者生产假冒伪劣产品等，这种非正常的竞争会破坏整个行业的内在结构与外在形象。企业对这一类型的对手，应该联合行业内的其他企业，强势压制住或者清理掉它们。

总之，竞争是无处不在的，要想在竞争中胜出，企业要有打持久战的准备。同时，也不应该把竞争对手视为敌人，没有竞争就没有市场，没有市场便无法生存。理智分析对手，寻求共赢，谋求差异化之路，这样企业才能在竞争中活得更好。

潜在进入者：有利润，就会有跟风

所谓潜在进入者，可能是一个新办的企业，也可能是一个采用多元化经营战略的原从事其他行业的企业，潜在进入者会带来新的生产能力，并要求取得一定的市场份额。潜在进入者对本行业的威胁取决于本行业的进入壁垒以及进入新行业后原有企业反应的强烈程度。

——科特勒《营销管理》

潜在进入者指的是暂时没有对企业构成威胁但是具有潜在威胁力的竞争对手。当某一行业发展较为迅速的时候，该行业便不可避免地会吸引更多竞争对手加入其中，有时候这种冲击甚至可以动摇整个行业。

潜在进入者会直接影响到行业的竞争强度和营利性。具体而言，它们的存在会加剧行业对下游市场需求量的争夺和分流，同时也会加剧对上游资源的争夺和分流。潜在进入者对行业是利是弊，不能一概而论，而是与行业的发展周期有着密切的联系。通常，当行业处于导入期时，随着潜在进入者的进入，行业生产量不断扩大，行业生产能力随之提高，单位产品生产成本会较快降低，行业赢利能力将提高。在这个时期，潜在进入者更多地起到培育市场的作用，能够推动行业的发展。

当行业处于成长期时，由于需求量增长迅速，潜在进入者一般会对需求进行细分分流，这从表面上看似乎不利于行业内竞争者，但由于需求量迅速增长，行业内现有生产能力可能并不能满足快速增长的需求，如果没有新的加入者，需求未被满足的消费者可能会寻求替代品，替代品行业的激活可能会颠覆对现有行业的需求，影响行业赢利能力。所以说，成长期进入的潜在竞争者对整个行业是有其积极意义的。

当行业进入成熟期时，需求量增长缓慢，竞争更加激烈，行业吸引力开始下降，潜在进入者通常不大可能选择进入。但成熟期虽然需求量增长缓慢，但需求总量很大，从现金流角度看，对某些潜在进入者仍是有吸引力的。

当行业处于衰退期时，需求量急剧萎缩，行业资本收益率下降，部分行业内的企业都会选择撤资退出，而潜在进入者如果要进入该行业，更是会慎之又慎。

在成熟期和衰退期，潜在进入者的威胁可能并未减小。少数实力很强的潜在进入者仍可能选择这个时机进入，并通过并购、重组等手段，以低廉价格得到相关资产，凭借自身优势对行业内企业形成很大冲击。

潜在竞争者是否会进入某个行业，主要取决于以下几大因素：

第一大因素是进入该行业的可能性，这主要取决于该行业的发展前景。如果该行业增长速度快，赢利潜力大，那么潜在竞争对手进入该行业的意愿就越强。但是，竞争对手能否顺利进入该行业还要看该行业的进入壁垒的强弱程度。

第二大因素是进入壁垒的强弱程度，进入壁垒是指新企业进入一个行业所必须负担的生产成本以及所面临的一系列不利因素和障碍，主要反映产业内现有企业和待进入该产业的潜在企业之间的竞争关系。新进入者在进入一个行业之前，必须评估自己是否有足够的实力应对目标市场中的种种风险和阻碍。

第三大因素是预期的报复，这指的是该行业的现有企业对于潜在进入者所持有的态度以及可能做出的反应。现有企业的反应越激烈，潜在进入者面临的阻力就越大。为了维护共同的利益，行业内现有的企业甚至会联合起来，一致对外，阻止新的进入者。

综合这些因素，潜在进入者进入某个行业需要做充分的调研和评估，谨慎决策。而行业内现有的企业则可以通过上面所述的各种方式，来提高行业的进入壁垒，从而防范并抑制新进入者。

替代者：比现有竞争对手更具威胁力

存在实际的或潜在的替代品的细分市场不具有吸引力。替代品对价格和利润设置了限制。在这些替代品行业中，如果技术进步或者竞争激烈了，那么价格和利润都可能下跌。

——科特勒《营销管理》

科特勒认为，竞争不仅仅包括所有的现实竞争对手、潜在竞争对手，还包括购买者可能考虑的替代产品。

比方说，如果一家汽车公司打算购买钢材来制造汽车，那么就可能有几个层次的竞争。这家公司可以从美国钢铁公司购买钢材，同时它也可从众多外国钢铁公司那里购买钢材，或者本着节省成本的目的从纽克公司那样的小型钢铁厂采购。除此之外，它还可以从阿尔钦公司购买铝，代替钢材来做相应的汽车零部件并减轻汽车重量，或者也可以从其他公司购买工程塑料。很显然，如果美国钢铁公司只将其他的钢铁公司视为自己的竞争对手的话，那就太过于狭隘了。事实上，从长远来说，未来对该公司造成最大冲击的，很可能就是那些生产替代产品的生产厂家，而不是那些行业内的其他钢铁企业。

同行竞争很好理解，但是即便是两个处于不同行业中的企业也可能会由于所生产的产品互为替代品而产生相互竞争行为，这种源自于替代品的竞争会以各种形式影响行业中现有企业的竞争战略。

首先，现有企业产品的售价以及获利潜力，会因为存在着能被用户方便接受的替代品而受到极大限制；其次，由于替代品的存在，使得现有企业必须提高产品质量，或者通过降低成本来降低售价，或者使其产品更具有特色，否则其销量与利润增长的目标就有可能受挫；最后，源自替代品生产者的竞争强度，受用户的转换成本高低的影响，如果转换成本足够低，那么用户可以自由地在企业产品与替代品之间选择，这样一来，替代品对企业产品的威胁就极大。总之，替代品价格越低、质量越好、用户转换成本越低，其所能产生的威胁力就越强。

替代者的隐蔽而又强大的竞争力，为企业参与竞争提供了另一种视角。企业如果跳出行业看行业，跳出产品看产品，就会发现，其实竞争分两种：一种是完全同类产品之间的竞争，是你死我活的竞争，一方要把另一方打压下去，以使自己生存下来，这种竞争充满了血腥之气。而另一种则显得比较温和，它是不同类产品间的替代，很多时候都是静悄悄地发生的，当替代者成功后，被替代的竞争对手眼看着品牌已经长大，往往束手无策。事实上，可口可乐当初也是运用了替代思维才把市场充分放大的。

20世纪80年代的时候，可口可乐就已经占据了美国软饮料市场35％的市场份额，当时几乎所有人都认为市场已经足够成熟，而百事可乐正奋起直追，对可口可乐造成了极大的冲击。很多证券分析家都快给可口可乐唱挽歌了，他们认为在这样一块如此饱和而竞争又如此激烈的市场，可口可乐不可能有更大的发展。

就在这时候，时任总裁的罗伯特·格祖塔提出了一个振聋发聩的见解——在"人们的肚子里"，可口可乐的份额是多少？他说："我不是说可口可乐在美国的可乐市场占有的份额，也不是说在全球的软饮料市场占有的份额，而是在世界上每个人都需要消费的液体饮料市场所占的份额！"他的话让大家都醒悟过来，在"人们的肚子里"，可口可乐的市场份额少到几乎可以忽略不计，自然就还有无限大的发展空间。

罗伯特·格祖塔给可口可乐带来了观念的革新，他认为，可口可乐的敌人不是百事可乐，而是咖啡、牛奶、茶、水等。可乐行业巨大的市场空间超出任何人的想象，可口可乐拥有无可限量的市场前景，至此，可口可乐迎来了它历史上新的发展高峰。

在传统营销观念中，相同的产品构成同一的市场，在这个市场中，消费者是固定的，市场的容量也是固定的，你得到的多，那我得到的就必然少，因此竞争常常是针尖对麦芒，伤敌一千，自损八百。而在新的营销观念中，相同的需求构成同一的市场，企业可以通过不同的产品去满足同一种消费者需求。譬如，上网可以通过电脑，还可以通过手机，就看谁能为消费者创造更大的价值，更好地满足其需求。这样一来，企业的重心就集中到了满足消费者的需求上，在竞争中，注意力也会集中于消费者的满意度和忠诚度上，而不是单纯地关注竞争对手出了什么招，用了什么方法，这样更能形成一种健康的行业氛围。

市场领导者：第一不是那么好当的

一步领先不等于步步领先

虽然领先品牌在消费者心中具有独一无二的地位，但是除非该优势企业享有合法的垄断性，否则还是需要时时保持警惕。竞争对手可能紧接而来，危及领导者地位。要保持市场领先，领先者就必须寻求各种方法来扩大市场总需求、努力保护现有市场份额并尝试将其进一步提高。

——科特勒《营销管理》

科特勒曾经对企业在目标市场中所扮演的角色做了一个大致的划分，他认为，通常情况下，40％的市场份额掌握在市场领导者手中；30％由市场挑战者所掌握；20％在市场跟随者手中，他们不愿打破现状，只想保持现有的市场份额；而剩下的市场份额则掌握在市场利基者手中，他们专注于大企业无暇顾及的利基市场。

市场领导者通常在企业所处的目标市场中占有统治地位。这类企业往往占据相关产品最大的市场份额。许多行业都有一个被公认为市场领导者的企业，像微软、英特尔、宝洁、麦当劳等，它们在各自的行业中就是居于领导者地位的。

市场领导者有这样的特点，它们在新产品开发、价格变动、分销渠道和促销力量等方面处于主导地位，其主导地位为同行业其他企业所公认；它们既是市场竞争的导向者，也是其他企业挑战、效仿或躲避的对象。市场领导者的地位是在竞争中自然形成的，但并不是固定不变的。除非占统治地位的公司享有合法的独占权利，否则它会时时受到威胁。处于市场领导者地位的企业必须时刻保持警惕，因为其他企业会不断向其优势发起挑战，或者企图抓住其弱点，另一方面，市场领导者还可能会因为其自身的庞大规模和组织结构的膨胀而变得臃肿、迟钝、不灵活。

市场领导者一定要有时时刻刻的警惕心，不能满足于当前的市场地位和市场份额，而应该有深重的危机感。

早在 2000 年，华为的销售额就突破了 220 亿元，利润达 29 亿元，居全国电子百强企业之首。当时业内的形势可以说是"一片大好"，"网络股"泡沫破灭的寒流还未侵袭中国，国内通信业增长速度保持在 20%以上。可是就在这"形势大好"的时候，任正非发表了《华为的冬天》，预言"冬天"即将来临，并且呼吁华为全体员工要警惕潜藏的危机和失败。他这样说道："'沉舟侧畔千帆过，病树前头万木春'，网络股的暴跌，必将对两三年后的建设预期产生影响，那时制造业就惯性进入了收缩。眼前的繁荣是前几年网络大涨的惯性结果。记住一句话'物极必反'，这一场网络、设备供应的冬天，也会像它热得人们不理解那样，冷得出奇。没有预见，没有预防，就会冻死。那时，谁有棉衣，谁就能活下来。"

任正非发表《华为的冬天》后不到一年时间，整个电信行业就步入了严峻的"冬天"，由于中国电信分拆及产业重组，同时欧美电信市场迅速饱和致使国际光纤通信产品大量涌入国内，使国内光纤通信市场缩小许多，华为公司本打算传输产品销售额 200 亿元的计划落空，最后不得不缩减为 80 亿～90 亿元。

在这个时候，人们不能不佩服任正非的预见性，"华为的冬天"背后隐藏着的含意确实发人深省。作为行业领先者，在顺风顺水的时候，能够对潜藏的风险和危机保持清醒的认识，这是难能可贵的。

行业领先者不仅要对大环境保持关注和警醒，同时也要提防紧随身后的竞争者，它们虽然目前在行业中的地位稍逊一筹，但是，未必就没有后来者居上的可能。

科特勒曾说："市场领导者就好像象群里最大的头象，它经常受到蜜蜂们的骚扰，其中一只最大最危险的蜜蜂紧紧地围绕着它，并不断发出嗡嗡的叫声。可口可乐必须经常提防百事可乐，索尼必须提防三星，丰田必须提防本田，柯达必须提防富士。"一步领先不等于步步领先，即便是实力强大的领导者，如果忽视了身后的追赶者，那么这些竞争者很可能危及甚至直接颠覆行业领导者的地位。

保持领先最具建设性的策略就是持续创新

市场领先者如何才能保卫其领地不受侵犯呢？最有建设性的回答就是持续创新。市场领先者应该引领行业不断开发新产品、提供新的顾客服务、致力于资源的有效分配及成本的持续降低。只要能够提供全面的解决方案，企业就可以不断增加其竞争优势和顾客价值。

——科特勒《营销管理》

科特勒认为，市场领导者要保持持续领先的优势，需要采取三方面的行动：首先，公司应该找到扩大整体市场需求的方法；其次，公司必须采取得当的攻守策略来保护原有的市场份额；最后，即便是市场容量保持不变，公司也应该尽可能增加其市场份额，而这所有的行动，都离不开一点，那就是创新的推动。

海尔有一个著名的竞争理念叫"浮船法"。所谓浮船法，是指企业在激烈的市场竞争中，产品不一定要尽善尽美，但一定要比竞争对手棋高一招，总是保持市场领先的水平。张瑞敏先生曾说："其实当你的成果受到市场欢迎的时候，就说明很快要被别人超越了，而且别人怎样超越你，你永远也不会知道。既然如此，从成果出来的那一天起，你就只有自己否定自己，再开发一个更新更好的产品，永远战战兢兢，永远如履薄冰。我们的'小小神童'出来后马上有人模仿，我们也打官司，但太耗费精力了。所以我们很快推出第二代，不等你学第二代，又推出第三代，后来开发到第十二代'小小神童'，没有这十二代的不断超越，怎么可能有小小神童洗衣机的上百万台销量？而且如果被动地打官司的话，不一定能打赢，打赢了也不一定能执行。"

尽管已经是中国家电行业的标杆型企业，但海尔始终认为，只有建立自主创新技术进步机制，才能巩固自己的领先地位，才是企业在竞争中自我发展、自我完善的治本之方。由于海尔集团坚持不懈地进行技术创新，使产品有了强大的应变能力，其技术创新呈现出无穷的魅力。通过技术人员的技术创新，海尔始终保持了企业产品的技术优势和市场优势，从而将企业引入一种"独享山水风光"的高度。

不管在哪个行业，龙头老大的座椅从来不是固定为某一家企业所设的，如果行业领导者不能持续创新，不能巩固自己的地位，那么，被超越是迟早的事。

在计算机领域，有一个人所共知的"摩尔定律"，它是由著名的芯片制造厂商——英特尔公司创始人之一戈登·摩尔经过长期观察后，于1965年4月19日提出的。

"摩尔定律"具体是指：集成电路芯片上所集成的电路的数目，每隔18个月就翻一番；微处理器的性能每隔18个月提高一倍，而价格下降一半；用一个美元所能买到的电脑性能，每隔18个月翻两番。

"摩尔定律"所阐述的趋势一直延续至今，且仍不同寻常地准确，它印证了英特尔公司高速成长的辉煌历程，也成为许多相关产业对于产品性能预测的基础。从"摩尔定律"，我们还可以得出一个启示，那就是行业是不断变化，不断向前的，能不能跟上这种变化，跟上行业前进的脚步，决定着一个企业在行业中的地位甚至是存亡，这对行业领先者来说尤其是如此。

比尔·盖茨就曾有一句名言，也是跟"摩尔定律"一再提及的"18个月"大有关系。即使是在微软最鼎盛的时期，比尔·盖茨都不忘强调这样一句话："微软离破产只有18个月的时间。"想要继续保持自己在行业中的优势，就必须学会创新。事实上，微软一直没有放松创新的脚步，它把创新这个本身抽象的概念内化成可行性措施，让创新成为公司的核心文化，让每一个人走入自己可以创新的领域之内，发挥自己最大的才干。

在比尔·盖茨的眼中，每一项新技术的发展对于微软来说都是福音。因为利用这些新技术、新产品，微软可以通过研发新软件的方式快速进入这些新的领域。比尔·盖茨说："微软的成功秘诀之一就是在条件允许的情况下提速，走到别人的前面去。"

《摩尔定律》一书在提及微软革命时道出了这样一句话："你永远不能休息，否则，你将永远休息。"在微软应对市场变化的各种举动中，一种声音可能更能通俗地表达出比尔·盖茨心中的想法。这句话也是比尔·盖茨非常喜欢的微软公司文化中的一条内容——"每天早晨醒来，想想王安电脑，想想数字设备公司，想想康柏，它们都曾经是叱咤风云的大公司，而如今它们都烟消云散了。一旦被收购，你就知道它们的路已经走完了。有了这些教训，我们就常常告诫自己——我们必须要创新，必须要突破自我。我们必须开发出那种你认为值得出门花钱购买的Windows 或 Office。"微软的危机感使得它找到持续发展的必由之路，那就是持续创新。

作为企业，创新永远是生存必不可少的手段。要满足消费者需求，企业需要不断设计、生产出符合市场需求的各种新产品。一个企业能否持续不断地进行技术创新、产品创新，开发出适合市场需求的新产品，成为决定该企业能否实现持续稳定发展的重要问题。尤其是在科学技术发展日新月异、产品生命周期大大缩短的新经济时代，企业产品面临的挑战更加严峻，不及时更新产品，就可能导致企业的灭亡。特别是对处在科技前沿的企业来说，对科技潮流的把握是他们制胜的前提，持续创新是它们必须拥有的能力，也是最实用的能力，这种能力会帮助它们打破持续发展的瓶颈。

扩大总体市场，将市场蛋糕做大

当总体市场扩大时，市场领先者通常获利最多。市场领先者应该寻找更多的新顾客或者使现有顾客加大产品使用量。

——科特勒《市场营销原理》

科特勒指出，市场领导者要维护自己在行业内的地位和收益，需要采取的一个重要措施就是扩大总体市场。当市场这块整体蛋糕做大了，那么，作为领导者，当然会从中受益。举个简单的例子说，亨氏番茄酱是深受很多美国家庭喜爱的产品，如果美国人消费更多的番茄酱，那么，亨氏将会是其中最大的受益者，因为，它的销售量占到了全美番茄酱市场的三分之二。

要扩大总体市场，企业可以从两个方面入手：一是寻找更多的新顾客，二是使现有顾客加大产品使用量。另外，营销人员还可以通过识别新的使用机会，或者开辟更多的使用用途，加大产品使用量。

比方说，将产品与某些节日、节事或者一些特殊的时间、事件联系起来，在九九重阳节（又称老人节），商家就可以将这个节日与一些老年人需要的产品联系起来，促进这类产品的销售。

除此之外，公司还可以对产品加以改进，以开辟产品的新用途，比方说，吉百利史威士公司以口香糖产品著称，该公司在口香糖的基础上继续创新与拓展，开发出了能够美白健齿的营养保健品。

作为市场领导者，必须有一定高度的眼界和境界。扩大总体市场，需要的不仅仅是魄力，还有创新。在这一点上，不得不提柯达，尽管2012年百年柯达走到了悲情的破产边缘，但在早期，柯达的很多营销方略的确是值得学习的。

柯达曾推出"拍立得"相机，这种相机因为使用方便大受欢迎。当

时柯达一共设计了 8 种机型，有一半的定价都在 50 美元以下，定价如此低，超乎人们预料。更出人意料的是，在柯达相机备受欢迎、销售量直线上升之际，柯达公司竟然宣布："柯达相机，人人都可以仿造。"为了保证全球各厂家仿造的质量，柯达将 10 年研究出来的技术图纸免费提供给同行。

起初大部分人都认为柯达疯了。然而，没过多久人们就明白过来了，原来，柯达早就考虑到随着照相机销量的增加，胶卷和冲印服务肯定会有更大的需求。于是，当同行竞相生产"拍立得"相机的时候，柯达已将重点放在了胶卷的生产和冲印上。果然，随着全球各照相机厂家开足马力生产，"拍立得"相机的销量增长了 90 倍，而柯达胶卷销量更是增长了 300 倍。这么多的柯达相机，每天都会"吃掉"大量胶卷，大量拍摄过的胶卷就必须进行冲印，于是柯达几乎垄断了全世界的冲印市场，获得了超凡的利润。

柯达在推广其"迷你型"相机时，也采取了同样方法，降低价格，使人人都买得起，结果柯达的胶卷、照相机以及相关器材的销量扶摇直上，尽管富士、樱花等企业不惜血本降价，但总敌不过柯达胶卷的销售量。

柯达的这种策略很高明，将相机的技术图纸免费提供给同行，看起来匪夷所思，可却扩大了相机的市场覆盖率，进而，奠定了柯达在胶卷和冲印市场的垄断地位，这种舍小局做大局的经营方式，实在是妙不可言。

处于市场领导者地位的企业，往往在行业内有着比较大的市场占有率，在产品价格变动、新产品开发、市场覆盖率的变化中及销售方式的选择等许多方面起着相对支配或者领先的作用。当一种产品的市场需求总量扩大，收益最大的往往是处于领导者地位的企业，所以促进产品总需求量不断增长、扩大整个市场容量是领导者企业维护竞争优势的积极措施。

保护市场份额，巩固领导地位

> 作为市场领先者，即使它不展开攻势，也必须谨防任何主要侧翼被攻击。企业必须清楚，哪些重点领域应不惜任何代价加以防守，哪些领域可以放弃。
>
> ——科特勒《市场营销原理》

科特勒指出，市场领先者的地位不是一劳永固的，在市场领导者企业面临的竞争对手中，总会有一个或几个实力雄厚者。市场领先者要防止和抵御其他企业的强攻，维护并扩大自己现有的市场占有率。

通常而言，对居于领先地位的企业，有两种有效竞争策略：一是进攻，即在降低成本、创新产品、增强薄弱环节方面主动出击；二是防御，即根据竞争的实际情况，在企业现有阵地周围建立不同防线，如构筑企业目前的市场和产品的防线。构筑不仅能防御企业目前的阵地，而且还能扩展到新的市场阵地，作为企业未来新的防御和进攻中心的防线等。防御战略的目的在于减少受到攻击的可能性，将攻击的目标引到威胁较小的领域，并设法减弱攻击的强度。

通过建立难以逾越的障碍，市场领先者可以让竞争者打消进入该细分市场的念头。阻止竞争对手进入的屏障可以分为两种类型，一种是稳定型的屏障，另一种则是移动式的屏障。

稳定型的屏障是防御者建立的防御要塞。任何企业要想进入市场，就必须攻克这个要塞。这些屏障可以建立在企业经营的任何领域，如市场营销、财务、会计、制造等。

移动式屏障指的是针对竞争者的行动与策略所展开的活动。比方说，阶段性地投放新产品，或者在有特定意义的时间点上进行大幅度的促销活动等。当产品升级后，能够更好地满足顾客需求并增加利润时，企业应主动更新在市场上销售的产品，而不能让竞争者以它的产品来替换你的产品。这样做是为了以不断创新来打击那些尚无法确认自己能否跟上竞争步伐的潜在入侵者。这些方法可弹性应对攻击，是一种可行的主动出击策略。要建立有效的移动式屏障，企业要对整个价值链进行评估，而不仅仅是产品核心，要探索可以打造出更大客户价值的创新之路，同时，还要确保这种创新是竞争对手难以模仿的，否则它就不能成为有效的屏障。

企业所构建的屏障既可以是有形的，也可以是无形的。比如，可口可乐就以有形的稳定型屏障阻止入侵。可口可乐公司采用果糖玉米甜味剂替代蔗糖，从原料上就节约了20％的成本。为了阻止竞争者跟随，可口可乐公司与果糖的供应商们签订了一个长期的采购合同，锁定了大部分的供应，这就给竞争者设置了很难突破的壁垒。

而无形的屏障，比方说，顾客忠诚就是一个很好的方法，如果行业领先者能够经营好客户，用心构建起牢不可破的顾客忠诚度，那么，这会成为阻止入侵的最坚固的无形壁垒。反之，如果没有这道屏障，即便企业领先很多，市场份额很大，但仍然很有可能被身后的追赶者所颠覆。

企业建立这种阻止入侵的屏障，第一步就是要设法制造入侵者的法律或技术困境，比方说专利、政府制定的行业准入标准与相关法律法规等。第二步则是提高市场份额，市场规模扩大了，成本降低了，有了更好的市场形象，与供应商和零售商的关系进一步加强，企业的市场地位才能越稳固。比方说，在当初宝洁以汰渍进攻被联合利华旗下的奥妙品牌所牢牢控制的南欧市场时，因为联合利华在当地建立了强大的分销渠道，而使得宝洁历尽艰辛，才得以打开市场。

科特勒说，即便市场领先者不展开攻势，也必须做好防御，要明确哪些重点领域是绝对不能放松的，而哪些领域又是可以放弃的，巩固企业的长项，使之牢不可破，这样，领先者的地位才能更加稳固。

第七章

产品新解

产品是最关键的市场提供物

一个伟大品牌的核心是一个伟大的产品

一个伟大品牌的核心是一个伟大的产品。产品在市场供应中是一个关键因素。市场领先者通常出售能提供卓越顾客价值的高品质产品和服务。

——科特勒《营销管理》

科特勒认为，一个成功品牌的核心是伟大的产品或服务，再配以精心的规划、大量的长期承诺、富有创意的设计和营销执行。产品永远是企业与品牌的"基本功"。产品是品牌的载体，是品牌的一个基础元素，只有质量过硬、外观优美或能够完美地满足消费者需求的产品，才具备构建品牌的基础。

产品质量是一个综合性概念，其内涵极其丰富，它包括产品的性能、功能、寿命、安全性、可靠性、适用性、维修性、经济性和环境等多方面的内容。名牌产品的质量特点在于它除了满足这些质量要求外，还在此基础上从市场需求出发，进一步了解消费者对质量的实际需要，从而抓住重点进行突破，形成名牌产品的质量特色。

因为对于不同的产品和产品质量的不同方面，消费者的需求是不相同的，往往有所侧重。名牌产品非常善于在消费者最注重的质量方面集中精力，下大力气，更充分地满足消费者需求。这是名牌产品拥有非凡的质量魅力的秘诀。

很多著名的品牌都有一个共同点，那就是对产品精益求精，致力于打造最优秀的产品。像蓝色巨人 IBM 公司，它是世界知名的跨国公司，其产品畅销全世界。该公司成功的秘诀就在于：它把追求尽善尽美、服务顾客、尊重个人作为公司的三大原则，几十年如一日，从不动摇。为了向这个目标努力，公司制订了"满意标准"，用以指导和衡量产品与服务的质量。还有德国的宝马轿车驰名世界，被视为身份和地位的一种象征，这种品牌效应的取得来自于该公司的宗旨："力臻完善，永不罢休。"再比方说，苹果公司，它的产品之所以能让全世界的苹果"果粉"疯狂，与其在产品设计上所追求的极致完美是密不可分的。

产品是联系生产者与消费者、企业与客户的纽带。市场经济运作的实质就是产品及其价值在生产者与消费者、企业与顾客之间的循环。因此，开发和生产出色的产品成为企业最为重要的任务。如何更全面地认识和理解产品，进行更为科学合理地产品开发与营销，也成为提升企业竞争力、树立品牌的关键。

一个好产品的质量是经过多道工序、多个环节、众多员工共同努力形成的。从原料的选择、加工、制作到产品制成出厂，无不是精益求精的过程。只要其中稍有差错，企业辛辛苦苦打造的品牌和信誉就有顷刻间坍塌的危险。因此，企业要想创品牌，从创业之日起，就要树立起强烈的质量意识和明确的奋斗目标，有不创出品牌誓不罢休的雄心壮志。这是企业创品牌的先决条件。

好的产品人见人爱，它对消费者的吸引力来自其非凡的质量魅力。品牌产品追求的不应该是一般的质量，而应该是超群的、让用户无可挑剔的质量，是最高层次的质量。

营销是基于产品质量之上的活动

作为一个品牌，产品质量和道德是最为重要的因素，营销是基于产品质量之上的活动。然而，如果营销建立在劣质产品之上，其恶名也会被快速传播，这并不利于企业的发展，甚至会导致企业的死亡。

——科特勒 2011 年出席 GMC（环球制造商）制造商联盟活动时采访

科特勒到访中国与企业交流时曾经说过这样一番话："产品质量低劣的坏影响很多，甚至可以把行业拖垮，导致公众信心崩溃。在中国迅猛发展的电子商务行业中，企业的诚信问题尤为显著，甚至可以说，企业诚信和信用问题是制约电子商务持续发展的瓶颈。"

事实上，产品质量问题、企业诚信和信用问题不仅是制约电子商务行业的瓶颈，而是制约所有行业和企业的一大瓶颈。

"营销是基于产品质量之上的活动"，对于企业来说，营销固然重要，却不是最关键的。再好的营销，要想取得预期的收益，都必须建立在过硬的产品质量上。如果没有值得信赖的品质，再好的营销方式与推销手段，也会成为空谈。一个质量不过关的产品，可以蒙骗顾客于一时，却不可能永远蒙骗所有顾客，一个不被顾客看好、不被顾客信任的产品是没法在市场中立足的。

所以说，产品品质才是最基础的，营销只是为更快获得利益、使产品更加畅销的一种附加手段，是建立在品质基础上的。

有的企业会说：我们有抓产品质量啊，我们把确保质量写进了企业战略，写进了企业制度，写进了广告宣传，打出了宣传口号……实际一点地说，这些都是流于形式、泛于表面的。

产品质量不是说出来的，更不是吹出来的，关键是要坚持不懈地把质量安全贯彻到企业运营的全程，用实际行动，踏踏实实生产出高质量的产品。

而且，产品质量的好坏，并不是由企业自己说了算的，而是由消费者用购买行为来投票的，消费者对产品质量的好坏有自己的判断，并由此决定是否购买该产品。

所以，企业要想生产出高质量的产品，关键是要深入质量管理的核心，一步一个脚印，把质量作为生产、销售的头等大事、企业运营的源头和基础。

还有的企业寄希望于可以走捷径，"短平快"地打造出品牌，通过铺天盖地的广告宣传砸出品牌，这样做的确能在一段时间内提高知名度，但是，却难以保持下去。从来没有企业在缺乏稳定质量的条件下，能够在市场中建立起自己的品牌。凡事要逐本溯源，质量是根本，稳定的产品质量是营销的关键。

就拿国内的很多老字号来说，他们能够经受住市场考验，使得招牌能够数百年而不倒，与他们注重产品的质量是分不开的。比方说，我国著名的医药企业同仁堂，三百年来始终坚守"炮制虽繁必不敢省人工，品位虽贵必不敢减物力"的古训，从一个普通的药店发展成为我国最著名的医药企业之一，并已成为医药领域最负盛名的老字号。

品牌不可能一蹴而就，产品的卓越性能和超群出众的精细品质才能赢得消费者的认同。做营销、树品牌，都得从产品的品质开始，没有这个基础，品牌就是无源之水、无根之本。

服务是一种特殊的无形产品

一个公司提供的服务质量无时无刻不在受到检验。服务是一种特殊的无形产品，是企业取得竞争优势的主要手段之一。事实证明，消费者更喜欢从服务较好的企业购买产品。

——科特勒《科特勒市场营销教程》

科特勒指出，服务是一种特殊的产品。为了销售产品给顾客，使产品能满足顾客的需要，企业须提供给顾客若干支持性的服务。支持性的服务常根据顾客需要和竞争情境而定，比如，许多企业为顾客提供安装、维护、送货、信用、保证、训练等种种售前和售后服务，都可视为产品的支持性服务。

服务是产品最重要的组成部分之一，消费者买的不仅仅是产品实体部分。就像人们坐在任何一家麦当劳店里面，不仅仅是为了吃一个汉堡和喝一杯可乐。麦当劳凭借优质服务带来良好声誉和源源不断的客流，几十年来长盛不衰，这就是一个服务创造价值的明证。

好的服务是产品品牌一张绝佳的名片。很多企业认识到，虽然生产优质产品是企业的起码要求，但世界上没有十全十美的产品。由于设计、生产、运输、使用等方面因素的制约，任何一个产品都可能存在这样或那样的问题，有待于不断改进和完善，因此服务就显得十分必要。

服务包含的范围很广泛，主要可分为售前服务、售中服务、售后服务。很多人常把服务等同为售后服务，其实不然。销售的不同阶段有着不同特点，在不同的阶段需要做好不同特点的销售服务。

1. 售前服务。这是指通过研究消费者心理，在顾客购买产品之前为顾客提供的各种服务。常见的售前服务有提供产品信息、提供导购服务、帮助顾客进行购买分析和权衡利弊等。售前服务的目的在于方便顾客，激发顾客的购买欲望，强化顾客的购买动机。

2. 售中服务。这是指从与顾客洽谈生意、签订购销合同，到产品发运、货款结算完毕为止全过程的服务。售中服务包括接待顾客时礼貌热情，洽谈和签订合同时真诚坦率和认真负责，产品出库时认真进行质量检验，产品发运时做到准确、齐全等。售中服务的目的在于影响顾客的购买心理感受，增强顾客的信赖感，促进成交。

3. 售后服务。这是在产品销售以后，根据顾客要求继续提供的各种服务。售后服务已经成为产品的延伸，被看作产品的组成部分。常见的售后服务包括送货上门，产品的安装、调试和指导使用方法，产品的退换和维修，零配件的供应等。售后服务的目的在于保证顾客所购商品使用价值的充分发挥，解除顾客购买产品的后顾之忧，提高顾客的满意程度，以促进顾客重复购买。

可以说，服务贯穿于企业与顾客联系过程的始终，任何一个环节的疏漏与不足，都可能会给顾客留下负面的印象，影响到企业与顾客之间的关系。而反过来，优质的服务也能够吸引顾客、留住顾客，这些忠诚的客户将成为企业未来销售收入的丰沛来源。优质服务所节省的最大成本，就是为挽回那些不满意的老客户所需投入的成本，这也就是优质服务的"节流"效应。

当一个企业的市场占有率达到一定程度时，优秀的服务就胜过营销的运作了。产品竞争的实质最终将变成服务的竞争。顾客在购买产品时，无法从表面来判断产品的质量和性能，但是却可以真切地感受到服务质量的优劣，所以，服务在很大程度上影响顾客的决策。科特勒提醒企业，应该把扶持产品的服务当作是取得竞争优势的主要手段，消费者更喜欢向服务较好的企业购买产品。

每个产品都有其生命周期

产品生命周期可以分为四个不同的阶段

大部分产品的生命周期曲线都呈钟形，这种曲线将其典型地分为四个阶段：导入期、成长期、成熟期和衰退期。产品生命周期的每个阶段要求不同的营销战略。

——科特勒《营销管理》

每一种产品进入市场后，它的销售量和利润都会随时间推移而改变，呈现一个由少到多、由多到少的过程，就如同人有"生老病死"一样，由诞生、成长到成熟，最终走向衰亡，这就是产品的生命周期现象。按科特勒的说法就是"产品销售和利润在整个产品生命期间的变化过程"。产品的生命周期可以分为导入期、成长期、成熟期和衰退期。

产品的生命是有限的，企业在不同的阶段都会面临不同的挑战，产品的利润有上升的时候，也会有滑落的时候，企业需要运用产品生命周期概念，设计出不同生命周期阶段不同的营销、财务、制造、采购与人力资源等策略。

具体来说，产品生命周期的四个阶段分别具有下面的特征：

（1）导入期。

产品刚进入市场，销售额增长较慢，产品投入相当大，因此，在这一阶段，企业几乎可以说毫无赢利可言。

导入期是新产品上市之后的最初销售时期，通常只有少数创新者和早期采用者会尝试购买产品。销量小，促销费用和制造成本却比较高，因为前景尚不明朗，竞争也就不是非常激烈。这一阶段企业营销策略的思路是，把销售力量直接投向最有可能的购买者，让这些具有领袖作用的消费者来帮助企业扩大新产品的影响力，缩短导入期的时间。

（2）成长期。

产品逐渐为市场和消费者所接受，销量开始攀升，利润也比较可观。

成长期的产品，性能基本稳定，且已经有了较为广泛的消费者认知，销量快速增长的同时，竞争者也不断涌入，市场竞争激烈。企业要维持产品的成长，就必须做出多方面努力，如改进和完善产品、寻求新的细分市场、改变广告宣传的重点、适时采取促销策略等。

（3）成熟期。

产品销售额的增长速度放缓，目标消费群体大都已经接受了产品，而市场竞争也更加激烈，企业的销售利润保持平稳或者下降。

在产品成熟期，企业的营销策略应该是主动出击，尽量延长成熟期，具体来说，可以进行市场改良，也就是开发产品的新用途或者寻找新用户来扩大产品市场；可以进行产品改良，通过提高产品质量，增加功能，改进款式、包装，提供新的服务等方式来吸引消费者。

（4）衰退期。

产品经过极盛时期后，开始由盛转衰，产品销量下降，利润大幅减少。在严重的情况下，产品甚至会被淘汰，退出市场。

当产品进入衰退期后，是取是舍，是维持，是转移，是收缩，还是放弃，企业必须当机立断，不然的话，衰退的产品会成为企业很大的一个负累。

需要注意的是，并不是所有的产品都会遵循这样的生命周期。有的产品进入市场不久就"水土不服"立刻消失了；有的产品能持续保持成熟期的状态；有的产品进入衰退期后，由于企业采取了得力的营销举措，又回到了成长阶段；还有的产品展现出了"基业长青"的生命力，比方说可口可乐、美国运通、富国银行等，历经百年，它们仍在各自领域保持强劲势头。

所以说，企业需要掌握产品的生命周期，但又不能死板地被产品生命周期牵着走，比方说，当产品销量由盛而衰，变得很不景气时，有的企业会认为产品已到衰退期，就贸然地将产品放弃，这种"营销近视"很可能会让企业错失一个仍存在市场价值的好产品。产品步入衰退期，并不代表无法再生，如果采取合适的改进策略，企业很可能再创产品新的生命周期。

导入期：开拓者的优势和风险

开拓者优势何在呢？如果产品能够令人满意的话，那么早期用户就会记住开拓者的品牌名称。借由追求多样化的战略，警觉的开拓者能够永久性地保持它的领导地位。导入期开拓者的风险则在于要谨防后来的进入者超过自己。先行者也要提防所谓的"第二波进入者优势"。

——科特勒《营销管理》

新产品一经推出，导入期便开始了，科特勒认为，企业在导入期要有一定的耐心，这个阶段需要花费一些时间，销售增长也比较缓慢。现在一些知名度极高的产品，像速溶咖啡、速冻产品甚至是汽车，在进入快速成长阶段之前，都经历了很多年的"慢生长"。

在产品的导入期，由于新产品刚刚投放市场，企业存在两方面的困难。一方面，消费者与经销商对新产品不了解、不信任，存有戒备心理。只有少数追求新奇的顾客可能购买，销售量很低。为了扩展销路，企业需要大量的促销费用，对产品进行宣传。另一方面，这个时期的新产品生产无论是所使用的设备、工艺，还是工人操作技术的熟练程度与规范，都还未定型，存在着许多问题。此时的产品质量不稳定，成本偏高。这也反过来增加了消费者与经销商对新产品的不信任。总之，在导入阶段，企业可能面临较大的阻力。许多新产品在这一阶段夭折了。

将一个新产品导入一个新市场的企业，担当的是一个开拓者的角色，如果企业能够让这个产品站稳脚跟，那么，就能形成先入者优势，如规模经济、技术领导地位、专利、稀缺资源的所有权，以及其他进入壁垒等，如果企业一开始就采取了正确的策略，就有可能抓住时机建立并保持市场领先地位。

然而，开拓者并非总能占据优势、守住市场，后进者超越开拓者的例子比比皆是，如掌上计算器的开拓者是 Bowmar，掌上电脑的开拓者是苹果 Newton，网页浏览器的开拓者是网景，便携式计算机的开拓者是 Osborne……可是到现在，还有多少人记得这些曾经风行的企业和品牌？他们都被后来者所超越，所湮没。

有专家曾经深入研究了后进者超越开拓者的 20 多个产业，研究发现开拓者的失败是因为其存在的很多缺点，主要有：新产品过于粗糙；产品定位不准；或者入市时机过早，强劲需求尚未迸发；产品开发及推广成本耗尽了开拓者的资源；遭遇实力强悍的大企业的追赶；管理不善等等。当开拓者暴露弱点的时候，成功的后进者就可以以更低的价格、更优秀的产品、更蛮横的市场力取代开拓者的位置。

所以说，新产品的导入是典型的"第一个吃螃蟹"的行为，风险与利益共存，企业应努力做到：投入市场的新产品要有针对性；进入市场的时机要选准；将销售力量和资源集中投向最有可能的购买者，促使市场尽快接受产品，以缩短导入期，加快进入成长期。此外，在开拓市场的同时，企业应积极地构建竞争壁垒，防止后来者居上，抢夺市场。

成长期：在高市场份额和高当前利润之间取舍

成长期的特征就是销售额迅速攀升。早期采用者喜欢这个产品，其他消费者则开始购买它。受这种良机所吸引，新的竞争者进入。他们推出新的产品特色，并扩展分销渠道。一家处于成长阶段的公司面临高市场份额和高当前利润的权衡取舍问题。

——科特勒《营销管理》

　　新产品如果能够很好地满足市场需求，就将进入成长期。新产品经过市场导入期以后，消费者对该产品已经熟悉，消费习惯也已经形成，销售量迅速增长，这些特征都说明产品已经进入了成长期。

　　进入成长期的产品，开始积累了一些重复购买的老顾客，并且也有了越来越多的新顾客。产品在这一时期销售量激增，企业利润迅速提升。随着销售量的增大，企业生产规模也逐步扩大，产品成本逐步降低，新的竞争者会投入竞争。

　　成长期是赢利的良好阶段。由于市场需求上升，竞争者还不多，企业可维持一个相对较高的价格和利润，成长期的价格通常较高，销量较大，平均利润水平应高于导入期、衰退期，甚至成熟期。

　　在成长阶段，企业应注重定价策略和定价技巧的运用。比如，在导入期实行高价策略的产品，这时可适当降价，以吸引潜在的消费者；或是在导入期实行低价策略的产品，如果知名度提高了，可以把价格提起来，获得较高的单位产品利润。

　　在产品成长期，企业营销策略的核心是尽可能延长产品的增长期。具体说来，可以采取以下营销策略：

　　一是狠抓产品质量，在"好"字上下功夫，完善质量保证体系，并以良好的包装装潢与完善的服务与之配合，争创优质名牌产品，使产品更具竞争力，以满足顾客更广泛的需求，巩固自己的顾客群体。

　　二是进一步寻找新的细分市场，扩大销售网点，渗透市场，开拓市场，适应广大顾客的需要，增加销售量。

　　三是加强广告宣传，广告宣传的重心应从介绍产品转向树立产品形象，进一步扩大产品知名度，争创名牌，加强销售服务。

　　四是适时降价，降价策略可以激发那些因为对价格敏感而采取观望态度的消费者，促使他们采取购买行动。

企业采用这些市场扩张策略，可以增强产品的竞争能力，但也会相应地加大营销成本。因此，在这一阶段，企业面临着"高市场占有率"或"高利润率"的选择。一般来说，实施市场扩张策略会减少眼前利润，但加强了企业的市场地位和竞争能力，有利于维持和扩大企业的市场占有率，从长期利润观点来看，将更有利于企业的发展。

成熟期：良好的进攻才是最好的防守

在某个点上，销售额成长率会减缓，产品则进入一个相对成熟的阶段。这个阶段通常比前一阶段持续时间更长，对营销管理也提出更大的挑战。营销人员不应仅仅随遇而安地听之任之或者一味保护其成熟产品——良好的进攻才是最好的防守。他们应当考虑调整市场、改进产品以及调整市场营销组合。大部分产品都是处于其生命周期中的成熟阶段。

——科特勒《营销管理》

科特勒认为，市场上大多数的产品其实处在生命周期的成熟阶段，成熟期又可以进一步细分为三个阶段，分别是成长、稳定和衰退成熟。

在第一个阶段，销售额以及利润率都出现下滑，新的竞争力量出现；第二个阶段，市场饱和，大部分消费者已经试过该产品，产品未来销量如何在很大程度上受制于人口增长和替代需求；第三个阶段，销售状况明显恶劣化，顾客开始转向其他的产品，这个阶段企业将面临最大的生死挑战，市场开始洗牌，实力薄弱的竞争者不得不退出，行业最终会由竞争中胜出的少数几家巨头主宰，它们可能是质量领先者，也可能是服务领先者或者成本领先者。企业在产品成熟期最主要的任务就是努力成为这几大巨头之一。

良好的进攻才是最好的防守。在成熟期，企业如果无所作为，那么，产品就很难刹住衰退的趋势。销售增长的放缓会导致整个行业的生产能力过剩，这又会直接加剧竞争。竞争者纷纷谋求出路，或者降低产品价格，或者扩大广告和促销投入，或者增加研发预算，以试图进一步改进该产品。而这些举措都意味着利润的减少。在这种激烈的竞争中，弱势的企业会很快出局。所以，企业为了生存，必须要组织良好的进攻。企业可以通过调整市场、调整产品和调整营销组合的策略，使成熟期延长，或使产品生命周期出现再循环。

第一，调整市场。

这种策略不是要改变产品本身，而是发现产品的新用途或改变推销方式等，以使产品销售量得以扩大。

举个例子，有一家生产保鲜膜的企业，为了扩展产品的新用途，它专门设立了一个网站，网站主题就是："1000 种用途，哪一种适合你？"该企业吸引并鼓励用户在网站上来发表各种与保鲜膜使用相关的奇思妙想，并进行交流和分享。通过这一活动，该企业发现，消费者的创意让他们惊喜不已，在消费者手中，保鲜膜不仅仅用来覆盖食物，有人用保鲜膜来保护电脑键盘不进灰尘，或者铺在户外的长凳上，或者用于园艺中……经过这样一番营销互动之后，该企业的保鲜膜不仅拓展了新用途，更吸引了大批新顾客。

第二，调整产品。

这种策略是以产品自身的改变来满足顾客的不同需要，吸引有不同需求的顾客。整体产品概念的任何一层次的改进都可视为产品再推出。比方说，麦当劳就曾经一改传统薯条的样子，推出了扭扭薯条，这一改变，给顾客以新鲜感，吸引了众多顾客来尝鲜。

第三，调整营销组合。

即通过对产品、定价、渠道、促销四个市场营销组合因素加以综合改革，刺激销售量的回升。比如，提高产品质量、改变产品性能、增加产品花色品种的同时，通过特价、早期购买折扣、补贴运费、延期付款等方法来降价让利；扩大分销渠道，广设销售网点，调整广告媒体组合，变换广告时间和频率，增加人员推销，加强公共关系等，多管齐下，进行市场渗透，扩大影响，争取更多的顾客。

通过这些调整、改进和提升，企业能增强产品在市场中的竞争力和适应力，能更好地融入市场，从而让产品可以保持持续、旺盛的生命力。

新产品开发决定着企业未来

产品与服务的改进和更新对企业有决定性影响

公司需要通过不断地开发新产品与新服务以及开拓新市场来增加收入。新产品开发决定着公司的未来。产品及服务的改进和更新对保持或增加公司的销售具有决定性影响。世界性的新产品与新服务可能会改变整个行业、整个企业，乃至改变生活。但是，新产品与新服务开发的低成功率也意味着更多的挑战。

——科特勒《营销管理》

科特勒曾说，在现代竞争的情况下，若不发展新产品，则必无法生存。新产品无论对消费者，还是对企业来说，都是很重要的。由于生命周期，任何产品都避免不了被市场淘汰的命运。如果一个企业只经营一种商品，随着产品的衰退，企业的生命也就随之结束了。

新产品开发对企业的意义主要体现在：

一是有利于企业巩固和扩大市场份额。随着市场竞争的白热化，产品的生命周期开始变得越来越短。因此，企业必须不失时机地开发新产品并快速地推向市场，才能在激烈的竞争环境中更具优势。

二是有利于企业开拓新的经营领域。企业通过开发新的产品可以谋求进入新的领域，寻求新的发展空间。很多世界知名的企业往往涉足许多行业，通过这种方式扩大企业规模和市场份额。

三是有利于企业快速响应竞争。如果企业拥有快速推出新产品并抢占市场的资源能力，那么即便竞争对手意想不到地突然开发出新产品并进入了市场，企业也可以快速地做出适当反应，至少可以减少作为一个滞后者所带来的竞争劣势。

四是有利于企业创立行业标准。企业推出创新型的新产品，抢先进入市场，如果能够立稳脚跟的话，那么就可以享有制定本行业标准的优先权，掌握了这一优先权，可以给竞争对手制造进入壁垒，延迟业内竞争的到来。

在消费者的需要和口味不断变化、技术日新月异、产品生命周期日益缩短、产品越来越容易被淘汰的当今市场，不开发新产品的公司正在承担很大的风险。企业为了生存，唯一的办法就是持续地开发新产品。但新产品的开发是一项风险性很大的工作，很多企业流行着这样一句话："不搞开发等死，搞了开发找死。"对于这种观点，科特勒有不同的看法，他认为只要找到系统的开发程序，新产品开发就会取得成功。

一个公司赢得市场、获得消费者青睐、击败竞争对手的法宝之一就是不断推出新产品，并使之适应市场需求。任何产品在市场上都不会长盛不衰的，因此，企业必须不断开发新产品，这样才能真正在市场竞争中立于不败之地。

很显然，企业的一切生产经营活动都是围绕着产品进行的，即通过及时、有效地提供消费者所需要的产品来实现企业的发展目标。从这个意义上讲，企业成功与发展的关键在于产品满足消费者需求的程度以及产品策略的正确与否。实质上，也可以说产品决策就是实施营销策略的战略工具。

另外，由于产品价值的实现是企业获利的基础，也是企业战略目标的根本。因此，产品决策的好坏直接会影响到营销战略的实施。细节决定成败，注重产品决策的每一环节，营销战略的实施才能如鱼得水。

产品创新和有效的营销计划能让企业保持竞争优势

产品创新和有效的营销计划使这些公司不断地扩大自己的"地盘范围"，保持竞争优势。

——科特勒《营销管理》

科特勒指出，持续不断的创新往往可以更好地满足消费者的需求，从而迫使竞争对手陷于赶超游戏之中。他认为，所有新产品之中，只有10％～15％的产品属于真正创新或者新问世的产品。它们对公司和市场来说是崭新的，它们往往背负着极高的成本和风险。这种激进创新在短期内可能会伤及公司的利润，但这类创新的新产品却可以创造出比普通产品更具有持续性的竞争优势。

如果企业想要保持长久的生命力，就必须不断对产品进行创新，否则产品生命周期会不断缩短，最终企业将无法保证自己的立足之地。一些全球知名的品牌之所以长盛不衰，就在于它们注重产品的创新，不断努力向市场推行新的理念，并提供更高质量和更为方便的产品。在这方面，3M公司堪称典范。

3M是全球著名的高科技企业，它有6万多种产品，涉及感光材料、光电产品、医疗设备和航天材料等数十个高技术领域。这家公司的目标是每年销售量的30％从前4年研制的产品中取得。而更令人吃惊的是，它通常能够成功。3M产品升级换代速度极快，平均每年有200多种新产品推向市场，被公认为高技术企业中的"产品领袖"。在科学技术各分支领域交叉渗透日益加剧的今天，许多先进的科研理念都出自 3M 公司，因此人们把它公认为最具有"创新力"的公司。它那传奇般的注重革新的精神已使 3M 公司连续成为美国最受人羡慕的公司之一。

3M 公司对科研给予了高度重视。从 20 世纪 80 年代中期以来，3M 公司迫于竞争压力，曾多次裁员以减少开支。但科研经费却从未削减过，科研经费一直占到销售额的 7％以上，每年保证有近 10 亿美元的经费用于技术开发。这相当于一般公司投资研究和开发费用比例的 2 倍。

为加速产品的升级换代，3M 公司有一条硬性的规定。各独立的分支机构必须实施新产品营销策略，推向市场不到 5 年的产品销售额必须占到销售总额的 25％以上，如连续两年达不到这一指标，该分支机构经理将不能留任。

3M 公司每年都有 450 万美元的新创意开发基金。只要拥有新的设想并通过专家小组的考核评审，该创意的提出人就可获得 5 万美元的初期研发经费，即使开发不成功，公司也不予追究。这一基金的设立大大激发了员工创新的热情。

3M 公司在时间方面也对科研人员的创新给予制度上的保证。公司规定，所有雇员无论其本职工作是否与科研有关，都可以在每周拿出工作时间的 15％，用于新产品的开发。工作地点可以是公司的实验室，也可以是自己的家里。既可以自己单独攻关，也可以与志同道合者一起研究。工作时间的灵活安排，使 3M 公司的员工较好地保持了科技创新的状态。而且当产生一个有希望的构想时，3M 公司会组织一个由该构思的开发者以及来自生产、销售和法律部门的志愿者组成冒险队。该队培育产品，并保护它免受公司苛刻的调查。队员始终与产品待在一起，直到它成功或失败，然后回到原来的岗位上或者继续和新产品待在一起。有些冒险队在一个构思成功之前尝试了 3 次或 4 次。每年 3M 公司都会把"进步奖"授予那些新产品开发后 3 年内在美国销售量达 200 多万美元或在全世界销售达 400 多万美元的冒险队。

为了防止陷入闭门造车和井底之蛙的境地，3M 公司特别注重与外界的交流和沟通。公司每年召开数百次各种形式的研讨会，邀请各个领域内的顶尖专家参加。公司还派人参加全球范围内各种形式的博览会。与外界的密切联系使 3M 公司的科技创新永远处在世界的最高水平上。

在执着追求新产品的过程中，3M 公司始终与其顾客保持紧密联系。在新产品开发的每一时期，都对顾客偏好进行重新估价。市场营销人员和科技人员在开发新产品的过程中紧密合作，并且研究和开发人员也都积极地参与开发整个市场营销战略。3M 公司知道，为了获得最大成功，它必须学会尝试成千上万种新产品的构思。它把错误和失败当作创造和革新的正常组成部分。事实上，它的哲学似乎成了"如果你不犯错，是因为你可能没有做任何事情"。但正如后来的事实所表明，许多"大错误"都成了 3M 公司最成功的一些产品。

企业要满足消费者的需求，就必须不断创新，推出新产品，打造好产品品牌。开发一种新产品，就生产者来说是要赚取利润，而对消费者来说却必须能满足其欲望或需求。企业赚取利润要靠市场，所以新产品的开发要从购买者即消费者的观点来思考，而不应以销售者或生产者的立场来确定，也就是要"为顾客寻找产品"，而不是"为产品寻找顾客"。

新产品开发过程起始于产品创意的搜寻

新产品开发过程起始于产品创意的搜寻。有些营销专家深信，发现最可能的、未被满足的顾客需求或技术创新往往可以为公司带来最大的机会，最有可能开发出成功的新产品。新产品创意可能源自于不同团队的互动，也可能是运用激发创意产生的技术。

——科特勒《营销管理》

科特勒指出，新产品开发过程主要包括八大阶段，分别是：创意的生成、创意的筛选、概念开发与测试、营销战略制定、商业分析、产品开发、市场测试和商品化。新产品开发过程的第一个阶段就是寻找产品创意。企业可以产生成百上千的产品构思，并要从中选出最好的创意。

像 IBM 公司就举办过"创新即兴大讨论"，这是一个在线的活动，它邀请全世界的顾客和员工来为新产品和服务出谋划策。这场覆盖全球的头脑风暴活动在 3 天之内就收到了来自 160 多个国家和地区的 15 万人贡献出的近 5 万个构思。而 IBM 从中精挑细选，圈定了 10 种产品、业务和服务计划做进一步的开发。

管理大师彼得·杜拉克说："行之有效的创新在一开始可能并不起眼。"而这不起眼的细节往往就会造就创新的灵感，从而能让一件简单的事物有了一次超常规的突破。产品的创意正是如此，很多了不起的创新都起源于不起眼的创意。

红遍全球的智能手机游戏软件"愤怒的小鸟"（Angry Birds），就是一个成功案例。"愤怒的小鸟"由芬兰一个 12 人的团队所设计。在近年来以众多角色、复杂剧情为主的网络游戏热潮中，这款"愤怒的小鸟"却是个例外，它的角色简单，只有几只鸟与猪，剧情简单，游戏的内容就是用弹弓发射愤怒的小鸟去攻击猪。可这么简单的游戏却红遍 Android 与 iOS 两大系统手机，全世界超过 5 亿次下载，年营业收入超过 1 亿美元，不仅成为最受欢迎与获利最高的手机游戏软件，更让"愤怒的小鸟"游戏角色肖像成为热门的授权商品。

所以说，产品创意不一定要有多复杂、多新鲜、多高级，只要它能抓住用户的心理，赢得用户的喜爱，它就是好创意。

企业要设计出一个富有创意的产品概念，可以分三步走：

第一步是寻求创意。所谓创意就是开发新产品的设想。虽然并不是所有的设想或创意都可变成产品，寻求尽可能多的创意却可为开发新产品提供较多的机会。所以，企业都非常重视创意的开发。科特勒提醒企业，必须系统而不是任意地搜寻创意。

新产品创意的主要来源有：员工、顾客、科学家、竞争对手、企业推销人员和经销商、企业高层管理人员、市场研究公司、广告代理商等。此外，企业还可以从大学、咨询公司、同行业的团体协会、有关报刊媒体那里寻求有用的新产品创意。无论创意来源于何处，最终落实到产品上，都是以满足客户的需求为目标。

第二步是甄别创意。取得足够创意之后，要对这些创意加以评估，研究其可行性，并挑选出可行性较强的创意，这就是创意甄别。创意甄别的目的就是淘汰那些不可行或可行性较低的创意，使公司有限的资源集中于成功机会较大的创意上。甄别创意时，一般要考虑两个因素：一是该创意是否与企业的战略目标相适应，表现为利润目标、销售目标、销售增长目标、形象目标等几个方面；二是企业有无足够的能力开发这种创意，表现为资金能力、技术能力、人力资源、销售能力等。

第三步是建立产品概念。产品概念的建立是指将有价值的构思进一步转化为具体的产品形态，这种形态主要是从顾客的角度来观察。它可以用文字、图形、模型等给予体现。同一构思可以转化为多种产品形态。就拿补钙这一构思来说，可以通过钙片来补，也可以通过液态奶来补，还可以通过糖果、饮料等形式来补充。

企业在建立产品概念时，要以整体产品概念为基础，从产品核心功能、实体形式、包装、服务等各方面加以考虑。产品构思的概念化，是企业对此构思的解释，也可以看成是顾客心目中对此构思的理解，所以企业在进行这阶段工作时，要以潜在顾客的需求为标准，决定产品应是何种形象，哪些部分要重点突出，以及开发是否要停止在该阶段。

新产品开发的六个创新策略

> 新产品开发的六个创新策略：基于调整的创新，基于规格的创新，基于包装的创新，基于设计的创新，基于"配料"的创新，基于"减少投入"的创新。
>
> ——科特勒《水平营销》

消费者的需求和品位不断变化，开创性技术也不断涌现，竞争环境更是瞬息万变，企业必须持续地开发新产品。新产品开发的创新策略很多，科特勒总结归纳为六大类：

一是基于调整的创新，这主要是通过强化或者弱化产品或服务的某些特征来实现。比方说，一些网上电子商城为了吸引顾客购买、提升顾客满意度与忠诚度，会做出"24 小时送达""7 天无理由退换货""价格差额双倍补偿"等保障性服务，这就是在原有的、通行的行业服务规则之上所做的强化调整，是一种提升，也是一种创新。

二是基于规格的创新，也就是改变产品或服务的容积、大小、数量、频率等。像饮料行业，在其成本上升不得不采取应对措施时，有的厂商会担心直接提价会引起消费者的反感与抵制，于是会换一种方式，改变产品的规格，原来 500ml 的瓶装饮料现在"瘦身"为450ml，而价格不变，这种改变较为微妙，不易引起消费者的觉察。

三是基于包装的创新，也就是改变容器或者包装方式。拿牛奶来说，它的包装形式可以是袋装、瓶装、利乐枕包装、杯装，等等。还有众多的产品在春节的时候会进行"换装"，采用喜庆的大红包装，突出节日气息，吸引顾客购买，这也是产品的创新。

四是基于设计的创新，对设计进行改进，提升用户体验。很多新产品开发的创新都是从这个角度入手的。设计者可以令产品具有更高性能、更多功能、更多趣味、更多样式等，从而使产品更具有吸引力，更能满足顾客的需求。

比方说，美国通用汽车公司推出"网络汽车"时，就曾引起业内、业外的不小轰动，这是一种高性能化的超前产品。这种汽车能声控上网，人们只要发出口令，无须动手或转向，即可实施多种功能，其高性能化使其他品牌汽车自愧不如。驾驶这种汽车，人们可以在汽车中上网以收发电子邮件、查询股市行情、了解天气情况或收听新闻。

再比如，现在的消费者越来越注重个性化，企业如果只单纯注重产品功能的冰冷形象就远远不够了，设计者必须重视产品的趣味与个性，使消费者既可得到产品功能上的满足，又能得到来自产品的精神享受，增加产品的艺术性、工艺性和装饰性。在这方面，苹果公司的产品就是很好的例子。

五是基于配料的创新，这是指在配料、成分上进行增减创新。比方说，有的方便面厂家在生产桶装面时，会在某些桶装面里加一个卤蛋或者一根火腿肠，然后在包装上注明这种特殊形式的奖励以及中奖率。这样做，一来可以吸引顾客，刺激购买；二来那些幸运买到有奖桶装面的顾客会获得更大的满足，对该产品和品牌可以增加一定的好感。

六是基于减少投入的创新，这是说尽量减少顾客在购买过程中的投入，无论是时间、精力还是费用，都可以是突破口。

比方说，设计者可以让产品更便携，使产品适合消费者携带和安置，也可以使产品重量大大减轻，更适合消费需要。

此外，还可以从便利性上入手，使用方便、操作方便、维护方便是消费者对产品的一种普遍需求，在产品开发中如能实现产品的便利化，不仅可以使成本下降，而且便于消费者使用和维护，更受消费者欢迎。

现在，节能也是一个趋势，由于能源的紧张，节电、节煤、节油、节水、节气的节能性产品不仅利于环保，而且能为消费者节省费用开支，因此此类产品创新也很受欢迎。

需要注意的是，很多营销人员认为，产品创新需要对产品进行大的调整或变革，而事实上，大多数的产品创新都是对现有产品进行的改进。比方说，索尼有八成的新产品都是在现有产品的基础上稍加改进来实现的。

第八章

品牌新解

◎ **品牌的价值比一切都贵重**

品牌在企业发展中处于核心战略地位

品牌是把 4P 结合到一起的黏合剂

对消费者而言，品牌意味着价值和信任

◎ **什么造就了一个伟大的品牌**

最强的品牌定位能够触动消费者的情感深处

品牌共鸣：顾客的思想决定了品牌的强势程度

高度一致的"品牌＋定位＋差异化"才能实现成功营销

能在顾客心中产生正面联想的品牌才能成为强势品牌

◎ **品牌难立易毁，开发管理需谨慎**

品牌强化：让品牌不断向前避免贬值

品牌活化：让衰退品牌焕发新颜

品牌延伸：利用已建立的品牌推出新的产品

联合品牌：强强联合的"1＋1＞2"效应

品牌的价值比一切都贵重

品牌在企业发展中处于核心战略地位

品牌是企业最持久的资产，比企业具体产品或生产设施的生命都要长。品牌是企业强有力的资产，它在企业发展中处于核心战略地位，需要妥善地经营和管理。

——科特勒《市场营销原理》

科特勒认为，品牌是企业最持久也是最强有力的资产，在企业发展中处于核心战略地位。科特勒曾援引桂格前 CEO 约翰·斯图尔特的一句话："如果一定要分开这个企业，我愿意放弃土地和厂房，只保留品牌和商标，我依然会做得比你好。"麦当劳的一位前任 CEO 也曾说："如果我们拥有的每一项资产、每一座建筑以及每一套设备都在一次可怕的自然灾害中被摧毁，只要还有品牌，我们就可以再融资，使这一切重新恢复。品牌的价值比这一切都贵重。"从这些可以看出，品牌对一个企业而言，它的价值胜过一切。

"品牌"这个词源于古挪威文字，其本意是"烙印"，它非常形象地表达出了品牌的含义——如何在消费者心中刻下烙印？品牌是一个在消费者生活中，通过认知、体验、信任、感受建立关系，并占得一席之地的、消费者感受的总和。

市场竞争可以分为四个高低不等的层次，分别是价格竞争、质量竞争、创新竞争，最后是品牌竞争。品牌竞争是最高层次的竞争。在科特勒看来，营销的最高境界是品牌经营。他非常推崇"耐克"，他认为耐克最成功之处是让激动与成就感附着于产品之上，拥有"耐克"的顾客会有成就感，这就是品牌的力量。消费者在选择商品时，品牌是一个关键的考虑因素，品牌浓缩了一切、集中了一切。企业要真正在市场中树立自己的地位和形象，进行品牌营销是最重要的一步。品牌能给企业带来实实在在的价值和利益，它的魔力体现在：

（1）聚合效应。

拥有知名品牌的企业或产品更容易获得社会的认可，社会的资本、人才、管理经验甚至政策都会倾向名牌企业或产品，使企业能够聚合人、财、物等资源，形成并很好地发挥名牌的聚合效应。

（2）磁场效应。

企业树立起品牌，拥有了较高的知名度，特别是较高的美誉度后，会在消费者心目中树立起极高的威望，消费者更容易在这种吸引力下形成品牌忠诚，反复购买，帮助其宣传，而其他产品的使用者也会在品牌产品的吸引下开始使用此产品，并可能同样发展成为此品牌的忠实消费者，这样品牌实力进一步巩固，形成了一种高效益的良性循环。

（3）衍生效应。

品牌积累、聚合了足够的资源，就会不断衍生出新的产品和服务，品牌的衍生效应能使企业快速地发展，并不断开拓市场，占有市场，形成新的品牌。比方说，海尔集团就是首先在冰箱领域创出佳绩，成为知名企业、知名品牌后，再逐步将其聚合的资本、技术、管理经验等延伸到空调、洗衣机、彩电等业务领域。

（4）内敛效应。

品牌会增强企业的凝聚力，它有助于在企业内形成一种企业文化和工作氛围。品牌的内敛效应可以聚合员工的才干、智慧与精力，使企业有一种积极向上的面貌。

（5）宣传效应。

品牌树立起来后，企业可以利用名牌的知名度、美誉度传播企业名声，宣传地区形象，甚至宣传国家形象。比如，可口可乐就一度被赞为"装在瓶子里的美国精神"，它所传输、所代表的正是活力、激情、创造、享受等美国精神。

（6）带动效应。

品牌的带动效应是指品牌产品对企业发展的拉动，品牌企业对城市经济、地区经济甚至国家经济都具有强大的带动作用。品牌的带动效应也可称为龙头效应，名牌产品或企业像龙头一样带动着企业的发展、地区经济的增长。另外，品牌对产品销售、企业经营、企业扩张都有一种带动效应，这也是国际上所谓的"品牌带动论"。

（7）稳定效应。

当一个地区的经济出现波动时，品牌的稳定发展一方面可以拉动地区经济；另一方面起到了稳定军心的作用，使人、财、物等社会资源不至于流走。

一个品牌一旦打败另一个品牌，被打败的那个品牌很可能就会渐渐没落直至不复存在了。在很多行业，外资企业进入中国市场后，采取的一个重要的竞争手段就是品牌竞争，先吞并国内企业的品牌，然后再占领其市场，继而让吞并过来的品牌销声匿迹。举例来说，当年，国外曾有著名厂家与海尔谈合资，开出了天价，提出的条件是美方控股，打美方的品牌，张瑞敏的回答是："其他条件可以随意，但必须是海尔控股，打海尔的品牌。"从这个例子也可以看出，品牌于企业而言，是居于核心战略地位的，企业要用心地创造、经营、保护并提升自己的品牌。

品牌是把 4P 结合到一起的黏合剂

塑造品牌非常重要，当你最终发展出品牌概念，它就变成把 4P 结合到一起的黏合剂。品牌陈述成为设定 4P 的基础。一个品牌是你必须要履行的一个承诺。

——科特勒《世界经理人》采访

科特勒认为，品牌是把 4P（Product 产品、Price 价格、Promotion 促销、Place 渠道）结合到一起的黏合剂，一个品牌的崛起离不开最基本的 4P。对企业来说，只有强大的营销力才能托起强大的品牌，而提升营销力的过程其实就是打造 4P 的过程，企业有什么样的 4P，就拥有什么样的营销力。

然而，随着传播的发展，品牌与 4P 有渐渐脱节的现象。现在，仅仅从品牌知名度已经不足以客观、真实地评价企业能力，但如果将视角转向 4P，则评价更能贴近真实情况。可以这样说，所有企业的崛起都能从 4P 中找到理由，所有品牌的衰败也都能从 4P 中找到缘由。

早年的孔府宴酒、秦池酒、爱多等重金砸出来的"标王"，就是典型的品牌与 4P 脱节的例子，虽然通过巨额的广告投入将品牌树起来了，但是 4P 并没有同步跟上，结果便是快速地打出名气，又快速地没落了。不仅国内企业如此，很多呼风唤雨的国际知名品牌，由于其 4P 出现这样或者那样的问题，也遭遇了折戟沉沙的命运，这样的例子并不少见。比方说，诺基亚在智能手机上落后了一步，结果却令这个昔日手机业的第一品牌走到险象环生的境地。

现在，人们看到的更多的是品牌对于 4P 的影响，却容易忽略 4P 对一个优秀品牌的支撑甚至是决定作用。

产品是品牌最直接的支撑。没有竞争力强大的产品，就难有永续的品牌。曾经有很多企业通过大打广告，打响了名声，但是产品却缺乏质量保证或者缺乏持续的创新，最终仍然难以在市场立足，更不用说保住自己的品牌。产品不是因为有了品牌才优秀，恰恰相反，是因为产品优秀了才有了品牌。

从表面上看，似乎是品牌决定了价格，有品牌的产品要比无品牌的同类产品价格高，优秀品牌的产品要比普通品牌的产品价格高，但这只是一种表象。实际上，同样知名的两个品牌，有时候价格会相差很大，其原因并非在品牌本身，而是与企业塑造价格的能力密切相关的。品牌只能将企业分级归类，但在相应的层次里，关键仍在企业现实的作为，比如产品品质与创新能力、市场营销能力，等等。

渠道是生产商与终端用户之间的桥梁。做市场，说白了，就是利用产品做渠道。在 4P 之中，产品、价格、渠道这三者是最稳固的组合，而促销则正是为了确立和强化它们的组合。

在大多数人看来，企业做营销最终得到的是品牌，但换一个角度，也可以这么说，企业最终得到的是渠道。渠道出现问题，要比产品出现问题严峻得多、要命得多。

特别是有形产品，渠道正发挥越来越大的作用。渠道因为贴近顾客，所以有了更多的话语权。可以说，渠道是品牌的根基。

很多人将 4P 视为一种战术，其中一个最主要的原因就是"促销"。人们对"促销"的理解太狭义化，将其等同为"销售促进"，促销本来应该是指对产品、价格和渠道的推广，却被狭义地视为是对顾客的"销售促进"。促销本来应该是 4P 组合中最有创意、最具灵气的部分，但在现实中，它却成了最功利、最随意的部分。如果我们说产品、价格和渠道是品牌建设的硬件的话，那么，促销就是品牌建设的软件。如果营销者不能从狭义的"促销"观念中走出来，正确认识"促销"

的话，那么，很难打出一场漂亮的品牌建设战。

总体来说，还是回到了科特勒所提及的观点："品牌是把 4P 结合到一起的黏合剂。"4P 不是单纯的战术，而是品牌的实际支撑与根基。

对消费者而言，品牌意味着价值和信任

对消费者而言，品牌意味着价值和信任。品牌不仅仅是一个名称或者一个象征，它是企业与顾客关系中一个关键的要素。品牌表达了消费者对某种产品及其性能的认知与感受——该产品或服务在消费者心中的意义。所以，有营销者说："在工厂里创造产品，在头脑中创造品牌。"

——科特勒《市场营销原理》

"品牌意味着价值和信任"，科特勒这句话揭示了品牌之于消费者的意义。为什么消费者在购买时只要经济能力许可，大都会偏向于品牌美誉度高的产品？为什么当一个备受消费者喜爱的品牌出现质量问题或负面新闻的时候，消费者会气愤不平，有被欺骗和被背叛的感觉？这些都可以从科特勒的这句话中摸索到答案。

"在工厂里创造产品，在头脑中创造品牌。"的确，品牌存在于消费者的头脑和心智之中，对消费者来说，品牌不仅是一个名称、一个标志、一个象征，它更是产品与服务在消费者心中所留下的投影与烙印。

品牌之所以在消费者的心目中占有着重要的地位，科特勒有他自己的看法，他认为品牌暗含着产品与顾客之间的关系，暗示着顾客所期望的一种特质与服务。品牌最大的好处在于使消费者在成千上万种产品中购买自己的产品。而品牌的成功又取决于营销人员如何将它根植于消费者的头脑中。

在我们身边，品牌很多，但"真品牌"却不多。真品牌具有强大的生命力和很高的市场溢价。真品牌的根本就是顾客的信任。这种信任是企业和顾客之间的一种关系，既可以是有关产品质量的，也可以

是有关产品性价比的，还可以是有关产品品位的。所以，真品牌不一定只出自于知名的大企业，也不一定只出自于奢侈品。奔驰、宝马是真品牌，麦当劳、沃尔玛也是真品牌，它们都赢得了顾客非同一般的信任和信赖。

在企业界，常听到这样的说法，中国缺少过硬的大品牌、真品牌，其实，这只是表象，真正缺乏的是顾客信任。要建立起强大的真品牌，企业非要在信任上下功夫不可。很多企业喜欢通过参与各种认证、评比，并拿认证的结果、评比的奖项来为自己的品牌加码，但事实上，真品牌只能在市场竞争的磨砺中诞生。正因为真品牌的基础与核心是信任，所以，企业急功近利是做不来的，真品牌需要时间的考验。

品牌最持久的含义是其价值、文化和信任，这是品牌的实质。建立品牌其实就是建立信任。从拥有知名度、创建美誉度到形成品牌信任是很漫长的路，这个时间可能需要几十年甚至上百年。所以，任何急功近利以为打造知名度就是打造品牌的行为，都是短视和幼稚的。很多知名度很高的企业和牌子，因为丧失了渠道的信任和消费者的信任，就再难站起来了。一个品牌在市场中获胜，并不仅仅是因为它传递了特殊的利益或者可靠的服务，而是因为它与顾客建立了深厚的联系。

什么造就了一个伟大的品牌

最强的品牌定位能够触动消费者的情感深处

营销人员需要在目标顾客心目中为其品牌进行清晰的定位。最强的品牌定位层次超越了强调产品属性或者产品利益，通过强有力的信仰和价值观进行品牌定位。这些品牌强调一种情感冲击。营销者应把品牌同时定位到消费者的思想和精神中去，这样才能打动他们的内心。

——科特勒《市场营销原理》

科特勒认为，营销人员可以从三个层次上对其品牌进行定位：

首先，最低层次，是通过产品属性来进行品牌定位。比如，宝洁公司推出的"帮宝适"一次性婴儿纸尿裤，早期的营销重点就集中在吸水性、舒适性和一次性上。一般来说，产品属性是品牌定位最不可取的层次，因为竞争者可以很轻易地加以模仿，更重要的是，消费者从根本上而言，对企业产品的属性本身并不感兴趣，他们更关心的是这些产品属性能为自己带来什么样的利益。

其次，在产品属性之上，企业可以将品牌名称与某种顾客渴求的利益联系起来，进行更好的定位。同样以帮宝适为例，帮宝适超越了产品的技术属性，而将重心放在皮肤健康上。"因为我们，全世界婴儿潮湿的屁股更少了"，这样一句话，显然比单纯的产品属性更能打动消费者。通过强调利益而成功打造出品牌的企业很多，如以安全著称的沃尔沃、以绿色无害著称的美体小铺、以"使命必达"为宗旨的联邦快递，等等。

最后，比利益更高一个层次的是围绕产品给消费者创造的情感体验来定位品牌。还是拿帮宝适的例子来说，这款产品对于父母们而言，并不仅仅意味着防漏和保持干爽，更意味着全面的婴儿护理。宝洁的首席市场官吉姆·斯登戈尔曾说："回想过去，我们经常在基本利益上思考我们的品牌。现在我们开始近距离地倾听消费者的声音，我们想要成为一种品牌体验，我们想要伴随着孩子的成长和发展来支持父母和孩子。当我们把帮宝适从保持干爽转变为帮助妈妈关注孩子的发展后，我们的婴幼儿护理业务才开始快速增长。"

最强的品牌定位就是要超越产品属性或产品利益，直抵消费者的情感深处，将品牌定位到消费者的思想和精神中去，打动他们的内心。

像星巴克、维多利亚的秘密、苹果等公司，就是这方面的代表，它们围绕着产品为消费者创造出来的那种惊喜、激情、兴奋来定位。我们来看一个大众银行的案例。

大众银行曾经推出过一系列"不平凡的平凡大众"的广告，轰动一时。其中热度最高的两段广告分别是《母亲的勇气》和《梦骑士》。

《母亲的勇气》以一个淳朴的阿嬷蔡莺妹的真实经历为蓝本，这位阿嬷，不会外语，普通话也说得不好，她千里迢迢从中国台湾飞到委内瑞拉，就是想看看女儿嫁得如何，看看自己的外孙，再照顾刚生二胎的女儿坐月子。这则广告的旁白是这样的：

从台南出发，要如何才能到达哥斯达黎加呢？首先得从台南飞至桃园机场，接着搭乘足足十二小时的班机，从台北飞往美国；接着，从美国飞五个多小时到达中美洲的转运中心——萨尔瓦多，然后才能从萨尔瓦多乘机飞至目的地——哥斯达黎加。她曾在拥挤的异国人群中狂奔摔倒，曾在午夜机场冰冷的座椅上蜷缩，也曾在恍惚的人流中举着救命的纸条卑躬屈膝……这一切的一切，不过只是想亲眼看看自己的女儿。这是一位真实而又平凡的中国母亲。她名叫蔡莺妹，67岁，生平第一次出远门，不会说英文，不会说西班牙语，为了自己的女儿，独自一人飞行整整三天，从台南到哥斯达黎加，无惧这三万六千公里的艰难险阻。她让我们看到了一位母亲因爱而萌发的勇气。这种匿藏在母性情怀中的勇气，从始至终都不会因距离和时间而改变心中的方向。

奥美将这个故事制成了大众银行的广告宣传片，大众银行希望借由这个故事传达中国台湾人民坚韧、勇敢、真实且善良的一面，做"最懂中国台湾人的银行"。这则广告特地选在 2010 年农历年节合家团圆的时候播出，让更多的人记住了这位阿嬷，也记住了大众银行。

《梦骑士》这段广告也是由真实故事改编，广告一开始便是一句意味深长的"人为什么活着",接着是昏暗的隧道,仿若彷徨的人生旅程,接下来镜头中陆续出现几位老人,要么痛失老妻,要么病痛缠身,都是凄惶无比。随后基调一转,随着猛然的一声:"去骑摩托车吧!"背景音乐变为激昂的"On Your Mark",几位老人骑着摩托车驶出隧道,带着对友人与爱人的思念,梦骑士开始新的征程。"5个中国台湾人,平均年龄81岁,1个重听,1个得了癌症,3个有心脏病,每一个都有退化性关节炎,6个月准备,环岛13天,1139公里,从北到南,从黑夜到白天,只为了一个简单的理由。"朴实而厚重的广告词深深触动人心。

这两则广告中的故事都发生在和我们一样普通但又不平凡的人身上,这恰好契合了大众银行所要传达的"大众"理念,很符合大众银行的品牌定位。品牌宣传广告的内容不一定非要跟公司的产品和服务相关,而只是要给目标受众留下一个深刻的印象,传达某种关怀、价值、信念层次的正面讯息。就像大众银行的品牌广告,并没有告知该银行的任何产品服务的信息,可是,它却以生动感人的故事,引起了所有"大众"深层次的情感共鸣。当有一天,某个顾客需要银行服务,而他只要想起这两段广告,想起大众银行,那么,这两段品牌广告就成功了。

品牌共鸣:顾客的思想决定了品牌的强势程度

共鸣是顾客与品牌之间心理纽带的强度或深度,同时也反映了这种忠诚造成的行为水平。品牌共鸣模型认为品牌建设是由一系列上升的步骤组成的,要创建有效的品牌资产就必须达到品牌金字塔的顶端或塔尖,只有把恰当的品牌创建模块放在金字塔模型的合适位置才能实现。

——科特勒《营销管理》

科特勒提出过一个品牌共鸣模型,他认为,品牌共鸣自下往上有这样几个层次,最初级的层次是企业的品牌能为消费者所识别,当消费者产生某种需求时能够想到这个品牌；在此基础上更进一步的层次是，将大量有形无形的品牌联想植入消费者心中，在这块心智阵地上稳固地建立起品牌的独特意义；再往上一层，则是引出消费者对品牌的正面反应，并将这种反应转化成消费者与品牌之间紧密而活跃的忠诚关系。一个品牌的强势程度取决于消费者对该品牌的理解和认识程度，也就是说，消费者的思想决定了品牌的强势程度。

共鸣这个词的原始含义是指物体因共振而发声的现象，即两个振动频率相同的物体，其中一个振动了，另一个在激发下也会振动发声。引申一下，是指由别人的某种情绪引起的相同的情绪。品牌共鸣则是指由品牌所有者与品牌消费者或者品牌消费者彼此之间，以品牌为媒介所产生的不同心灵之间共同的反应。其实质体现的是消费者与品牌之间紧密的心理联系。通过与品牌之间进行的情感互动，消费者可以感觉到该品牌能够反映或者契合自己的情感，并且可以就这个品牌与他人进行交流共享。品牌共鸣能增强消费者对品牌的认同与依赖，使企业收获较高的品牌忠诚度。

戴比尔斯在营销其钻石时，并不着力于宣扬其钻石如何珍贵稀有，而是赋予它爱情的魅力——钻石恒久远，一颗永留传。人们购买的就不仅仅是钻石本身，而是对爱情的坚贞与执着。新加坡一家名为"面包新语"的连锁面包店所生产的面包与其他企业大同小异，但其独特之处就在于给每种面包都取了非常好听的名字，编出了非常动人的故事。这样一来，消费者买面包，不仅满足了一般的营养需求，更走进了一种特定氛围中，很容易产生情感共鸣。

还有知名的耐克公司，它在男性市场上牢牢站稳脚跟后，转而集中火力进攻女性市场。为了赢得女性用户的偏爱，它在深入了解女性内心世界的基础之上推出了非常独特的广告。广告作品采用对比强烈的黑白画面，背景之上凸显的是一个个交织在一起的"不"字，广告词更是意味深长，充满一种令人感动的希望：在你一生中，有人总认为你不能干这不能干那；在你的一生中，有人总说你不够优秀，不够强健，不够天赋；他们还说你身高不行，体重不行，体质不行，不会有所作为。

耐克的广告完全不像一个体育用品商的销售诉求，而更像一则呼之欲出的女性内心告白。这则广告获得巨大成功，广告推出后，许多女性用户致电耐克说："耐克广告改变了我的一生……""我从今以后只买耐克，因为你们理解我。"这些结果也反映在销售业绩上，耐克女性市场的销售增长率超过了其在男性市场的表现。

这几个例子的共同之处就在于，品牌引发了消费者的强烈共鸣，已经超出了商品的意义，而成了消费者的情感寄托。就像品牌策略专家史考特·泰格所言："能虏获你的心的品牌就能够促成行动，能够屡获你的感情的品牌就能够获得青睐。"情感对心理的刺激比普通思考对心理的刺激要快 3000 倍，在大多数购买行为中，在理智采取行动之前，情感已经在开始运转了。一个品牌如果能令消费者产生共鸣，那么，就等于抓住了消费者情感的阀门。

18 世纪法国启蒙思想家狄德罗曾说："没有感情这个品质，任何笔调都不可能打动人心。"品牌同样也是如此，"攻心为上"，品牌需要通过感情传递、感情交流、感情培养，让消费者产生心灵上的共鸣，这样企业的产品才更容易为顾客所理解、所喜爱、所接受。品牌就是心灵的烙印，烙印是美丽还是丑陋，是深还是浅，决定着品牌力量的强弱、品牌资产的多寡和品牌价值的高低。

高度一致的"品牌＋定位＋差异化"才能实现成功营销

在信息爆炸和社区网络化的时代，消费者的权力变得越来越大，企业必须采取高度一致的"品牌＋定位＋差异化"手段才能实现营销目的。

——科特勒《营销革命3.0》

科特勒认为，在营销 3.0 时代，营销应该被定义为品牌、定位和差异化这三者所构成的等边三角形。在消费者水平化时代，品牌只强调定位是远远不够的。消费者或许能牢牢记住某个品牌，但这并不表明这是一个良好的品牌。这个时候的定位纯粹是一种主张，其作用在于提醒消费者避开虚假品牌。没有差异化，营销的等边三角形就是不完整的。从根本上来说，差异化只有和定位一起发挥作用，才能创建出良好的品牌形象。

要实现高度一致的"品牌＋定位＋差异化"，企业需要做到品牌标志、品牌道德和品牌形象三者的完整融合。品牌标志能让品牌区别于其他品牌，在市场信息繁杂的今天，要让消费者一眼就注意到某个品牌、记住某个品牌，品牌标志必须鲜明深刻，品牌定位必须新颖独特，同时，它们还必须和消费者的理性需求和期望相一致。而品牌道德是指营销者必须能够达成在品牌定位与差异化过程中所提出的主张。企业能否实现承诺，能否让消费者信任自己的品牌，这都将由品牌道德来决定。品牌形象是指品牌与消费者之间所形成的强烈的情感共鸣。

营销的巅峰在于品牌标志、品牌道德和品牌形象三大概念的完整融合。也就是说，营销所要完成的就是要清晰地定义企业独特的品牌标志，然后用可靠的品牌道德强化它，最终建立起强大的品牌形象。

企业品牌战略的核心在于品牌规划，这关系到一个品牌未来的前途命运。而品牌规划的首要一步就是对品牌进行科学、合理的定位，也就是告诉消费者"我是什么"。解决了"我是什么"的问题，其实就解决了"卖给谁"的问题，也就解决了品牌的目标消费人群定位问题。

奢侈品的定位是尊贵，目标消费人群是有身份、有地位、有经济实力的人，既然如此，那么，产品价格自然不会便宜，产品品质也必然精益求精，广告传播的对象也一定是"有身份有地位的成功人士"。

在确定了品牌定位之后，企业需要通过品牌差异化为品牌在消费者心目中占领一个特殊的位置，以区别于竞争品牌的卖点和市场地位。品牌差异化比产品差异化要难得多。品牌差异化是在品牌概念、品牌个性上与竞争对手做区隔，如中国移动动感地带"我的地盘我做主"，主打年轻人群体，就是一种品牌差异化的例子。

品牌差异化定位的目的就是将产品的核心优势或个性差异转化为品牌，以满足目标消费者的个性需求。成功的品牌大都具有一个差异化特征，明显区别于竞争对手，符合消费者需要，并能以一种始终如一的形式将品牌的差异与消费者的心理需要连接起来，通过这种方式将品牌定位信息准确传达给消费者，在潜在消费者心中占领一个有利的位置。

就拿矿泉水来说，一瓶矿泉水卖到几十元，有可能吗？有可能。虽然在矿泉水市场中，像娃哈哈这样一线品牌的矿泉水也不过 1.5 元一瓶，进口矿泉水也就三五元，而依云矿泉水是个例外，其主要原因就在于，依云树立了丰富并吸引人的品牌文化——依云矿泉水来自高山融雪和山地雨水汇聚的阿尔卑斯山脉腹地，经过长达 15 年的天然过滤和冰川砂层的层层矿化与自然净化，最终形成了独一无二的依云水。

1789 年的某一天，有一位患有肾结石的法国贵族散步到此地的一个小镇，无意间饮用了当地的泉水，觉得口感甜美滑润，于是取了一些当地的水坚持饮用，一段时间后他惊奇地发现自己的肾结石奇迹般地消失了。这桩奇闻迅速传开，专家们对依云水专门做了分析研究并且证明了它的疗效。从这以后，大量的游客涌到了依云小镇，亲自体验依云水的神奇，医生们更是将它列入药方。拿破仑三世与皇后对依云镇的矿泉水更是情有独钟，1864 年，正式赐名该地为依云镇，依云矿泉水也随之走向了全世界。

这就是品牌差异化定位所带来的奇效。品牌＋定位＋差异化，三者合一，达到高度的一致，不仅能吸引消费者注目，更能将品牌根植到消费者心中，如此才能造就一个成功的品牌。

能在顾客心中产生正面联想的品牌才能成为强势品牌

只要品牌能在顾客心中产生正面的联想，那么这种品牌便可称得上是强势品牌。

——科特勒《营销管理》

科特勒认为，品牌如果不能让人产生认知，那么，品牌就不可能成功。一个没有联系能力的品牌，就没有拓展品牌关系的能力。品牌由于依附于某种特定的产品和企业而存在，所以通常他也就成为这种产品和企业的象征。当人们看到某一品牌时，就会联想到其所代表的产品或企业的特有品质，联想到在接受这一品牌的产品或企业时所能获得的利益和服务。因此，每一个企业打造自身品牌的时候，首要任务就是建立品牌在消费者心目中的正面联想。

品牌联想不仅存在，而且具有一定的力量。消费者积累了许多次视听感觉和使用经验后，会加强同品牌的联系。科特勒提醒企业，在建立品牌联想时，应该注意把品牌的负面联想降到最低。同时，建立正面的品牌联想要注意差异化，才能在消费者心中形成更深刻的印象。如果麦当劳的联想和其他竞争品牌相同，那它的品牌便会毫无价值。

科特勒认为，企业要为品牌建立起多元的正面联想性，应该考虑可以传递正面联想的五个方面，即特质、利益、公司价值、个性和使用者。

一是产品特质。品牌首先使人联想到产品的某种属性。例如，一提茅台酒就使人想到它的工艺完备、昂贵、酒香浓郁、口感醇厚、尊贵等。企业可以采用一种或几种属性为产品做广告，如茅台酒一直作为众口皆碑的"国酒"而身价不菲。

二是产品利益。消费者买产品，最终目的不是购买产品的某一属性，而是要获得某种利益以满足自身需求。属性需要转化为功能性或情感性的利益。譬如，"昂贵"的属性可以转化成情感性利益，昂贵能让消费者感到尊贵与被尊重；"工艺完备"的属性也可以转化为功能性利益，工艺佳则品质有保证、口感有保证。

三是企业价值。品牌也能够体现一部分生产者的价值。例如，茅台酒代表着高技艺、声望、自信，等等。品牌营销人员必须对此加以分辨，甄别出对此感兴趣的用户群体。

四是产品个性。品牌也能反映一定个性。如果品牌是一个人或者某样物体，那么会使人联想到什么呢？例如，提到万宝路，人们第一时间想起的就是西部牛仔。品牌联想的衍生物是否符合用户的审美观，会直接影响到顾客的购买行为。顾客如果向往西部牛仔那种狂野与自由，那么，他很可能就会钟情于万宝路。

五是产品使用者。品牌还暗示了购买或使用该产品的消费者群体的特征，也就是使用某品牌的用户是什么类型的人。当这种暗示在社会上形成风气与公论，就会吸引更多具有或希望具有此种特征的用户来购买。例如，有句话说"开宝马坐奔驰"，意指宝马具备运动性，能让人享受驾驶过程，而奔驰具备舒适性，坐起来很舒服。消费者在选车时，多多少少会受到这种"公论"的影响。

科特勒强调，品牌必须要能在顾客心中产生正面的联想，引发品牌共鸣，这样才称得上是强势品牌。营销人员在设计品牌时不能仅仅设计一个名字，还要设计一整套品牌含义，营造正面的联想，这样的品牌才是深度品牌。

品牌难立易毁，开发管理需谨慎

品牌强化：让品牌不断向前避免贬值

作为公司主要的持久性资产，品牌需要被小心管理才不至于贬值。强化品牌资产要求在数量和种类上提供持续的营销支持。品牌必须不断向前，但是要朝着正确的方向，有新的、令人喜爱的产品及营销方式。那些止步不前的品牌，它们的市场领导地位在不断退缩甚至消失不见。

——科特勒《营销管理》

科特勒指出，企业应该谨慎地管理自己的品牌。品牌资产必须妥善地加以管理才不至于贬值。品牌不能止步不前，而应该朝着正确的方向不断向前。在管理品牌资产时，企业最重要的是做好两点，一是加强品牌、强化其意义。比如，对产品进行改进，使之更受欢迎，或者发起富有创意的广告战役等；另一个则是发挥现有品牌资产的杠杆力，以收获一些财务利益。总而言之，品牌树立起来了，并非一劳永逸，如果不能让品牌得到持续的强化，那最终会削弱品牌意义和品牌形象，甚至让一个本来响当当的品牌逐渐没落。

品牌强化，最重要的不是重金砸广告，而是为顾客创造完美的品牌体验。现在的顾客可以通过广泛的联系接触点来了解某个品牌，这既包括广告，也包括对该品牌的亲身体验、口碑传播、企业网页以及很多其他方式。企业要强化自己的品牌，就必须管理好这每一个接触点。管理好顾客的品牌体验可以说是建立品牌忠诚的最重要的要素，顾客每一次满意的体验，都能够对品牌起到强化作用。

企业还必须让全体员工都参与到品牌强化这个长远的工程中来，开展内部品牌建设，帮助员工理解企业的品牌承诺，并对其保持热情。更进一步，企业还可以培训和鼓励分销商和经销商为顾客提供优质服务。

品牌强化需要企业付出持续不断的努力。我们可以看一个美赞臣的案例。

在中国的奶粉行业，雀巢曾经是这个行业的第一品牌，居于绝对的领导地位，但是，现在的雀巢并没能保持在奶粉业的这种辉煌，拱手让出了第一的位置。而同样来自美国，美赞臣却是一个很惹人注目的品牌，它可以说是一枝独秀，始终在高端婴儿奶粉领域位居领先地位。

这两个品牌在全球市场都是鼎鼎大名的，但二者的经营方式有很大差别，结果也就很不相同。雀巢在奶粉领域几乎覆盖了所有的品类和价位，甚至连与奶粉相近的豆奶粉都做。然而，"全面开花"的策略并没能让雀巢获得决定性胜利。相比之下，美赞臣就不同了，它进入中国后，一直锁定高端婴儿奶粉市场，雷打不动，并且不断强化其"益智"的品牌定位。这种长期的聚焦与建设最终让美赞臣尝到了甜头。虽然从营业额上看，美赞臣远不及雀巢，但在奶粉领域的利润总额，却不容小觑，它几乎可以称得上是中国奶粉行业最会赚钱的品牌。

品牌强化是一场持久战，它需要企业在品牌定位和传播方面不断地坚持，去传播品牌的理念，让品牌深入人心。要让消费者记住一个品牌的核心理念是需要时间和巨大的传播费用的。坚持核心品牌主张在一定时期内持续不变的情况下，在传播策略和方法上不断进行微创新，这才是品牌传播之道。

品牌活化：让衰退品牌焕发新颜

通常，品牌活化的第一步是要了解品牌资产来源于什么，那些积极的品牌联想丢失了它们的强项以及独特性了吗？有没有消极的品牌联想与品牌产生关联？然后决定是否坚持原来的定位或者重新定位，如果是后者的话，新的定位如何？

——科特勒《营销管理》

科特勒指出，消费者品位和偏好的变化、新的竞争者和新科技的出现或者是营销环境的任何新发展都可能影响到一个品牌的命运。科特勒说，很多曾经著名的、受尊敬的品牌都曾经历过困难时期甚至因此消失，但经过品牌活化，其中的一些品牌得以重新归来，并散发出重生一般的新活力。像瑞士四大钟表制造商之一的真力时（Zenith）

还有大众等都曾经经历过低谷，而最后也都成功扭转了其品牌命运。

科特勒建议企业，当品牌走到"山重水复疑无路"的境地时，不妨考虑"重回基础"，也就是回到最初的定位上，重新起步；如果原有的定位不再可行，那么企业可以尝试着进行"重新创造"，也就是根据实际情况和企业的发展规划，来确定新的定位。无论采取哪种方式，其最终的目的都是一样的，那就是让品牌重新"活"起来。

品牌的活化，有多种方式。比方说，更新包装，旧貌换新颜，除了帮助消费者杜绝假冒、认清识别以外，还能突出激活在消费者中原有的品牌形象，刺激消费者购买欲望，像三精的"蓝瓶"，就是这样的例子。企业还可以更换形象代言人，形象代言人确实能为品牌增色不少，但是用久了，或者用得不到位，消费者就容易产生感官麻木、视觉疲劳，这是值得警惕的。此外，企业还可以尝试转换渠道，如果现有的渠道无法为产品打开销路，那么，更换渠道，大胆尝试，或许能找出一条"活路"。

事实上，激活老品牌的办法很多，消费者在不断演变，品牌也必须不断求新求变，要跟得上市场背景和消费者的消费行为。就像迪士尼公司的一位前任 CEO 所说的那样，品牌是一个有生命的独立体，它会随着时间流逝而逐渐衰弱。要让品牌摆脱或者延缓这种衰老的趋势，企业就必须在品牌活化上下功夫。

品牌延伸：利用已建立的品牌推出新的产品

当一个公司想要利用已建立的品牌来推出新的产品时，这个产品叫品牌延伸。品牌延伸一般可分为两类：产品线延伸和特许商品。潜在的延伸必须判断现有品牌对新产品发挥杠杆作用的效益如何，同时反过来这种延伸对现有母品牌的影响如何。

——科特勒《营销管理》

科特勒指出，品牌延伸就是使用一个已有的品牌在新产品类别中推出新产品或者改进的产品。这种策略可以帮助企业将自己的知名品牌或者具有市场影响力的成功品牌扩展到与成名产品或者原产品不尽相同的新产品上，借着成功品牌的名气来推广新产品。

很多企业在运用这种品牌延伸策略，如金佰利就将其居于市场领先地位的"好奇"品牌从一次性的婴儿纸尿裤延伸到洗发露、润肤露、湿疹膏、浴巾、一次性纸巾等儿童个人护理用品上。还有宝洁，在打响其家庭清洁先生的品牌名气后，又推出了清洁坐垫、浴室清洁工具、家庭汽车清洁套装，还有以清洁先生冠名的汽车清洗液，等等。

品牌延伸一般有两种形式，一种是产品线延伸，也就是借助母品牌在目前已经形成的产品类别中增加新产品，这可以通过改变风味、形式、颜色、成分或包装等来实现。比方说，一个方便面品牌旗下可推出不同口味的产品，如老坛酸菜牛肉味面、鲜虾鱼板面、老坛泡椒牛肉面、红烧牛肉面，等等。

另一种形式是特许商品，这是指企业的品牌特许给实际生产某产品的其他制造商使用，例如吉普公司，拥有 600 种左右的产品和 150 家被特许的商家，从婴儿车到服装都有吉普公司的特许商品。

品牌延伸策略具有多种优势，借助于已经成功的品牌，可以让新市场迅速接受新产品，从而达到吸引新用户、扩充经营范围的目的。日本索尼公司前总裁盛田昭夫就深谙此道，他将所有新的电子产品皆冠以"索尼"之名，产品一上市就可以快速赢得消费者认可，因为消费者早已熟悉索尼这个品牌，并将索尼的品牌与质量可靠、功能先进等特征联系在一起，形成了极强的品牌忠诚度。这使得索尼公司在后来的发展过程中得以迅速扩充实力，不断占领、开发新市场，一举成为世界知名企业之一，品牌延伸策略的效力之强可窥一斑。

品牌延伸为营销者提供了一个品牌增值的新途径，它可以节省用于促销新品牌所需的大量费用，它还能使消费者迅速认识新产品。对企业来说，打造一个品牌是一个长期的、艰巨的任务。企业为了市场的推广需要，常会采用"一顶帽子大家戴"的品牌延伸策略，尤其对于资源有限的中小企业来说，这是一个让新产品尽快进入市场的好方法。但是，品牌延伸策略也不可以滥用，就像龙永图先生曾经说过的："一顶帽子大家戴也不能够瞎戴，瞎戴可能会砸了你这个品牌。'一顶帽子大家戴'是一个必须慎重运用的策略。"

营销者需要从多个方面对品牌延伸进行谨慎衡量，包括消费者的哪些需求尚未得到满足，品牌的现有认知状况和潜在正面和负面认知情况，以及品牌的长期发展战略等等，要站在消费者和市场前景的角度去做出理性的判断和决策。

联合品牌：强强联合的"1＋1＞2"效应

营销人员通常会以多种方式把自己的产品和其他公司的产品联合起来。联合品牌又称双重品牌或品牌捆绑，即两个或更多知名品牌被组合用于一个共同的产品上或者以一些方式共同进行营销活动。

——科特勒《营销管理》

科特勒指出，企业可以将旗下的某个品牌与自己的其他品牌或者其他公司的品牌捆绑起来，形成联合品牌。联合品牌最大的优势是一个产品身上可能会聚了多个品牌的优点，因而更能吸引消费者，也更能让消费者信服。

品牌联合是在瞄准同一市场，但没有构成直接竞争的企业间进行战略整合。它通过把时间、金钱、构想、活动或演示空间等资源整合，为任何企业，包括家庭式小企业、大企业或特许经营店提供一个低成本的渠道，去接触更多的潜在客户。

品牌联合需要寻找和企业服务同类顾客的其他企业，统一战线，以合作的方式来更好地吸引现有和潜在的顾客，更好地开拓共同的市场。

两个企业建立联合品牌伙伴关系，能使各自的潜在客户量翻一番。这种策略是一种省钱省时、颇有成效的营销方式。

2012年，一部《复仇者联盟》的电影横空出世，掘金能力不俗，被影迷戏称为"妇联"。

这部影片的特色在于，它将众多知名影片中的超级英雄集结在一起，一部影片融合了钢铁侠、美国队长、绿巨人、雷神、鹰眼、黑寡妇等角色，他们组成了强大的"复仇者"团队，共同惩恶扬善，为和平而战。

可以说，《复仇者联盟》席卷全球的票房风暴，来得并不意外，一次性打包多个超级英雄，能迎合影迷的不同口味，并巧妙地利用了这些超级英雄已经建立起来的知名度。

其实，从营销角度而言，《复仇者联盟》是一个很好的联合品牌营销的典范，这个"复仇者"团队中的每一位英雄无一不是成功的荧幕形象，可以说每个人都是响当当的一块招牌，而将他们集结在一起，这部新片就完全不用担心怎样塑造知名度和影响力，因为它是众多优质"品牌"的大联合。

在商业竞争中，联合品牌的运用更是广泛，它既可以是同一家公司的品牌联合，也可以是合资的联合品牌。

举例来说，像通用电气和日立共同推出电灯泡；花旗银行和美国航空公司共同推出信用卡；摩根大通和美国航空联合创造的大通美国旅行卡；苹果、IBM和摩托罗拉发起的一次性技术联盟Taligent；耐克和苹果联合创造了"耐克＋iPod"运动套装，跑步者可以将其耐克鞋与iPod Nano连接起来，从而实时记录好，加强跑步效果。

通过品牌联合，一个品牌可以嫁接另一个品牌的优势，一个企业可以跟另一个企业强强联合进行互补，由于原来的品牌在不同的产品类别中已经打下了一定的基础，所以联合后的品牌将创造对消费者更强的吸引力和更高的品牌资产。

联合品牌还可以使企业将现有品牌扩展到新产品类别中，比起单独进入某个新市场，难度和风险都降低了很多。

需要注意的是，品牌联合在很多情况下意味着两个原本并无交集的企业要进行多方面的融合与磨合，所以，是存在一些问题和风险的。要达成这种联合，企业必须考虑这样几个问题：

第一，目标消费者是否具有共性。

每个企业或者品牌都有属于自己的消费群体，如果进行联合营销的品牌没有共同的消费者资源，那么这样的联合一定会失败。

第二，品牌追求是否一致。

品牌不仅仅是一个符号，它体现着消费群体对文化、利益等方面的追求。如果进行联合的品牌没有一致的品牌追求，那么，就很难凝聚在一起。

第三，品牌联合需要通过法律合同或许可证书来保障，这样能对企业形成约束力，能为品牌联合保驾护航。

把自己的品牌交给别人使用或者与别人共同开发，这就如同将自己的孩子交给他人一样，需要力保"孩子"交出去后能得到最好的照顾。

进行联合的两个或多个品牌必须周密地协调其广告、促销和其他营销努力，一旦开始采取合作品牌策略，双方都必须精心呵护对方的品牌。

第九章
▼

定价策略新解

◎ **定价之前要全面理解消费者定价心理**
价格是买方做出选择的决定性因素
购买决策建立在消费者的心理价位感知上
消费者会使用参照价格来选购产品
为什么无人问津的东西价格翻倍后反而脱销了

◎ **企业的目标决定定价的方式**
生存：只求价格能补偿成本
当前利润最大化：强调眼前的利润和回报
市场份额最大化：以低价博取较高市场份额
市场撇脂最大化：以高价实现市场获利最大化

◎ **选择合适的定价方法**
全面营销人员必须考虑到定价决策的多方因素
定价的上限、下限和基准点
成本加成定价法：在产品成本上加上适当的利润
目标—利润定价法：注重目标投资回报率

定价之前要全面理解消费者定价心理

价格是买方做出选择的决定性因素

一直以来，价格是买方做出选择的决定性因素。消费者和采购者能够通过各种渠道获得更多的价格信息，接触更多的折扣店。消费者向零售商施加降价压力，而零售商向制造商施加压力，最终形成一个以大量折扣和促销为特征的市场。

——科特勒《营销管理》

科特勒指出，价格是产品价值的体现，而产品价格的高低直接关系着买卖双方的切身利益，更直接影响消费者对某些产品的购买意愿以及购买数量的多少。价格是消费者购买心理中最敏感的因素。

在消费者心中有一杆天平，天平的两端分别是购买成本和产品价值，当购买成本过高时，就很难达成交易，而当天平倾向于产品价值时，交易就很容易顺利达成。所以，只有当产品价值与购买成本在消费者心中达到一种平衡或者产品价值高于购买成本时，消费者才有可能会购买。营销者的任务就是在尽量不提高经营成本或者尽可能少地提高经营成本的同时，提升产品价值，降低消费者的购买成本。

消费者的购买成本大致有四种：

一是时间成本。

在现在这样一个快节奏的社会中，时间成本是消费者消费过程中很重要的一个价值参考因素，比方说，去购物场所花费时间多，购物排队耗时多，送货迟等，这些都构成时间成本，顾客等待的时间越长，其购买意愿就越低，满意度也越低。

二是体力成本。

从某种程度上来说，当前网络购物的流行，一个重要的因素就是顾客为了节省体力成本。网络的发达使得人们越来越懒，越来越宅。比如，你想吃顿饭，一种选择是自己出门，坐车，去某个饭店，排队，然后就餐；另一种选择是在家，上网或者直接用电话订餐，有专人送餐到家。哪种方式更能刺激消费？很显然是后者，因为后者的体力成本要低得多。

三是风险成本。

有句话说"买家没有卖家精"，顾客在购物时，思前想后，小心翼翼，怕的就是做出失误的购买决策，吃亏上当，买到难以令人满意的产品，有的商家为了打消顾客的种种顾虑，会做出譬如延长产品保修期、完善售后服务等举措，这样做降低了顾客的风险成本，自然也就能够刺激购买。

四是选择成本。

顾客在购买某种产品时，常常会在心里将好几个产品进行比较，在这个比较过程中，即使是一个微小的思维波动也能改变消费者的消费决定。顾客在选择甲产品的同时，可能也对乙产品抱有期望，这种左右难舍就是选择成本。摩托罗拉公司曾经推出一款高端手机，它采取了一项特殊的促销措施，对于一部分顾客，它允许其免费试用一个月，一个月内可以无条件、无理由地退货，结果销售异常火爆，而且真正选择退货的顾客很少。这种做法其实就是在降低顾客的选择成本。

如果企业能够有效地帮助顾客降低这四大成本，那么即使提高产品价格，产品依然会有很好的销路。除了降低购买成本，企业还可以通过提高产品价值来坚定顾客的购买信心。

产品的价值不完全由其本身的实际价值所决定，更多的是由消费者的感知价值决定。不管产品的实际价值是多少，最终影响购买的还是消费者心中对这个产品的价值认知。因此，营销者要让顾客充分体验到产品的价值，不断增加顾客对产品的心理价值筹码，使天平向产品价值的一侧倾斜，这样才能提高成交率。

总的来说，企业只有真正掌握消费者如何感知价格，才能很好地利用价格杠杆实现企业的营销目标，才能使企业在竞争中立于不败之地。

购买决策建立在消费者的心理价位感知上

对任何组织而言，要有效地设计并实施定价战略，就需要全面地理解消费者定价心理，需要有一个设定、调整和改变价格的系统化的方法。购买决策是建立在消费者心理价位以及他们所感知的当前实际价格基础上，而并非建立在营销人员的要价上。

——科特勒《营销管理》

在日常生活中，常可以看到这样的现象：有一些质量相似的产品，只是其包装不同，价格却相差很大，消费者却宁愿购买高价的产品；而对于一些处理品、清仓品、大幅度折扣产品，削价的幅度越大，消费者的疑虑心理也就越大，反而会动摇购买心理。这中间其实存在一个消费者对产品价格的价值评估过程。消费者更容易受到自己的心理感知价值影响，而不是商家所标出的那个价格。

对同一件产品，在不同条件下，消费者的价值感受是有天壤之别的。比方说，如果你拿着一杯普普通通的清水卖人 100 元，肯定不会有几个人响应你，更少有人会真的去买；如果你拿着一杯水，端到一个一两天没找到水喝的人面前，卖他 1000 元，他如果付得起，咬咬牙或许真会买；如果你同样拿着一杯水，端到一个在沙漠里走了几天几夜滴水未沾的人面前，将水 10000 元卖他，他一定会比你还着急地掏钱出来。水是一样的水，但买水的人心理上已经发生了巨大的变化，所以，他们所能承受的价位，做出购买决策的速度也大不相同。

一罐可口可乐，在五星级饭店里可能要卖到 30 元，而在大超市里只卖不到 2 元，相差十几倍！那些到五星级饭店用餐的顾客，听到 30 元的报价，不会大发雷霆，而是欣然接受；而那些在大卖场里花 2 元购买的顾客，也不会觉得价格低，不会觉得自己占了便宜。这就是消费者心理感知价位的神奇之处。

美国的波士顿市中心有一家"法林联合百货公司"，在其商场上的地下室门口挂着"法林地下自动降价商店"的招牌。走进之后，你会发现货架上的每一件产品除了标明售价以外，还标着该件产品第一次上架的时间，旁边的告示栏里说明，该件产品按上架陈列的时间自动降价，这家商店自动降价的产品大多是中档的，品种齐全，花色繁多，而并不是处理品或次品。陈列的时间越长，价格越低。比如某件产品陈列了 13 天还没售出，就自动降价 20%；又过 6 天，降价 50%；再过 6 天，降价 75%。如果该件产品标价为 500 元，到第 13 天只能卖 400 元，到第 19 天只能卖 250 元，到第 25 天时只能卖 125 元。到第 25 天后，再过 6 天仍无人购买，就把该件产品从货架上取下来送到慈善机构去了。

很多人会认为法林公司一定是疯了，其实这正是法林决策的高明之处。因为法林准确地把握了顾客的心理。绝大部分顾客在看到自己需要或喜欢的产品时，都会在第一时间买下它，而不是等待价格幅度的降低，他们会担心在等待的过程中自己的心爱之物被别人买去或再回来看时它已经和第一次看到的不同。所以，当看到自己喜欢的产品时，没有人会在乎它的价格。绝大部分人会掏出钱袋。这正是商家的真正用意。法林用这种方式向消费者显示了充分的自信，同时也给消费者以信任感。其实，这也是一种薄利多销的宣传方式，但这种做法比直接宣传薄利多销要好得多。

消费者会使用参照价格来选购产品

当选购产品时，消费者通常会使用参照价格，将所观察到的价格同他们所记得的内在参照价格，或外部参考框架如正常零售价格等进行比较。聪明的营销人员会将价格定在最能彰显其产品价值的水平上。

——科特勒《营销原理》

科特勒指出，了解消费者如何形成对价格的看法是一个营销重点。消费者在购买产品时经常会运用参照价格。参照价格是消费者进行价格判断时所使用的参考点。参照价格为消费者设置一个对比效应，从心理上影响消费者的价格公平感知。参照价格通常作为消费者评价产品价格合理性的内部标准，也是企业常用的一种价格策略。

消费者参照价格的形成主要受到以下几个因素的影响：

一是个人因素。个人因素是影响消费者最直接、最重要的因素。它包括消费者个人的消费经验、消费者家庭以及消费者的个性、爱好和兴趣等。消费者个人经验是他们在实际的购买中形成的对某种产品某个价位的知觉与判断。家庭对消费者具有极为深刻的影响。家庭的规模、经济状况会直接影响他们对产品价格的判断。一般而言，经济条件不好的人对产品价格的判断通常也比较低；而生活在较富裕条件下的消费者估计的产品价格通常要高一些。另外，消费者的个性、爱好和兴趣也会对产品价格的心理反应产生影响。

二是专家因素。这里所说的专家，既包括了对产品价格进行监测评价的专业、权威人士，也包括了消费者身边对某类产品有丰富经验的人，这些人的意见和评判对消费者对产品价格的判断和感受影响深远，消费者乐意倾听并且会主动寻求他们的建议和指导。

三是产品本身因素。产品本身的外观、重量、包装、使用特点、使用说明等对消费者对价格的反应产生影响。

四是环境因素。销售现场的环境会直接影响到消费者的心理体验。同样的一件衣服摆在地摊上，跟摆在装修豪华的高端专卖店里，它带给消费者的感受是截然不同的。有专家曾经将某大商场一件价值3000元的名牌西服和地摊上一件价值250元的西服去掉标签互换销售地点，结果名牌西服在地摊上标价800元都没有卖出去，而地摊上的西服挂上1600的价签在大商场顺利卖掉了，这就说明了环境影响价格。

五是社会文化因素。社会文化因素指的是社会群体对产品价格水平及其变化的总体感受和判断。比方说，购买经济适用房的消费者与购买别墅豪宅的消费者，他们的群体特征非常鲜明，对房子价格的判断也有很大的差别。

了解了这些因素之后，营销人员就可以利用参照价格来做营销的文章。

当公司有多种层次的产品时，可以将某种产品或某种服务的价格定得比较高，这样能提高整个产品线的参照价格，其余产品就会显得比较便宜，牺牲了这种高价产品，却增加了中低价位产品的销售，从而提高公司的总体利润。还有的商家，会特意将某种大众化的产品价格定得极低，以影响消费者的整体判断，比方说，鸡蛋几乎是家家户户必买的产品之一，某超市就采取了一种特殊的价格策略，它将市场均价大约为5元每斤的鸡蛋定价为2.99元，这样的定价连成本都收不回，可是，该超市非但没有赔本，反而吸引了更多的顾客。原因何在？当一个顾客走进超市，看到这里的鸡蛋只卖2.99元时，她会感到很惊呀，继而，她会产生这样一种感觉，那就是，这家超市的鸡蛋比其他地方便宜很多，那么其他产品肯定也同样要更便宜些，于是，她会经常性地光顾这家超市。这就是参照价格的妙用。

还有的商家会巧妙地进行价格分割，以造成顾客心理上的价格便宜感。一个相对较昂贵的产品，如果将其价格分解成若干小单位，则会显得较便宜。比如，茶叶300元一斤，这会显得很贵，但如果将其分成50克每包，每包30元，就显得便宜很多。法国巴黎地铁就曾打出广告："只需付30法郎，就有200万旅客能看到您的广告。"这其实也是在进行价格分割。消费者通过参照价格来判断产品的售价高低，进而来判断购买是值还是不值，同样地，营销人员可以反其道而行之，在参照价格上做文章，来影响消费者的判断。

为什么无人问津的东西价格翻倍后反而脱销了

许多消费者认为价格预示着质量。形象定价对于一些自我敏感度的产品如香水、豪华车和阿玛尼的T恤是非常有效的。对于渴望独一无二的奢侈品的顾客来说，即使价格提高，其需求也仍会增加，因为他们认为很少有人买得起这种产品。

——科特勒《营销管理》

科特勒曾举例说，一瓶香水可能只值10美元，但有人即使明知道这瓶香水只值10美元，却仍然愿意花100美元来买它。企业如果能让消费者感受到"值得"，那么就能够让溢价名正言顺。这也就是为什么很多名品的手表、珠宝、香水、服装等奢侈品商家强调其独特性、独享性的原因所在。

罗伯特·B.西奥迪尼在其著作《影响力》中曾举过一个例子：

有个人在亚利桑那州开了一家印度珠宝店。她店里有一批绿宝石首饰，一直不大好卖。当时正是旅游高峰期，商店里客流量并不少，为了尽快卖出绿宝石首饰，她将价格定得很实在，完全对得起这批首饰的质量。尽管如此，这批产品还是卖不出去。她还尝试了很多销售技巧，把它们放到了更显眼的展示区，唤起人们的注意，但依然没用。她甚至叫导购员使劲"推售"，还是不成功。

有一天，她要出城去采购了。出发前一晚，她给负责的导购员潦草地写了一张破罐子破摔的字条，指示导购员将绿宝石首饰的售价乘1/2，也就是降一半的意思，她想哪怕亏本也得把这批倒霉的货给弄出去。几天后，她回来了，发现所有的东西都销售一空，更让她吃惊的是，由于自己的字迹太潦草，导购员把"1/2"误当成了"2"，也就是说，所有的首饰都是按原价的两倍卖出去的！这让她百思不解。

无人问津的东西价格翻倍后反而脱销了，这是完全有可能的，因为，它抓住了消费者心理。有的产品就是如此"反常"，价格越高，销量越高。比方说婴幼儿产品，很多父母希望自己的孩子用最好的，可是他们对产品的材质并无专业的认识和判断，这种情况下，他们只能以价格和品牌为参考，选择那些售价贵的产品，他们倾向于认为"一分钱，一分货"，贵的才是好的。还有，最为明显的是奢侈品的消费，顾客的购买目的就是为了表现自己的身份，如果便宜了，大家都买得起，反而无法满足他们的购买欲望。

随着消费者对生活品质的追求，对面子的看重，对个性化、追新的内在要求，企业只要满足了他们的这种心理，就可以有底气地提价、再提价。高价格的产品对普通消费者来说有一种极具吸引力的神秘感。

价格越高、销量越高的产品，更多的是满足消费者精神层面的需求，所以，从设计、概念、选材、手工艺等方面企业都需要大量的投入。支撑这些产品高昂价格的不应是产品本身的功能，而是由产品品牌定位、产品稀缺性和独特性、品牌文化和理念、终端打造、服务传递、宣传推广等共同铸就的一种高价值。

企业的目标决定定价的方式

生存：只求价格能补偿成本

当企业面临产能过剩、激烈的竞争或消费者需求变化的状况时，生存就是企业的主要目标。只要价格能补偿可变成本和部分固定成本，公司就可以继续营业。生存是一个短期目标，从长期来看，企业必须学会如何创造价值和应对绝境。

——科特勒《营销管理》

科特勒认为，企业定价并非只是局限于对于企业成本与利润的考量，产品的合理定价受到多种因素的影响。价格的制定，不仅仅要考虑企业成本与规模成本，还需要考虑其营销战略的目标。企业对它的目标越清楚，就越容易制定价格，而成本则决定了产品价格的下限。

在市场竞争日益激烈、消费者需求不断变化的情况下，很多企业将维持生存作为主要目标。为了确保生产继续进行和存货清仓，企业不得不制定较低的价格，利润跟生存比起来要次要得多。为了继续留在行业中，许多企业的价格只能弥补可变成本和一些固定成本。

以低价求生存并不是最高明的销售方法，但无疑是最有效的销售手段。尤其是对中小企业来说，技术研发水平、营销水平、管理水平较低，资本基础不够雄厚，缺少实施品牌战略的能力，而把价格放低成了最为常规的竞争武器。特别是在一些旺季的时段，商家们无不使出浑身解数，甚至不惜打出"跳楼价""血本甩卖""最后三天清仓"等字眼，以吸引消费者抢购。这样的低价格很容易形成你追我赶的"价格战"，形成报复性的降价，行业内的一些企业混战成一团，最终破坏整个行业的规则，造成整体利润的急剧下降。这样的情况正在很多行业上演。

科特勒说，生存是一个短期目标，企业可以在艰难的时期运用这样的价格策略，但是，从长远来说，这并不是一种健康、可持续的模式。过于注重短期的经营业绩，对企业的长远利益则不够重视，对培养企业忠实的顾客群体也不够重视，品牌无法树立起来，这样的企业很难熬得下来。企业必须走出这个泥潭，学会如何创造价值和应对绝境。

当前利润最大化：强调眼前的利润和回报

许多公司都试图制定使当前利润最大化的价格。他们估计不同价格下的需求和成本，并选择能产生最大的当前利润、现金流量或者投资回报率的价格。这一策略假定企业知道其需求和成本函数，而实际上，这些是很难估计的。如果企业过分强调当前的表现，就会忽视其他营销组合变量的作用、竞争者的反应和价格上的法律限制等，从而牺牲了企业的长远利益。

——科特勒《营销管理》

利润目标是企业定价目标的重要组成部分，获取利润是企业生存和发展的必要条件，也是企业经营的直接动力和最终目的。因此，很多企业都会采取这种当前利润最大化的定价方式。比方说，即使明知把产品价格提高 5％，销量会下跌 5％，很多企业还是会采取这种策略，只要营业利润能提起来。

科特勒认为，当前利润最大化能改善企业当前的赢利状况，但是，很可能会牺牲企业的长远利益，这就像"竭泽而渔"一样，过于急功近利的做法，只会让企业拿长远利益为短期利益买单。自 2010 年兴起的网络团购，就曾经经历过这样的一个阶段。

网络团购，指的是互相不认识的消费者在特定的时间内在同一网站上共同购买同一种产品，以求得最优价格的一种网络购物方式。首创该模式的是美国的 Groupon，也就是高朋网，而国内第一家团购网站则是 2010 年 1 月份诞生的"满座"，自此之后，国内的团购网络市场异常火爆。各大媒体纷纷报道，各大门户网站、SNS 网站也纷纷上马团购，一方面作为一种赢利手段，另一方面作为一种增值服务。短短半年内，就产生了近一千家团购网站，市场陷入了"千团激战"中。

这种狂热的跟风带来了一系列的问题，很多团购网站忙于"跑马圈地"，追求短期效应与短期的利润，有一些团购网站甚至在骗取消费者的团购款项后就消失得无影无踪，给整个行业的形象造成了极其恶劣的影响，也使得这个一夜之间红火起来的行业迅速进入惨烈的"洗牌"阶段。

企业追求当前利润最大化，容易造成营销组合变量的失衡，也就是过度依赖价格、促销要素，而忽视了产品、渠道的建设，最终会导致企业发展的后劲乏力。而且，企业的这种一切只为利润的发展模式，很容易招致同行竞争者的跟风或抵制，甚至还会有激烈的反扑，这会让企业在行业中处于一个孤立的地位。更为严重的是，企业如果一心想着提高利润，而不计其他，那么，很容易走偏路、走险路，甚至触犯行规或者法律，引火自焚，这样的结果是最糟糕的。

市场份额最大化：以低价博取较高市场份额

一些企业希望能使其市场份额最大化。他们认为销量越高，其单位成本越低，长期利润越高。他们制定最低的价格，认为市场对价格是高度敏感的。

——科特勒《营销管理》

市场份额最大化，是指企业以最低的价格争取最大的销量，从而换来最大的市场份额。科特勒认为，从市场份额最大化的角度出发去制定价格，应满足这样几个条件：其一，市场对价格高度敏感，低价可以促使市场增长；其二，产量越大，企业的生产和分销成本越低；其三，低价格可以减少实际和潜在的竞争。

企业进入一个新的细分市场时常会运用到市场份额最大化的定价策略，淘宝网就是一个典型。

淘宝诞生时，正是易趣在国内四处扩张的时候，淘宝为了在C2C（消费者个人之间的电子商务）市场抢占市场份额，打出"免费"的旗号，这使得大量的卖家齐聚到淘宝旗下，并助力淘宝赢得与易趣之战。淘宝的免费政策其目的就是为了占据尽可能多的市场份额，尽管当时的阶段不赚钱，但只要聚拢了海量的商家，赢利就不是一件难事。

另一个例子是女性顾客熟悉的娇兰佳人。

娇兰佳人是国内第一家美妆日化一站式购物连锁店，其连锁店开到全国各地，每个月都有新店开张。娇兰佳人在消费者中口碑甚好。它之所以扩张如此之快，而且能得到众多爱美之人的青睐，最主要的原因是其名牌低价的策略。"懂你才会让你更美丽"是娇兰佳人的营销主题，正是因为深刻了解消费者的需求，同时不断满足这种需求，才使娇兰佳人能在众多的美妆日化专营店中脱颖而出。

在娇兰佳人连锁店里，消费者可以看到众多名牌产品，如玉兰油、欧莱雅、羽西、妮维雅、美宝莲等，这些产品都为正品，但价格都比商场专柜或专卖店要便宜，少则几元，多则几十元，正是这一价格优势吸引了无数的购买者。

娇兰佳人能实行这样的低价策略，为消费者提供物有所值的产品，是因为它直接从厂家进货，避免了中间环节，这使得它能以低价大批量地销售产品，扩大市场占有份额，从而赢得利润绝对值的提高。

薄利多销，这是一条众所周知的商场法则，也可以说是商场中最为老套的战术了，但是能真正将其应用到实战，并且让消费者实实在在体会到这种低价策略给其带来实惠的商家并不多，而淘宝和娇兰佳人都做到了这一点，它们也因此而收获了较大的市场份额。

市场撇脂最大化：以高价实现市场获利最大化

拥有新技术的公司喜欢制定高价从而实现市场获利的最大化。这被称为市场撇脂定价法，开始时将价格定得很高，然后随时间推移逐渐降价。

——科特勒《营销管理》

市场撇脂最大化，是指以高价来实现市场获利的最大化，这就像从牛奶中撇取其中所含的奶油一样，取其精华。通常，企业会将产品以最高的价格卖给市场中最具有经济实力的顾客群体，等这一部分顾客消费得差不多了，再适当减价卖给中档顾客，最后还可以以低价甩卖处理日渐衰退的产品。

科特勒认为，以市场撇脂最大化为目的的定价策略需要具备这样几个条件：其一，有足够的当前需求很大的购买者；其二，小批量生产的单位成本不能太高；其三，很高的初始价格不会吸引更多的竞争者抱着趋利心理进入该市场，也就是说，企业必须能够构建起一定的竞争壁垒，抬高竞争者的进入门槛；其四，高价能传达优质产品的形象。

一些拥有新技术、能创造出高新产品的公司常会采取市场撇脂最大化的策略。

索尼就是一个典型，它经常把新产品价格定得很高，以后再慢慢下降。比方说，索尼第一次推出高清晰度彩电时，定价高达43000美元，以这种方式索尼得到了最大化的撇脂利润。随着竞争对手进入这一细分市场，公司逐渐把价格下降到6000美元，在日本本土市场更降到了1200美元。

苹果公司也非常善于撇脂定价，在这方面甚至超越了索尼。比方说，苹果公司的iPod产品是极其成功的消费类数码产品，一推出就获得成功，第一款iPod零售价高达399美元，即使对于美国人来说，也是属于高价位产品，但是有很多"苹果迷"既有钱又愿意花钱，所以还是纷纷购买。苹果的撇脂定价取得了成功。但是苹果认为还可以"撇到更多的脂"，于是不到半年时间又推出了一款容量更大的iPod，当然价格也更高，定价499美元，仍然卖得很好。苹果的撇脂定价大获成功。

当顾客愿意以高出市场平均水平的价格购买产品的时候，撇脂定价是最合适的定价方法。当然，就像科特勒指出的，这必须是以产品的质量和企业的良好形象为前提的。例如，如果一些购买者认为某一公司的产品远远优于竞争者的产品时，那么该公司就可以成功地索要较高的价格。同样，当一种产品受到良好的法律保护，或者它反映了技术上的突破，或者它在某些方面可以阻止竞争对手时，都可以有效地使用撇脂定价。当生产产品有技术难度、有技术或时间限制，使生产不能迅速扩大时，营销人员可以使用撇脂定价策略。只要是需求大于供给，撇脂定价就是可行的。

成功的撇脂定价策略使企业得以快速收回产品开发以及推广成本，即使消费者认为初始价格过高，企业也可以通过逐步降价轻易地解决问题。通常，企业以高价来试探市场，如果销量过低时再降价，这样的方式是更好的。如果市场上有一些愿意出高价的购买者，那么企业就可以撇脂定价进入这个市场并使每单位收入最大化。

企业之间的竞争不仅是产品的竞争，也是定价模式的竞争。企业一方面要善于利用撇脂定价法，在新产品上市之后的一段时期内尽量攫取丰厚的利润；另一方面要及时调整撇脂定价法，以适应竞争对手的步步紧逼。

选择合适的定价方法

全面营销人员必须考虑到定价决策的多方因素

定价决策显然是复杂而困难的，而许多营销决策者往往忽视了定价的战略意义。全面营销人员必须考虑到定价决策的多方因素——公司、消费者、竞争和市场环境。同时，定价决策也必须和企业的营销战略、目标市场定位、品牌定位保持一致。

——科特勒《营销管理》

　　科特勒指出，企业的定价决策是复杂而困难的。企业首先要确定定价目标，然后是明确需求，再估算成本，还要分析竞争者的成本、价格和产品，再选择一种定价方法，最后制定出最终的价格。定价绝不是简单地确定价格，给产品标上一个你想要的数字符号，而是要准确地评估产品的价格，以求让顾客、市场接受并认同产品的价值。定价关系到企业的战略、企业针对的客户群、竞争环境以及产品的差异化。

　　在定价时，营销人员必须将企业战略、消费者、竞争、市场环境、市场定位与品牌定位全盘考虑进来。定价决策主要受到以下几种因素的影响：

　　一是企业战略。要了解价格和制定价格，首先要明确企业的目标和战略是什么，是增加市场份额，改善企业收入，最大化利润，还是其他目标。如果营销部门对于企业目标与战略有一个清晰的把握，那么确定价格在内的营销组合，便相对容易些。定价成功在很大程度上取决于定价策略与企业目标、战略的契合度。

　　二是消费者。在明确了解企业目标和战略之后，企业需了解消费者的需求，这直接决定产品定价的正确与否。消费者的需求并不是一成不变的，企业必须要了解消费者现在需要的是什么。

　　三是竞争与市场环境。市场中的竞争者也会影响到企业的定价决策。企业必须首先了解谁是自己的竞争对手，竞争对手的战略是什么，优势是什么，还应该了解他们的成本、价格以及可能对企业定价做出的反应；然后再来决定是采取竞争者的价格，还是高于竞争者的价格，或者是随行就市与竞争者价格保持同一水平线上。企业应进行充分的市场调研以避免不利的信息劣势，对待竞争者树立一种既竞争又合作的共同发展的竞争观念，在深入吃透竞争者价格战略的基础之上对自己的产品进行定位，使产品价格更有针对性和竞争力。

四是其他因素。除了企业、消费者、竞争以及市场环境之外，企业还需考虑其他影响价格的外部因素。比方说，一个国家或地区的经济条件、政策法律、风俗习惯等对定价策略是有很大影响的。譬如，如果某地经济处于衰退阶段，那么消费者的购买力会大大削弱，那么企业要维持高价就会比较困难。政策的力量同样不容忽视，如果一个企业主要从事出口贸易，那么它必须对出口国的市场环境以及政策非常了解，像我国很多出口行业遭遇反倾销调查就是受制于出口国的政策法律与贸易保护。

总的来说，企业做定价决策，首先要明确企业目标与战略；其次要了解谁是目标消费者，他们的需求是什么，在决策过程中最关心什么；再次要了解竞争对手，了解他们的战略与优势；最后，还要考虑到外部的经济条件和政府的影响等。

定价的上限、下限和基准点

价格制定时需要重点考虑三个问题：成本是价格的下限；竞争品的价格和替代品的价格为定价提供了参照的基准点；顾客对产品特性的评价是价格的上限。企业应选择一种将这三个考虑因素包含在内的定价方法。

——科特勒《营销管理》

科特勒指出，成本构成了价格的下限，而消费者对产品价值的评价则构成了上限，竞争者与替代产品的价格则是参照系与基准点。企业需要在上下限之间，找到最佳的价格。

成本是企业为产品所设的底线，产品的价格如果不能覆盖生产、分销和管理等各方面的成本，那么就只能亏本，不能给企业带来相应的回报。企业成本分两块，即固定成本和可变成本。固定成本是指不随产量变化的成本，也就是不管企业开不开工，都必须支付的成本，像办公场地、生产厂房的租金就是固定成本；可变成本是指随生产量水平而变化的成本，比方说，生产产品所需的各种原材料，它们的成本就往往跟生产挂钩。如果就制定价格时要考虑的重要性而言，成本无疑是最重要的因素之一。因为价格如果过分高于成本，会引起消费者的不满和质疑，而价格过分低于成本，又不可能长久维持。企业定价时，不应将成本孤立地对待，而应同产量、销量、资金周转等因素综合起来考虑。

消费者的需求、购买能力以及对产品价值的评价是定价的上限。这个是很明显的，如果一个产品的定价超出了消费者的购买力，或者消费者认为产品根本不值它的定价，那么，这样的产品很难赢得消费者的认同，也很难在市场上销售得动。

确定需求与成本是制定价格的前提。一般来说，企业进行产品定价需要遵循以下几个步骤：

第一步，选择定价目标。公司通过定价一般追求六个目标：生存、最大当期利润、最高当期收入、最高销售成长、最大市场撇脂、产品质量领先。企业的目标越清楚，它制定价格越容易。

第二步，确定需求。每一种价格都将导致不同水平的需求，并且由此对营销目标产生不同的效果。通常来说，价格越高，需求越低；价格越低，需求越高。不过，还需要考虑消费者的价格敏感度、价格弹性等。

第三步，估计成本。公司的成本是底线，公司想要制定的价格应能包括它的所有生产、分销和推销该产品低成本，还应包括对公司所做的努力和承担风险的一个公平的报酬。

第四步，分析竞争者。在由市场需求和成本所决定的可能价格的范围内，竞争者的成本、价格和可能的价格反应也在帮助企业制定它的价格。

第五步，选择定价方法。在掌握需求、成本和竞争者价格的基础上，企业就可选取合适的定价方法来进行定价。常用的定价方法有：

成本加定价法、目标收益定价法、认知价值定价法、价值定价法、通行价格定价法、拍卖式标价法和集团定价。

第六步，选定最终价格。通过上述定价方法缩小从中选定最终价格的范围。最后，企业引进一些其他的考虑因素，包括消费者心理等其他营销因素，对价格做出最终敲定。

每一个产品的价格都绝非随意制定的，而必须按照企业和产品的特性、结合市场现状，在成本与需求之间进行科学合理的制定。

成本加成定价法：在产品成本上加上适当的利润

成本加成定价法是最基本的定价方法，就是在产品成本上进行加成定价。
——科特勒《营销管理》

科特勒指出，成本加成定价法是最为基本的一种定价策略，这种方法的最大特点是"量出而入"，将本求利，计算简单。它易于操作，只需将价格和成本联系在一起，就可以大致确定价格，这使得定价过程大大简化。如果行业内的大多数企业都采取这种定价方法，那么，价格就会趋同，价格竞争也会减少。

正常的情况下，任何产品的价格都应高于所发生的成本费用，这样在生产经营过程中发生的耗费才能从销售收入中得到补偿，企业才能获得利润，生产经营活动才能得以继续进行。许多企业努力降低成本，就是因为低成本往往能带来低价格，从而取得较高的销售量和利润额。

肯德基自 2009 年下半年起开始采取一种"成本定价"的全新模式，下大力气降低成本，以实现更有竞争力的产品价格。

肯德基测算，未来三年内，需要 28 万吨的鸡肉制作食品，这意味着需要 12 亿只毛鸡，这 12 亿只毛鸡的饲养需要大约 550 万吨鸡饲料，这等于是 200 万吨大豆、288 万吨玉米。而且，要养殖、宰杀这些鸡，约需9万个养殖工作人员和9万个屠宰加工工作人员。这是极其大的一笔成本，为了尽量压缩、减少成本，肯德基与国内三大鸡肉龙头企业签署协议，一次性将未来三年的28万吨鸡肉的采购敲定下来，涉及的总金额将超过50亿元。

百胜中国供应链管理的负责人表示，成本控制是企业应对金融危机的一个非常重要的手段，这样做，不仅能让产品价格更具竞争力，也能保障企业长期稳定的原料供应。

微波炉行业的霸主格兰仕也很值得一提。在大小家电集体混战厮杀的时候，唯有微波炉行业从开始就一直处于寡头垄断的局面。不是其他的家电企业不想在这个行业分一勺羹，而是这个行业里蛰伏着一个强悍的"价格屠夫"格兰仕。格兰仕多年来在微波炉行业走专精深路线，通过专利合作和高效的管理，它能够以低成本制造出同等价格最好的微波炉。对同一价位的同一等级的产品，有的厂家入不敷出、难以为继，而格兰仕却能挺得住，而且还能源源不断地销售出利润产品。格兰仕以优质的产品和极具竞争力的价格封锁了竞争对手，占据了微波炉行业全球60%以上的市场。可以说，格兰仕已经将价格发展成了一种杀伤力强大的战略性武器。

科特勒提醒企业，必须要控制好成本，如果成本过高，企业势必会在激烈的市场竞争中处于劣势。成本控制住了，成本加成定出的价格才会有优势。

成本加成定价是一种典型的生产者导向定价法。而现在的市场需求多变，竞争激烈，如果企业不能以消费者为中心，产品不能满足消费者需求，那么很难在市场站住脚。因此，完全成本加成定价法虽然简单易行，但也存在一些不足之处。

比方说，成本加成法忽视了产品需求的弹性变化。不同产品在同一时期，同一产品在不同生命周期不同阶段，同一产品在不同的市场，其需求弹性都不相同，采取成本加成难以适应迅速变化的市场，它缺乏应有的竞争能力。这种定价方式不灵活，容易导致企业做出错误决策。

为了克服这些不足，企业可以按产品的需求价格弹性的大小来确定成本加成的比例，还需要密切关注市场，进行大量的市场调查与详细的分析，才能估计出比较准确的需求价格弹性，从而制定出较为合理的产品价格，增加企业的利润。

目标—利润定价法：注重目标投资回报率

在目标—利润定价法下，企业将制定能实现其目标投资回报率的价格。
——科特勒《营销管理》

目标—利润定价法就是企业制定一个预期的目标利润率，而产品的定价需要能保证企业达到这一利润率。通常企业会根据总成本和预期的总销售量来确定期望达到的目标利润率，然后由此推算出价格。

举个例子，某房地产企业开发了一个总建筑面积为 10 万平方米的小区，预计未来在市场上可实现销售 8 万平方米，总开发成本是 2 亿元，该企业设定的目标收益率为成本的 12%，那么如果用目标—利润率法来定价的话，那么先可以计算出，该企业预期的目标利润为 2×12%，也就是 0.24 亿元，而每平方米的售价就用总的成本与目标利润的总和去除以预计的销售量就可以，也就是 2.24 亿元除以 8 万平方米，即 2800 元。这就是用目标—利润定价法所得出的价格。

从上面例子可以看出价格计算的步骤，第一步就是确定目标收益率，第二步是计算目标利润，第三步就是用目标利润与总成本之和除以预期的总销售量，最后得出售价。

目标—利润定价法有着极强的结果导向，它的目的就是要保证企业既定目标利润的实现，这种方法通常适用于在市场上具有一定影响力、市场占有率较高或具有垄断性质的企业。它与成本加成定价法是有区别的，成本加成定价法中的成本只是制造成本，不包括期间费用，而目标—利润定价法中的成本包括制造成本和期间费用。

目标—利润定价法还是有不足之处的，它所定的价格是根据预期的销售量来计算的，而实际操作中，价格的高低反过来对销售量有很大影响。销售量的预计是否准确，对最终市场状况有很大影响。先确定产品销量、再计算产品价格的做法完全颠倒了价格与销量的因果关系，把销量看成是价格的决定因素，在实际上很难行得通。尤其对于那些需求价格弹性较大的产品，用这种方法制定出来的价格，无法保证销量的必然实现，那么，预期的投资回收期、目标收益等也就只能成为一句空话。企业必须在价格与销售量之间寻求平衡，从而确保用所定价格来实现预期销售量的目标。

目标—利润定价法从根本上来说，仍然是一种生产者导向的产物，没有充分考虑到市场竞争和需求的实际情况，只是从生产者利益的角度出发制定价格。不过，对于一些需求比较稳定的大型制造业，或者供不应求且价格弹性小的产品，市场占有率高、具有垄断性的产品，以及大型的公共事业、劳务工程和服务项目等，如果能科学地预测价格、销售量、成本以及目标利润的话，那么这种方法仍然会是一种有效的定价方法。

第十章

渠道价值新解

◎ **营销渠道是一座特殊的桥梁**

成功的价值创造需要成功的价值传递

渠道能够创造出效力与效率

企业的渠道决策直接影响着其他营销决策

渠道系统的发展应视环境及企业能力而定

◎ **设计最适合企业的营销渠道系统**

分析目标顾客所需要的服务产出水平

建立渠道目标，考量制约因素

◎ **渠道系统的管理与整合**

渠道管理应从寻找合适的渠道合作伙伴开始

对顾客来说，渠道的形象就意味着企业的形象

理解渠道成员的需要和欲望才能激励其达到最高绩效

有效的渠道管理要求选择好中间商并培训他们

营销渠道是一座特殊的桥梁

成功的价值创造需要成功的价值传递

成功的价值创造需要成功的价值传递。公司必须建立和管理一个不断进化和日益复杂的渠道系统和价值网络，并利用好价值网络为目标市场传递价值。

——科特勒《营销管理》

科特勒指出，有很多企业对其渠道的关注不够，这种行为带来的是破坏性的后果，而相反，很多企业通过建立创造性的渠道系统而获得了竞争优势。企业通过产品和服务创造出成功的价值，还需要成功地传递这种价值。

企业应将渠道视为一种价值传递网络，除了关注供应商、分销商和顾客，还应该去考察从原材料、零部件到产成品的整个供应链，并分析产品或服务是如何最终到达消费者手中的，简单地说就是，企业应关注供应商的上一级供应商和分销商的下一级顾客。此外，价值网络还包括其他有价值的关系，如与专家学者、研究人员、行业协会以及政府机关等方面的关系，这些资源都构成了企业的价值网络。

可口可乐企业可以说是当今世界最大的饮料企业。它的饮料产品在世界上任何一个地方几乎都可以找到。可口可乐的老板曾经得意地向他的朋友说：可口可乐是打不败的企业，现在即便一把火烧了可口可乐全世界所有的工厂和库房，第二天所有的大银行都会来哭着喊着给我办理贷款。为什么？因为可口可乐的团队还在啊，可口可乐的品牌还在，遍及全世界每个地区的渠道分销商体系也还在。

从可口可乐的一个广告宣传里可以看出这一点——有一位到过世界许多地方的美国游客，在乘车穿越撒哈拉沙漠的时候，突然问他身边的司机："我们什么时候才能够摆脱文明的痕迹？"这位当地的司机怎么也不明白他的意思。最后这位美国游客终于想到了一个很好的办法，他说："我的意思是我们什么时候才能够走到一个永远看不到可口可乐的地方？"

这一次，司机终于明白过来，回答道："永远不可能。"司机边说边用手往车外指。美国游客朝他手指的地方看去，果然见到沙丘后有一面可口可乐的巨大招牌正在冉冉升起。这一广告塑造了人们心中"永远的可口可乐"形象。

可口可乐无处不在，这就是渠道的威力，是价值传递网络的威力。

渠道是企业最重要的无形资产之一，是整个营销系统的重要组成部分。营销渠道对降低企业成本和提高企业竞争力具有重要意义。随着市场环境的变化，尤其是网络的全面开花，企业的营销渠道不断发生新的变革，旧的渠道模式已不能适应形势的变化，包括渠道的拓展方向、分销网络建设和管理、区域市场的管理、营销渠道自控力和辐射力等，这些都是企业所面临的新挑战。

渠道能够创造出效力与效率

生产者为什么愿意把部分销售工作委托给中间渠道呢？这种委托意味着放弃对于如何推销产品和销售给谁等方面的某些控制。然而，生产者可以通过中间渠道获得效力和效率。凭借他们的各种关系、经验、专业知识以及运营规模，中间渠道推动产品广泛地进入目标市场，通常比生产企业自己干得更加出色。

——科特勒《营销管理》

科特勒认为，企业需要中间渠道，是因为它们缺乏直接营销的财力资源，或者直接营销很难推行，或者是因为通过渠道比直接营销更省钱、更赚钱。中间渠道承担着很多重要的功能，例如收集信息、促销、谈判、订货、融资、承担风险、销售、物流、账款回收等。

在现代经济社会中，中间商绝对不是可有可无的，它的存在将意味着营销方式的多样化和深层次。科特勒认为渠道的主要作用在于消除了产品服务与消费者之间在时间、地点和所有权上的差距。在国内，"渠道为王"的理念也广受推崇。评价一个企业的营销能力和发展前景，其国内外分支机构、渠道网点就是一个重要的衡量标准。国内外众多知名品牌也正是借助通达的销售渠道成为影响广泛、实力一流的企业。渠道建设已经成为众多品牌企业发展的重点。

TCL集团很早就注意到了分销渠道的重要性，它十分重视建立覆盖全国的分销服务网络，为顾客提供优质高效的购买和保障服务。它创造了"有计划的市场推广""服务营销"和"区域市场发展策略"等市场拓展新理念，建立了覆盖全国的营销网络，形成了自己的核心竞争力。早在20世纪90年代末，TCL就在全国建立了28家分公司，130个经营部，这还不包括县级经营机构。这个网络既销售王牌彩电，也销售集团内的多种产品。后来，为了进一步开拓国际市场，TCL 集团除利用在中国香港、美国的原有子公司外，还成立了"国际事业本部"，在东欧、东南亚设立自己的销售网点。

TCL 渠道网络能够及时地发现市场、开拓市场、保障服务质量、有效进行品牌推广，并灵活适应市场变化。比方说在当年彩电市场价格战打响的时候，TCL 的整个渠道网络迅速做出了统一行动，进行价格统一调整，稳定了公司的销售，并争取到市场的扩展。TCL 强大的营销网络已经成了 TCL 产品的"市场高速公路"，成了一种强大的无形资产，吸引了国内外一些公司纷纷上门要求与 TCL 合作。松下、飞利浦、NEC 等国际知名企业纷纷找上门来，与 TCL 展开一揽子合作计划，通过其畅通无阻的渠道来销售产品。

TCL 的成功主要在于它的渠道网络建设，它的案例也表明，企业采取恰当的渠道策略，建立一个稳固的渠道网络，往往胜过任何广告与推销员。遍布各地的分销网络使企业能及时、高效率地获得经销商反馈的有关市场信息。在这种情况下，企业考虑的已不仅仅是自身利润的实现，还要关心经销商能否获得必要的利益；同样，对于经销商来说也是如此。这样企业和经销商在利益上形成了一个团体，拥有共同的目标，彼此之间建立了亲密合作的关系。

企业的渠道决策直接影响着其他营销决策

企业营销渠道的选择将直接影响到其他的营销决策，如产品的定价。它同产品策略、价格策略、促销策略一样，也是企业是否能够成功开拓市场、实现销售及经营目标的重要手段。

——科特勒《市场营销原理》

科特勒认为，企业所选择的渠道将深远地影响其他所有营销决策。例如，产品的定价取决于企业采取的是连锁、直营还是网络销售的形式；企业的销售队伍以及广告决策取决于渠道伙伴需要多大力度的说服、培训、激励和支持；企业新产品的开发和推广取决于这些产品在多大程度上能得到渠道成员的认可和接纳。

企业的渠道设计是否合理，会直接影响产品从生产者到消费者手中所花费的时间和费用。有效的渠道设计会使企业的运转更加灵活，从而获取更多的利润。通用的渠道设计归根到底其实只有一点：贴近顾客，拉近顾客与自身的距离。它所做的就是维护与经销商的良好合作关系，使经销商竭诚为它服务。有效的渠道设计要求决定服务于什么细分市场和为每个细分市场选择最好的渠道。

相宜本草对很多人来说不是一个陌生的品牌。其实，相宜本草在创立之初，几乎从未做过广告，但它却在 2008 年实现了销售额从原来年增长 50％到 140％的飞跃，能做出这样的成绩，与相宜本草的渠道经营是分不开的。

相宜本草在渠道方面的策略被称为"一旦选择，就做精做透"，即"做一个，赚一个"，铺一个产品，做扎实一个产品。这是一个令其保持稳健发展的策略。如果相宜本草的一种产品看不到未来三年赢利的空间，就会被关掉。

卖场是快消品的主要销售渠道之一，然而高额的进场费、条码费让人望而止步。这对资金雄厚的外企来说或许不算什么，即使全面铺开也不会有太大压力，但这对于起步不易、资金有限的相宜本草来说，就不是一个轻松的问题。

相宜本草采取的做法是：做一个，赚一个。在进入某个渠道之前，公司会专门成立项目小组，在一家或几家店内做 2～3 个月的投入尝试，研究出该渠道的特性后，再全线铺开网络。在某个渠道被研究透彻之前，相宜本草通常不会轻易进入，比如药妆店。一旦有把握做到非常完美的时候，相宜本草就会迅速出击。这种稳中求进、深度耕耘渠道的策略使得相宜本草在每一个渠道都有着不错的表现。

渠道始终是商家的必争之地，也是战火最热的地方，就如同两军对垒的战壕。对于运营商而言，从有竞争开始，渠道的战争就从来没停止过。对渠道的争夺，无非就是围绕三点展开：第一，是建不建的问题，面对一个区域市场，要不要建设一个渠道网点？面对市场变化，实体渠道或者电子渠道要不要建设，或者要不要改变？第二，是谁先建的问题，在渠道建设上，先行有先行的好处，跟随有跟随的道理，这是竞争企业之间的一场博弈。第三，是在哪建的问题，将渠道网点建在哪？是线上还是线下，是这个地方，还是那个地方，网点的选择是一个技术活，一旦选错了，要改很难。

总之，渠道的选择对企业来说非常重要，它是制约企业产品与消费者之间的不可逾越的"瓶颈"。选择得好则会事半功倍，不仅可以促进公司产品的销售，还可以增进企业与消费者之间的关系。

渠道系统的发展应视环境及企业能力而定

渠道系统的发展应视当地机会和条件、潜在威胁和机会、公司资源和能力以及其他因素而定。

——科特勒《营销管理》

科特勒提醒企业，发展渠道，既要从企业自身的实际出发，也要兼顾大环境，如市场机会与条件、潜在威胁与机会、资源与能力，等等。像新成立的企业往往比较谨慎，它很可能会在当地有限的市场使用数量有限的中间商进行销售。当企业一步步做大、做强之后，它可能会进入新的市场，并尝试不同的渠道。在小市场，企业可能直接将产品卖给零售商；在较大市场，企业则可能会借助于经销商；在交通不便、管理难度大的农村市场，企业可能会倾向于特许经营；在国外，企业可能会使用国际代理商，或者与当地公司合伙，等等。

对很多国内企业而言，在建设渠道时常遇到这样的问题——在新产品刚推出、品牌刚打响时，为迅速占领市场，企业招聘大批业务人员分派到全国各地，不断的召开全国招商会。一段时间下来，营销成本上去了，经销商的数量也上去了，但一段时期之后，问题出来了，企业所布下的渠道网点虽然很多，但质量高的网点却不多。盲目地扩充地盘，盲目地建渠道，是很多企业容易踏进的误区。企业建设渠道需要有计划、有目标、分步骤，根据企业现状去踏实地建渠道。企业在渠道开发与经营上要注意几点：

第一，准备扩张新市场时，要看清自己有没有核心的市场，还要看该市场建设得怎样了。也就是说，企业必须有自己的根据地市场，如果自己根本没有几个根据地市场，就不要想去扩张。

第二，准备去扩张渠道时，要先做市场调查，对自己的品牌在当地市场未来趋势进行评估，确定目标市场，然后再去集中力量开发。

第三，开发新渠道前，要审视自己的业务团队，谁去开拓新渠道，谁来维护老客户，这两者之间应有个平衡，不能捡了芝麻，丢了西瓜。

第四，审视自己的企业资源，特别是资金上，是否能够承担得起渠道的开拓与经营所必需的成本，否则，巧妇难为无米之炊。

第五，扩张渠道时，最好避免远距离作战，也就是尽量选择离根据地市场较近的地方，这可以有效降低物流成本，还可以充分用上企业资源，而且根据地市场能起到样板作用，给新的目标渠道里的经销商带来积极的影响。

每个企业，每个品牌都向往着产品渠道通天下，但不能盲目扩张，必须多审视自己企业的资源和现状，稳打稳扎，尽量减小风险。

设计最适合企业的营销渠道系统

分析目标顾客所需要的服务产出水平

在设计营销渠道中，营销人员必须了解目标顾客需要的服务产出水平，才能较好地设计出适合的渠道。

——科特勒《营销管理》

科特勒总结出，设计营销渠道系统要分四步走：第一步分析顾客需要，第二步建立渠道目标，第三步确定主要的渠道方案，最后是评价可供选择的主要渠道。设计营销渠道首要的一步是分析服务产出水平，其目的是了解其选择的目标市场中消费者购买什么商品（what）、在什么地方购买（where）、为何购买（why）、何时买（when）和如何买（how）。这就要求设计渠道方案必须了解关于影响渠道服务产出水平的因素。

企业在向目标市场消费者提供服务产出时，要针对其需求的差异性，区别对待，而不是一视同仁，不加区别。营销渠道的设计者必须了解目标顾客的服务产出需要，才能较好地设计出适合的渠道。影响营销渠道服务产出水平的因素主要有五类：

一是批量规模。

也就是营销渠道在购买过程中提供给典型顾客的单位数量。一般而言，批量越小，由渠道所提供的服务产出水平越高。

二是空间的便利性。

指顾客能够在他所需要的时候不需要花费很大的精力时间，就能获得所想要的产品或服务，渠道的空间便利程度就较高。

三是配送等待时间。

也就是渠道顾客等待收到货物的平均时间，顾客一般喜欢快速交货渠道，但是快速服务要求一个高的服务产出水平。

四是产品多样性。

渠道提供的产品品种的多少，顾客喜欢有较多的品种选择。

五是服务支持。

指渠道提供的附加的服务，包括信贷、交货、安装、修理。服务支持越强，渠道提供的服务工作越多。

不同的消费者有着不同的服务需求。国际渠道专家、北佛罗里达大学教授阿德尔·埃尔·安萨瑞曾说："决定目前所有渠道未来的是顾客！"企业选择什么样的渠道，必须要从消费者的角度出发去考虑。

广东电信公司早年推广公用电话磁卡也就是 IC 卡时，很明确地将该产品的目标用户定位为没有手机的人，使用 IC 卡的主要人群是经济实力相对不是太高的那群人。

那么，如何才能接触到这一群体呢？这个群体很大一部分还没有私家车，出行靠公交或打车，于是，电信公司于广州公交公司开展了一项水平战略合作，联合制作发行了一卡通，既可以打电话也可以坐公交。这次合作成效极为显著，以至于现在很多的企业效仿这一做法，从公交入手，开展营销。

建立渠道目标，考量制约因素

营销人员应将渠道目标表述为目标服务产出水平。在竞争情况下，渠道机构应该安排其功能任务，使其达到期望的服务产出水平以及使整个渠道费用最小化。

——科特勒《营销管理》

科特勒认为，无论是创建渠道，还是对原有渠道进行变更，渠道设计者都必须将企业的渠道设计目标明确地列示出来。营销渠道目标是渠道设计者对渠道功能的期望和渠道战略设计意图的最终体现。具体来讲，营销渠道目标的制定就意味着企业是要建立在一个崭新的营销渠道之上，还是只对现有营销渠道进行调整。

企业设置的渠道目标很可能因为环境的变化而发生变化，只有明确列示出来，才能保证设计的渠道不偏离公司的目标。很多因素会影响到渠道目标。就拿产品自身来说，像容易腐烂变质的产品就很难通过层层级级的渠道来销售，它要求能够快速、直接销售的渠道；体积庞大的产品，就需要运输距离尽量短、搬运次数尽量少的渠道布局；非标准化的产品，特别是单位价值高的产品，很多会由企业的销售人员直接销售；对服务要求较高，需要长期跟进的产品，很多会通过企业自身或独家特许经销商来经销。

企业还必须使渠道目标适应大环境，当经济环境不景气时，企业可能会谋求通过较短的渠道将产品推入市场，并取消一些会提高产品最终售价的非根本性服务。此外，法律的规定和限制也会影响到渠道的设计。

企业在制定营销渠道战略的时候，必须注意的一个问题是要在营销渠道的独特性上多花心思。作为一个企业，如果开拓了独特的营销渠道，就可能建立起差异化优势，才有可能使企业获得较大的竞争优势，也才能使企业立于不败之地。

美国有一家著名的高档瓷器生产商Lenox，多年来它生产的瓷器一直为上流社会家庭所使用，这其中甚至包括了入主白宫的几位美国总统，因此，它成功树立起了高品质的产品形象。

正因为此，Lenox的营销渠道也会选择那些最著名的百货商店，以及与其产品的高品质相称的专卖店和珠宝首饰店。Lenox瓷器在渠道的选择上非常谨慎，它深知，如果公司通过低层次的百货商店或大众化商店来销售其产品，后果将不堪设想，会因严重违背公司和产品的高品质形象而造成严重的后果。

很显然，如今企业的营销渠道在市场上具有相当重要的作用。因此，企业在开拓营销渠道战略的时候，要充分考虑各种情况，力争在营销渠道设计上创造差异化的竞争优势，也只有这样，企业的营销战略才具有更强的生命力，在市场竞争中也才可能拥有更为强大的杀伤力。

渠道策略作为整体策略的一部分，必须注意与渠道目标和其他营销组合策略的目标，如价格、促销和产品之间的协调；注意与公司其他方面的目标，如财务、生产等的协调，避免产生不必要的矛盾。

对不同的企业来讲，渠道目标可能千差万别，这是由企业自身的特定情况决定的。营销渠道目标的制定对企业下一步的发展非常重要，它将直接决定着企业下一步营销战略的实施，应该受到企业的重视。

渠道系统的管理与整合

渠道管理应从寻找合适的渠道合作伙伴开始

渠道管理应当从寻找合适的渠道合作伙伴开始，正确的合作伙伴应当是那些和企业具有相似目的、特征和价值体系的实体。拥有兼容性价值观的合作伙伴可以更好地向消费者传递品牌故事。为了让合作关系更上一层楼，企业应当和合作伙伴进行整合，让自己的品牌更加深入人心。

——科特勒《营销革命3.0》

科特勒指出，良好的渠道合作伙伴对企业而言具有重要的意义，渠道管理就是从寻找合适的渠道伙伴开始。

企业开发创造性的渠道合作伙伴，通常存在一个通往卓越的四个阶段：

在第一阶段，企业依赖一种单一的经销渠道销售全部产品，这种渠道可能是企业直销，也可能是独家代理模式，这个阶段可以称为"单一渠道阶段"。很多业务局限于某个地区的企业一开始都处于这个阶段。

随着企业规模扩大，企业会开发更多经销商和其他渠道，以提高产品覆盖率，增加销售业绩和产品投放面，这种战略在扩张市场的同时也容易导致各经销商和渠道之间出现销售冲突。这一阶段可称为"多渠道阶段"，在此阶段企业同时向多个经销商和直营渠道销售产品，但并没有严格划分产品、细分市场或地域方面的区别。

再往上一级，就涉及渠道冲突问题了，在这个阶段，企业会把市场按地区、消费者类别或产品类别进行细分，每个经销商或每个销售渠道都会有独立的市场进行开发。这可以称为"区域划分渠道阶段"。在这个阶段，企业为经销商和直营渠道规定了清晰的市场界限和销售规则，能有效地避免渠道之间出现冲突。

渠道体系的最高阶段，企业不同渠道之间会形成不同的任务划分，不同类型的渠道可以在同一个细分市场或同一个地区市场内共存。更重要的是，这些渠道之间不会出现相互竞争，而是会实现相互合作。这个阶段可称为"整合型多渠道阶段"。

不管企业是在哪一个层面上构建渠道，有一点是相同的，那就是必须谨慎、严格地选择合适的渠道伙伴。

国内最大的家用豆浆机生产厂家济南九阳电器有限公司自1990年开始推出豆浆机，将这个产品做成一个产业，创造了每年近百万台的市场需求，它的成功不仅在于其技术优势，也得益于其渠道。九阳在160多个地级市场建设了较为完善的渠道，也形成了自己的一套寻找和管理经销商的体系。九阳的经销商需要满足这样的基本条件：

第一，具有对九阳及其产品的认同感、负责的态度和敬业精神。这是选择的首要条件。对产品、品牌、市场负责，才是经销商完成销售工作的保障。唯有如此，经销商才能尽心尽力地推广产品，努力将市场做好，也才能不断提高企业网点的质量，提高企业品牌和市场美誉度。

第二，具备经营和市场开拓能力、较强的批发零售能力。这涉及经销商是否具备一定的业务联系面，分销通路是否顺畅，人员素质高低及促销能力的强弱。总经销商的市场营销能力直接决定着产品在该地市场能够在多大范围和程度上实现其价值，进而影响到企业的生产规模和生产速度。

第三，具备一定的实力。九阳公司在如何评价经销商实力上，并不单看资金实力，而更看重是否符合九阳公司的需要，是否能够保证公司产品的正常经营。

第四，总经销商现有经营范围与公司一致，有较好的经营场所。九阳公司要求总经销商设立九阳产品专卖店，由九阳公司统一制作店头标志，对维护公司及经销商的形象产生了积极的作用。

评估和选择有能力的渠道伙伴，找到最适合企业销售的渠道商，是提升产品销量的有效保障。每一个企业在选择自己的经销商时，都必须首先对经销商的能力做出准确的评价与估计。渠道商的渠道营销能力是每一个制造商在选择渠道伙伴时首先考虑的问题，也往往是衡量渠道商的能力与参与程度的第一个标准。另外，渠道商的参与热情也是评价的一个重要标准。

对顾客来说，渠道的形象就意味着企业的形象

对顾客来说，渠道就意味着公司。不妨想象，如果麦当劳、壳牌石油和梅塞德斯—奔驰的一个或多个分支机构或经销商一直表现得邋遢、低效或令人不愉快，将会给顾客留下怎样的负面印象。

——科特勒《营销管理》

科特勒提醒企业，在顾客的角度看来，渠道就意味着企业本身，渠道所展现出来的形象就等于是企业的形象。比方说，某个产品，它如果只能在农村或者远郊的小商店里才能买到，那么，消费者会很自然地认为这个产品的定位比较低端，没有什么档次和品位，质量也不能让人安心；相应地，如果某个产品只能在一些中高档的商场或专卖店里才能买得到的话，消费者会认为该产品非常高端，企业非常有实力，购买起来也会放心很多。

一般来说，企业与渠道之间更多的是一种合作关系，企业可以对渠道施加影响，但并不能去管理渠道的每一个细节，更不用说企业对渠道管控乏力的情况。也就是说，渠道表现出来的某些不足，未必就是企业希望看到的。但是，在顾客来说，他们接触的是渠道，从渠道商那里购买产品，接受服务，当这个过程中出现问题时，顾客不仅会对渠道商不满，更会对企业和企业的品牌不满，顾客不会去理性地分析问题到底出在渠道身上，还是出在企业身上，因为渠道对他们而言，就是企业的一部分。

企业在渠道商的选择、渠道的管理与建设上不能有丝毫的疏忽，渠道出现问题，就等于是企业自身出现了问题。

某男装品牌为打响知名度和品牌，花费巨资请来国内著名影星担任形象代言人，并相应投入更大的预算进行品牌形象推广。这位影星在国内颇具号召力，其充满阳刚之气的影视形象与该品牌男装的消费群体特性也非常契合，该男装品牌定位于中高级男装，加上

厂家的大力推广，使得该品牌从默默无闻渐渐为消费者所了解，逐步确立起了中高档品牌形象。

然而，在渠道终端上，该品牌暴露出很多问题。这个品牌已经成功树立起了一个中高档男装的形象，但在一些消费能力不错的华东城市，该品牌的渠道思路却是终端通吃。从最繁华的黄金地段的专卖店与商场，到超市、小商品批发市场，还有便宜服装聚集的服饰城，都能看到这个品牌的男装专柜或者是专"摊"。也就是说，从高档到中档到低档再到地摊市场，该品牌一个不漏地全部进场销售。对一个服装品牌来说，销售量的确很关键，但造成品牌掉价的话，就太得不偿失了，这样做会极大损伤企业辛辛苦苦耗费巨资打造起来的品牌形象，也不利于服装品牌的长期发展。

从这个例子中，我们可以看到，选择什么样的渠道，不仅会影响销量，还会直接影响品牌形象。企业一方面要精挑细选经销商，评估他们经营的年数、经营的其他产品、成长和赢利记录、资金优势、合作态度、推销力量以及服务声誉、未来成长潜力等；另一方面还必须保证所选的渠道与产品和品牌的定位相契合，绝不能使形象"掉价"。

理解渠道成员的需要和欲望才能激励其达到最高绩效

公司要像对待最终顾客一样对待其中间商。公司需要明确中间商的需要并构建渠道定位，通过渠道供应来向中间商提供较高价值。激励渠道成员达到最高绩效可以从理解中间商的需要和欲望开始。公司需要仔细地计划并执行培训项目、市场研究以及其他构建能力的项目以提高中间商的绩效。

——科特勒《营销管理》

科特勒认为，从某种程度上来说，渠道中间商也是企业的特殊顾客，企业需要理解他们的需要和欲望，并采取恰当的激励措施，以提高中间商的绩效。有的企业会采取较高的毛利、特殊优惠、奖金、合作性广告补助、陈列津贴以及销售竞赛等正面激励；有的企业则会对于表现不佳的中间商采取威胁、降低毛利、延迟发货或终止关系等反面制裁。而更为精明的公司则会努力与中间商构建长期的合作伙伴关系，他们清楚地告诉中间商自己想要什么，包括市场覆盖率、存货水平、营销开发、客户要求与技术建议和服务，同时他们也会明确地承诺会给中间商回报什么。这种合作伙伴式的关系能让中间商的潜力最大化地发挥出来。

激励中间商的方法很多，不同企业所用方法不同，同一企业在不同地区或销售不同产品时所采取的激励方法也可能不同。激励方式的选择要具有针对性。依据企业销售产品的不同和选择中间商的不同，激励方式也会有所不同。任何一家企业在选用激励方式之前都要分析激励对象，即中间商和其他分支机构的需求，然后设法满足。如果不分析中间商的需求情况，随便采取一种激励手段，其激励效果可能不会很好，有时甚至起负面效果。

某厂家与其他大多数厂家一样，以前对经销商的返利政策是以销量作为唯一的返利标准，且销量越大，返利比例越高。这在无形中诱导了经销商依靠上量求利，从而导致经销商窜货、杀价等不规范运作。

认识到事情的严重性之后，此厂家吸取教训，在返利政策的制定上不以销量作为唯一的考核标准，而是根据厂家不同阶段对营销过程的管理来综合评定返利标准。如此，除了完成销售定额给予经销商一定奖励外，还设定了以下返利奖励：

铺市陈列奖：在产品入市阶段，厂家协同经销商主动出击，迅速将货物送达终端。同时厂家根据给予经销商以铺货奖励作为适当的人力、运力补贴，并对经销商将产品陈列于最佳位置给予奖励。

渠道维护奖：为避免经销商的货物滞留和基础工作滞后导致产

品销量萎缩，厂家以"渠道维护奖"的形式激励经销商维护一个适合产品的有效、有适当规模的渠道网络。

价格信誉奖：为了防止经销商窜货、乱价等不良行为，导致各经销商最终丧失获利空间，厂家在价格设计时设定了"价格信誉奖"，作为对经销商的管控。

合理库存奖：厂家考虑到当地市场容量、运货周期、货物周转率和意外安全储量等因素，设立了"合理库存奖"来鼓励经销商保持适合的数量与品种。

对于每个经销商来说，促使他们参加渠道体系的条件固然已提供了若干激励因素，但是这些因素还需要通过制造商经常的监督管理和再鼓励得到补充。对渠道成员的激励其实就是了解各个中间商的不同需要和欲望，然后以相应的方式去满足他们。企业为中间商提供市场热销产品，及时提供必要的业务折扣，给予中间商适当的利润，对中间商进行适当的培训等等，都是不错的激励形式。

有效的渠道管理要求选择好中间商并培训他们

有效的渠道管理要求选择好中间商并培训、激励他们。目标是建立长期的伙伴关系，并使所有渠道成员赢利。

——科特勒《营销管理》

科特勒建议企业，应将中间商当作合作伙伴共同努力以使最终消费者满意。中间商的能力提升了，也就等于是企业的能力提升了。比方说，微软公司会要求第三方的服务工程师学完一系列的课程并参加资格证书考试。那些通过考试的人通常被称为微软认证专家，他们可以利用这个称号来更好地开展业务。

在渠道资源日益集中、竞争日益激烈的今天，与中间商建立良好的合作伙伴关系对企业来说变得非常重要。而培训作为强化中间商多方面能力的必要手段，眼下还未在企业的渠道销售工作中引起足够的重视。企业提到培训，最先想起的往往是内部的员工，而很少会想起自己渠道体系中的中间商。而事实上，培训对于企业渠道销售工作的开展和营销水平的提升，有着十分重要的作用，更有着广阔而等待发掘的潜在效应。

现在，很多竞争都发生在"软件"层面上，要争取更多更优质的中间商，培训就是一把"软件"层面的利剑。营销能力强大或是客户关系良好的标杆性企业往往对各自的渠道中间商有着规范、有效的培训和指导，从多方面帮助渠道提升技巧和能力。中间商也非常希望和乐意接受企业对于产品本身和其他方面的培训与指导。因为对渠道本身来说，规范化的培训、学习能力的强化，可以促进市场销售和竞争优势的提高，而这正是中间商最大的利益所在，也是他们最根本的需求。

宝洁公司有这样一条理念：经销商即办事处。宝洁公司一切市场销售工作均以经销商为中心，更视经销商为密切的合作伙伴和公司的下属机构。宝洁全面支持、管理、指导并控制经销商。

每开发出一个新城市市场，宝洁原则上只找一家经销商，大城市一般2～3家，然后派驻一位厂方代表。厂方代表会与经销商一起办公，肩负全面开发管理该区域市场的任务，其核心职责是管理并帮助经销商及其销售队伍。宝洁公司要求经销商组建宝洁产品专营小组，由厂方代表负责该小组的日常管理。专营小组一般10人以上，具体又可分为针对大中型零售店、批发市场、深度分销的三个销售小组。每个销售人员在既定的目标区域，展开销售活动。厂方代表协同专营小组成员拜访客户，不断进行实地指导与培训。同时，为了确保厂方代表对专营小组成员的全面控制管理，专营小组成员的工资、奖金，甚至差旅费、电话费等全部由宝洁公司负责发放。

厂方代表依据销售人员业绩以及协同拜访和市场抽查结果，确定小组成员的奖金额度。通过组建宝洁产品专营小组，宝洁公司形成了对终端网络极强的掌控力。

从某种意义上说，培训其实是企业在削弱分销商的某些职能，使其最大程度上依赖企业。纵观渠道中间商的整个经营过程，其实最关键的就是三个方面：一是财务管理，二是生产运营管理，三是市场管理。可以说财务、运营、市场组成了中间商整个经营过程的全部。企业要想掌控中间商，也就是要对这三个方面进行干预，而最温和、最隐蔽，也是最有效的干预手段便是培训。

给中间商提供他们所需要的培训与指导，能够实现企业与中间商的"你中有我、我有中你"的良性服务互动，使中间商对企业产生高度信任和依赖，同时，中间商能力提升，销量也会提升，企业也会成为最大的受益者。

第十一章

整合营销新解

◎ **营销沟通代表企业和品牌的声音**

　　正确的营销沟通会收到巨大回报

　　营销沟通是与消费者建立对话或关系的工具

　　营销沟通正面临前所未有的艰难

　　什么是真正的整合营销沟通

◎ **管理整合营销沟通过程**

　　广告：渗透力、表现力和客观性

　　促销：激发强烈而快速的购买行为

　　公共关系和宣传：树立企业的良好形象

　　节事和体验：创造与品牌有关的特别感受

　　口碑营销：口口相传的传播力

　　个人推销：面对面的交互式沟通

◎ **广告：力求传播效果与销售效果兼得**

　　一个完美的广告应该确保满足六点

　　广告之难在于"穿透混乱"，吸引消费者注意

　　制定广告方案要明确的 5M

　　一个好的广告通常只强调一个销售主题

营销沟通代表企业和品牌的声音

正确的营销沟通会收到巨大回报

公司不仅仅要开发好的产品，制定有吸引力的价格，让目标消费者觉得易于接受，更重要的是，还必须要与普通公众以及利益相关者进行良好的沟通。

——科特勒《市场营销原理》

科特勒认为，正确的营销沟通会让企业收到巨大的回报。现在沟通正变得越来越困难，很多公司想尽办法吸引消费者分散的注意力。消费者处于一个主动的地位，他们对于自己想要什么样的沟通交流，是有主导力和选择权的。营销沟通的问题已经不是是否要进行沟通，而是该沟通什么、怎么沟通、什么时候沟通、和谁沟通以及保持什么样的频率沟通。为了能够更有效地触及和影响目标市场和目标人群，营销人员需要设计富有创造力的沟通手段，将多种营销沟通方式有效地整合起来，这也是现在市场营销的趋势。

在国内动漫界，不能不提的一个品牌就是"喜羊羊与灰太狼"，它不仅凭借动画片赢得了大批小观众的热爱，更在动漫电影方面大展拳脚，成为每年贺岁档不可小觑的"黑马"。从 2009 年的《喜羊羊与灰太狼之牛气冲天》、2010 年的《喜羊羊与灰太狼之虎虎生威》，到 2011 年的《喜羊羊与灰太狼之兔年顶呱呱》，再到 2012 年的《喜羊羊与灰太狼之开心闯龙年》，每一部影片票房成绩都非常可喜。就拿 2009 年推出的首部电影《喜羊羊与灰太狼之牛气冲天》来说，它在上映后一个月时间内就拿下了近 9000 万的票房成绩，达到与同期的大片《赤壁》《非诚勿扰》《梅兰芳》《叶问》等平分秋色的水平。这样的成绩是如何得来的呢？

"喜羊羊"系列电影的营销团队采取了分区作战的方法，将全国市场切分为华南、华北、西南、华东四个营销中心。从一开始，营销团队就将"喜羊羊"的主要目标群体锁定为 15 岁以下的青少年儿童，因此，早期的宣传并没有采用传统的电影营销手段，既没有打明星牌，也没有打剧情牌，除了邀请歌星阿牛为影片配唱主题歌之外，没有邀请其余的明星加盟，更没有大规模的首映礼，而是采取了一系列的小成本营销，包括参与肯德基儿童套餐促销；在全国重点影院建立"喜羊羊"主题开心乐园，内设衍生品展台；买票送对战笔、台历等小礼物；举办"喜羊羊与灰太狼"人偶舞台剧全国巡演等。

此外，在宣传媒介上，"喜羊羊"坚持用最少的宣传费达到最大的宣传效果，特地筛选出贯穿城市主要城区的公交线，在公交视频上滚动播出广告，在取得非常不错的宣传效果后，又增加了地铁电视渠道宣传。影片上映定在春节档，而这个时节对报纸而言是一个淡季，但"喜羊羊"营销团队却判断出，春节期间尽管报纸都开始纷纷减版，但由于人们纷纷走亲访友，因此传阅率却是很高的，于是，他们加班加点写文案和新闻稿往报社发。就是通过这些成本较低的宣传方式，这个团队硬是将"喜羊羊"炒成了当时的一大热点。

为了更直接地向孩子们传递影片信息，"喜羊羊"营销团队还印制了10万张喜羊羊年历宣传画，在上映的前三天逐一派发到广州280多家幼儿园，以这种方式目标明确地向小朋友们发出邀请：一放寒假就要来看喜羊羊与灰太狼的电影。这一奇招的效果很明显，小朋友们一拖二，甚至一拖四地把家长们带进电影院，从而收到了事半功倍的效果。

正是因为对目标受众有着清晰的定位，并且采取了正确有效的营销沟通方式，"喜羊羊"系列电影才赢得了不凡的业绩，甚至改写了国内动漫电影的票房纪录。

从根本上说，营销沟通的目的一般就两个，一是品牌价值，二是产品销售。通过不同的传播途径和不同力度的传播手段，营销沟通能影响到品牌价值的生命力和影响力。通过有效的营销沟通，还能拉动产品销售。反过来，当品牌价值被打造出来之后，营销沟通的投资回报比也会提高。而产品销售提升了，也会为营销沟通提供更充裕的资金。

营销沟通的方式很多，而且各有其优点和缺点，企业需要根据品牌宣传和产品销售的目标和细分市场的实际情况来选择最合适的营销方式，并进行有效的整合，这样才能达到最佳效果，获得巨大回报。

营销沟通是与消费者建立对话或关系的工具

营销沟通指的是针对公司销售的产品和品牌，试图直接或间接地对消费者进行告知、说服和提醒的各种方法。某种意义上，营销沟通代表了该公司及其品牌的声音，或者成为用于与消费者建立对话或关系的工具。

——科特勒《营销管理》

科特勒认为，营销沟通是一个公司及其品牌所发出的声音，也是与消费者建立对话与关系的工具。营销沟通对于消费者来说是很有用的，它可以告诉消费者企业的产品能满足哪些需求，能带来哪些价值与利益，应该在什么情况下适用，以及应该如何使用。

营销沟通对企业而言也意义非凡，它可以帮助企业创造品牌知名度，可以在消费者心智中建立起良好的品牌形象联想，可以形成积极的品牌评价和感觉，推动建立消费者和品牌之间牢固的联系。

在现在的市场环境中，一个最为显著的特征不是缺少信息，而是信息太多。如何让自己的产品脱颖而出，一眼就让消费者认出，并打动消费者的心，让他们广为接受，不仅需要产品自身的功力，更需要企业与消费者有一个良好的对话，也就是营销沟通。

联合利华旗下的品牌多芬曾经推出过一项名为"真美无界限"的营销活动，它鼓励所有的女人都做"真正的女人"，不管其体形胖瘦、身材高矮、年龄大小和肤色各异。

多芬这一场营销活动的灵感来自于一项调研，这项调研发现，全世界只有2%的女性认为自己漂亮，而绝大多数的女性都有着或多或少的自卑，或者说未能意识到自己身上的女性魅力之美。

多芬在这次活动中，没有按常规选用身材出众的时尚模特，而是选用了一个曲线优美、体态丰满、率真自信的较为大众的女性形象。多芬认识到网络是一个与女性消费者对话的重要平台，因此建立起了该活动的网站并且投放大量的视频广告。他们推出的视频以"进化"为主题，展现了一个相貌平平的普通女性在经过造型师、发型师、灯光和数字修片的润饰之后，化身为一个不逊色于时尚模特的丽人的全过程。

该视频被上传到YouTube后，立即引来了250万次的点击观看。这次营销活动极大地促进了多芬产品的销售，提升了市场份额，更因此而摘取了美国市场营销协会颁发的最有效的营销活动奖——艾菲奖。

"真美无界限"活动帮助众多的普通女性发现自身的美，并大胆地展示出自身的美，正是这一点，打动了女性消费者，从而赢得很不一般的营销效果。

2011 年横空出世的一部小成本电影《失恋 33 天》同样也是凭借出色的营销沟通而取胜，该影片并不是大制作，也没有超级巨星加盟，但它在上映三周之内就收获了 3 亿元票房成绩，这种局面出乎了包括片方在内所有人的意料。

《失恋 33 天》讲述的是都市白领的爱情故事，为了吸引观众，自关机之时起，《失恋 33 天》就已经开始在开心网、微博上展开话题营销，不但启动早，而且环环相扣，还在全国多个城市都做了"失恋物语""失恋纪念品"的收集，为电影积累了人气。

SNS 平台上的营销，覆盖了近 1 亿的互联网用户，顺应了白领群体通过社交网络获取信息、分享信息的习惯，成功地锁定了目标群体，保证了信息传播的有效性。当时又恰逢 2011 年 11 月 11 日的"世纪光棍节"，《失恋 33 天》几乎成了这一"节日"最当红的影片。

这些案例都告诉我们，营销沟通是建立对话与关系的工具，而要达到"对话"和"建立关系"的目的，营销人员首先需要弄清楚什么样的沟通方式能够触及目标顾客，并能够打动目标顾客，只有明确了这些，营销沟通才能取得实效。

在传统营销中，促销是重头戏，企业总是通过广告、人员推销等方式强迫消费者接受自己的产品或服务，消费者往往处于一种弱势地位。

而营销沟通注重的是与消费者实现深层次的交流，建立合作伙伴关系，体现消费者的主体地位，搭建起企业与消费者之间沟通交流的桥梁。

营销沟通正面临前所未有的艰难

虽然营销沟通能扮演很多关键角色，但是现在的营销环境却越来越艰难。技术以及其他因素深刻地改变着消费者处理沟通的方式，甚至影响着他们是否选择进行沟通的决策。

——科特勒《营销管理》

科特勒认为，现在的营销环境正变得愈加艰难，这主要是因为两方面的原因，其中之一是数字技术和互联网的普及带来的消费者注意力的分流，消费者不仅有更多的媒介可以选择，还可以选择是否以及何时接受有关商业信息，这使得营销人员不得不从传统的营销方式中走出来，寻求创新之道。

另一个原因则是消费者可以很轻易地过滤广告。面对铺天盖地的广告和眼花缭乱的商品，消费者已经变得非常挑剔。他们对多数广告都不予理会，也不觉得这样会错过什么需要的东西。他们学会了视而不见，充耳不闻。现在营销的挑战不仅在于品牌和广告如此众多，还在于消费者不再盲从于广告。如果企业的产品缺乏新意或特殊价值，就很容易被冷落。企业必须以更有效的营销沟通方式来吸引消费者注意。

2011 年元旦期间玉兰油推出的贺岁广告就独具新意。

元旦的那一天，玉兰油广告刚刚亮相，就引发轩然大波。无论是户外候车亭广告，还是报纸广告，打出的都是这样的大标题："2001新年快乐！"当时明明已经是 2011 年，玉兰油广告里却写着"2001年"，是不是宝洁公司疏忽之下出错了？一时之间，无论是现实还是网络上，这条广告"错误"引发的话题，立刻传遍了大城小巷和各种微博、论坛、社区。

但是，很快，就有细心的人们发现了玉兰油广告的玄机与绝妙，在每则广告"2001 新年快乐"大标题的下面，赫然还有两行小字：

"新一年，当全世界大一岁，肌肤却梦想年轻十岁！OLAY与你，以更年轻的肌肤，更精彩的自己，迎接新一年！"

实际上，这是玉兰油"预谋已久"的一次大行动，先通过传统媒体广告投放的"美妙误会"，来引起关注者的话题，然后在当前最流行的网络媒体微博上引爆讨论，形成高强度的关注效应与病毒传播。从2001年到2011年，正是"10年"这一概念的表现。经过这样一场"美妙误会"，玉兰油"让肌肤年轻10岁"的口号不仅成了热门话题，而且深入人心了。消费者先是对其贺岁广告产生怀疑，继而发现玄机恍然大悟，而破解这个误会的过程不但带来了乐趣，也给消费者留下了深刻的印象。

玉兰油的营销活动能够吸引消费者的眼球，获得绝佳的营销效果，从很大程度上得益于其创意的营销手段。真正有效的营销，并不一定要完全依靠资金、品牌影响力等因素来达成，尤其是在现在这样一个多元化的网络时代背景下，以创意的方式引爆病毒营销，更能起到事半功倍的效果。当企业的营销成了社会性的话题，拥有足够多的人关注，才会形成病毒的传播效果，突破营销沟通难的困局，达到企业的营销目的。

什么是真正的整合营销沟通

很多公司目前仍然只依靠一种或两种营销沟通工具。他们一直坚持这样，从不考虑如针对当前大市场分裂形成的很多小市场应该采取的相应办法，以及如何面对很多新型媒介方式的出现和消费者正变得越来越强词夺理这些现实情况。沟通工具、信息和观众的范围越来越广使得整合营销沟通势在必行。

——科特勒《营销管理》

科特勒认为，企业仅凭借一种或少数几种营销沟通工具已经很难再适应现在的营销环境和消费者需求，企业应该实施全面的整合营销沟通计划，这种计划可以通过对普通广告、直接反应、促销和公共关系等沟通方式进行评价和组合，并通过严密的信息整合，从而产生清晰、一致和最大化的影响。

就像整合营销传播之父唐·E. 舒尔茨所说的那样："整合营销沟通要求充分认识用来制定综合计划时所使用的各种带来附加价值的传播手段，如普通广告、直接反应广告、销售促进和公共关系，并将之结合，提供具有良好清晰度、连贯性的信息，使传播影响力最大化。"

科特勒强调，企业必须以一种 360 度的视角去审视消费者，才能完全了解沟通是如何在日常生活中影响消费者行为的。整合营销沟通的最终目标是使传播的影响力最大化，为了达到这一目标，不仅要选择合适的载体、精准的受众、优秀的创意，还要整合多种有效的营销手段。在互联网飞速发展、各种营销手段层出不穷的今天，只有真正做到整合网络与传统营销方式，线上线下相结合，才能让整合营销发挥出最大威力。

微软公司推广其 windows7 操作系统的案例就是一个整合营销沟通的例子。

微软公司于 2009 年 10 月推出其 windows7 操作系统。在推出当天，微软就联合湖南卫视《天天向上》打造了一期微软专题节目。在该期节目中，微软的才子佳人与湖南卫视当家主持汪涵同台演绎，科技人文交相辉映，引来业界一片惊叹。

《天天向上》是湖南卫视重磅推出的礼仪公德脱口秀节目，它以礼仪、公德为主题，但又非常娱乐。"平均每 3 分钟能让观众笑一次"是《天天向上》的目标，该节目在 2009 年 7 月，收视率已窜至全国第一。《天天向上》的忠实粉丝，绝大部分以青少年为主，是电脑的主流用户。连"不用电脑"的汪涵都能用、要用、爱用 Windows7，能释放出 Windows7 "易用"的信号。

在这期《天天向上》节目中，字幕频繁出现"微软"和"Windows7"的名称，强化微软和 Windows7 的品牌形象。不仅如此，在员工招聘和员工家中体验微软产品的环节，对微软的产品做了充分、深入的推介，使得 Windows7 操作系统的强大功能深入人心。此外，通过微软员工的才艺展示及微软总部各种活动等，形象地体现了微软创新、向上的企业文化。

微软与湖南卫视携手打造的本期节目受到了广大观众的好评，在网上引发热议。同时，微软联合腾讯、新浪等门户网站，在各大网站开设 Windows7 发布的专题——当然，《天天向上》的微软专题节目的视频点击率也随之飙升。

微软 Windows7 操作系统重磅出击，联合网媒、纸媒及电视等各路媒体与全国用户展开互动，不遗余力地为 Windows7 操作系统的面市做足了工作。Windows7 操作系统的销售自然旗开得胜，更重要的是，微软的形象也在此次多元化的整合营销传播过程中得到了显而易见的提升。

微软作为积极创新的互联网企业，在营销传播方式上也先声夺人，整合一切新兴媒体，最大限度地为自己的产品打开销路，可以说是整合营销传播的典范。

整合营销沟通的核心思想是将与企业进行市场营销所有关的一切传播活动一元化。整合营销传播一方面把广告、促销、公关、直销、企业形象设计、包装、新闻媒体等一切传播活动都涵盖到营销活动的范围之内，另一方面还要将统一的传播资讯传达给消费者。简单地说，整合营销沟通就是融合多种营销沟通方式，但用一个声音来说话，以实现营销目的、过程、目标、行动的统一性和一致性。

通过整合营销沟通，企业与现在的潜在顾客、现有顾客、员工、投资人、媒体、政府、社区、供应商、竞争者在所有关系利益人与企业的接触点进行一致性的互动对话，在每一个接触点传播利于品牌的一致性的讯息。整合营销沟通的互动性越高、越一致，品牌的形象就越鲜明，所有的利益相关者对品牌的忠诚度就会越高。

管理整合营销沟通过程

广告：渗透力、表现力和客观性

> 广告可以触及地理细分市场的不同消费者。它可以建立起关于产品的一个长期的印象或者引起急速的购买。广告的特性是：渗透力、表现力和客观性。
>
> ——科特勒《营销管理》

科特勒认为，广告不失为一种宣传、引导、劝说、刺激消费者购买的良策。现代的市场营销活动，不仅要求企业产出符合市场需要的产品，还要求企业要通过各种方式及时、充分地向消费者提供关于产品的信息，以引导消费者的购买行为。而广告正是企业开拓市场的先导，是提高企业产品知名度的强有力的手段。

在互联网时代，信息无处不在，广告也无处不在，越来越多的消费者对于广告已经有了疲劳感和抵触心态，广告要想增强其渗透力和效果，就必须有所创新。要让消费者爱上看广告，将看广告当成一种乐趣，这的确是一种挑战。有一家"乐够乐透"的网站就一直在做这样的努力。

"乐够乐透"是一家将广告当作主题内容的网站，它将各种"足够有趣"的游戏与广告融为一体，吸引用户找上门来，主动体验，让人们在娱乐中自动自发地接受广告。

"乐够乐透"的这种创意灵感来自于曾轰动一时的百万格子屋网

页——2006 年的时候，英国一位 21 岁的大学生亚历克斯·图创建了一个网页，他将网页分成 100 万个网格，每个网格以 1 美元售价卖给商家，短短 4 个月，这个创意让他赚到了百万美元。

"乐够乐透"从"百万格子屋"身上得到了启发。

对于大多数网站而言，广告都处于配角地位，是网站赢利的众多方式之一，而且广告普遍缺乏趣味性，商家投放准确度难以保证。

"乐够乐透"就给了自己一个独特的定位——以广告为主体的网站，其模式是：将广告嵌入到互动小游戏中。

一方面，吸引网民来点击商家的广告，完成一系列该品牌丢出的测试或游戏，在轻松愉悦中拿到免费奖品。

另一方面，在互动设计中推广商家品牌，并让商家获得这些对自己产品感兴趣的用户的相关信息。

"乐够乐透"网站首页上布满了广告产品的互动问答游戏、海报拼图游戏、找碴儿游戏等。譬如说，如果你喜欢 SONY 的数码相框，那么可以点击它的广告，参加游戏获得"金豆"，就有可能得到这个相框。

再譬如，你想得到兰蔻的按摩乳液，就可以点击进入"兰蔻"的乐翻天拼图游戏，拼完以后，系统马上会告诉你能否得到这个市场价 80 元的产品。

这种模式既好玩，又能免费拿奖品，让用户乐此不疲，兰蔻这次活动中的 1000 个赠品一个月内全部赠完，而点击查看参与该活动的人数超过两万人次。

"乐够乐透"对投放广告的商家是按行为付费的，也就是说，每当消费者完成一次互动，网站就找商家收一份钱。这种模式比如今流行的按点击付费在精准投放和成本控制上更高一筹，资金的回报率明显提高。

因此，该网站的营销模式很快获得了商家的支持，包括中国移动、兰蔻、赫莲娜在内的高端品牌都陆续与"乐够乐透"合作。随着试用品、奖品的逐渐丰富，"乐够乐透"的网站拥有了价值千万元的赠品，网站人气也随之水涨船高。

在营销的世界里，广告是推销产品不可或缺的利器，一个成功的广告必须要能突出广告主体，要能给受众留下深刻印象，要具有创新性，同时还应做到简洁明了，能被不同文化背景的受众所理解并接受。像"乐够乐透"的模式，将广告与娱乐和实际的赠品联系起来，不仅缓解了消费者对广告的抵制与反感，更提升了广告的针对性与效果，它创造的这种广告模式，已经不再是单纯的独角戏，而是一种企业与消费者之间的双向互动，其效果自然超越普通的广告。

促销：激发强烈而快速的购买行为

公司使用不同的促销工具，如优惠券、竞赛、奖金等，激起一个强烈而快速的购买反应，包括一些短期的效果，比如让产品关注度更高以及提升下降的销售量。

——科特勒《营销管理》

科特勒认为，有力的促销能够激发消费者强烈而快速的购买反应。促销的好处在于：其一，它能引起消费者的注意，将消费者引向产品；其二，它能以让价、折扣、买赠、返还等方式刺激消费者；其三，它有着邀请的意味，邀请消费者做出购买决策，完成交易行为。

促销，其根本目的是促进销售，它需要在合适的时间、合适的地点，用合适的方式和力度，加强与顾客的沟通，促进顾客的购买行为。很多营销人员听过这样一种说法："促销促销，一促就销，大促大销，小促小销，不促不销。"这从一定程度上体现出了市场对于促销的依赖。而事实也是如此，有这么一组数据，消费者有75%是冲动性购买，只有25%是计划性购买，消费者在最后的决策时刻很容易受现场的销售氛围、陈列展示、促销活动、服务水平等因素影响，因此，通过促销来增进产品的销售，是很多企业经常采用的方法或技巧。

然而，营销人员需要特别注意的是，促销只是一种辅助性的销售促进方式。如果频繁使用或使用不当，往往会引起消费者对产品质量、价格产生怀疑。因此，企业在开展营业推广活动时，要注意选择恰当的方式和时机。很多企业在促销的时候，过于关注促销所带来的眼前的经济效益，却忽视了促销给消费者所造成的感受。这样的促销，虽然能给企业带来一定的利益，但从长远来看，会严重伤害品牌与企业形象。

某饮料公司曾经举行过一次"喝饮料赢演唱会门票"的活动，活动方式为：消费者通过累计消费该公司的饮料产品，达到 400 积分，就可以换一张兑换券，然后用兑换券来换取演唱会门票。这个活动激起了广大消费者与乐迷们的极大兴趣。因为，这场演唱会云集了像花儿乐队这样的当红歌手与组合，是一场大家期待已久的音乐盛会，而该公司所定下的换领门票的条件也并非很高。结果，在这个活动的促进下，该公司饮料销量暴增。

然而，销量提升后，到了换取兑换券的环节，该公司却让消费者大失所望。兑奖当天，上千名兑奖者提前一个小时就来到兑奖地点排起长龙等待兑奖，可是，该公司只兑换出去了几百张门票就停止兑换，而后又改为隔一个小时兑换一次，试图让没有耐心继续等待的人放弃，到最后干脆挂出了"门票已经没有，请拿每张兑换券换一瓶饮料"的牌子。消费者手中的几千张兑换券无法换到门票，这让在烈日下等待了数小时的消费者们情绪由焦虑变为了愤怒。

这次活动不管是厂家准备不充分，还是有意噱头炒作、欺诈消费者，最终都给该公司的品牌形象造成了严重的打击，销量迅速下滑，甚至引发了罢喝的风潮。

从这个案例可以看出，促销是需要全盘计划的，任何一个环节的失误，都可能让促销的成效大打折扣。要发起一场卓有成效的促销活动，企业必须先想清楚这样几个问题：

Why：为什么要进行促销？是打击竞争对手还是推动新产品上市？或者是为提高销量获取利润？促销之前，一定要明确目的，不要因为竞争者都在促销，就跟风而上，为了促销而做促销。

Where：在哪里做促销？是针对渠道商做促销，还是在卖场针对终端消费者促销？

When：什么时候做促销？这指的是促销的时机，是节假日，还是双休日，或者其他时间，时机是很重要的一个因素。

Who：谁来做促销？是厂家自己还是经销商，具体的促销项目涉及哪些部门，由谁来负责？谁来联系场地，谁来协调政府部门，谁负责促销物品的配送，谁负责现场促销的管理与实施等，都要做到"事事有人管，人人有事做"。

What：做什么内容的促销？是买赠，折扣，还是做路演或是抽奖，等等。

How：怎么做？促销的主题是什么，分几个阶段，每个阶段的关键点又是什么？

How much：促销的成本预算是多少？场地、人工、物料、样品、赠品、演出团体费用是多少，等等，同时还要估算促销所能创造的预期收入。

这些问题梳理清楚了，企业才能顺利而圆满地开展促销。并且，在促销活动结束之后，企业还必须对过程和结果继续进行评估与考核，以利于下一次促销活动的提升。一场促销活动必须遵循上述的规则，这样才能做到有目的、有计划、有步骤、有安排、有落实、有评估、有提升，才能进行得有条不紊、真正收到实效。

公共关系和宣传：树立企业的良好形象

一个考虑周全、有其他沟通组合配合的公共关系计划的效果会非常好，特别是如果一个公司需要化解消费者的误解的时候。营销人员必须学会运用公共关系和宣传。

——科特勒《营销管理》

科特勒认为，公共关系和宣传有助于树立企业的良好形象。它的特点在于，具有较高的可信度，与广告、促销等方式相比，通过公共关系和宣传所打造的新闻故事与报道更能让消费者觉得可信、可靠；此外，它还能吸引那些对广告和推销人员抱有戒心的消费者。

通过公共关系和宣传，企业不仅能让更多的消费者了解并熟悉企业品牌，同时还能借助这种方式去消除一些不利于企业的负面信息与事件。企业必须要考虑到公共关系事件对于社会的影响，对大众的接受度和参与度的影响。追求大众的关注度是理所应当的，但企业需注意，切不可伤害到大众的情感，知名度与美誉度缺一不可。

纽约时报曾经在头条刊登一则广告，引发了民众的热议，这则广告颇具冲击力——"Taco Bell 购买了费城独立钟"。Taco Bell 即塔可钟，是百胜旗下的餐饮连锁店，它在这篇头条中宣布："我们已经就购买费城独立钟问题与相关部门达成了共识。费城独立钟是美国最具有历史意义的文物。以后它要被称为'Taco 独立钟'了，不过美国民众依然可以轻松地观看它。我们的行为是希望唤醒其他公司也像我们一样为减少国家的债务承担一定的责任。"

这条消息好比一颗炸雷，人们很难接受这样一座有历史纪念意义的大钟改名，而且是改成一个餐饮店的名字。于是，成千上万的民众向位于费城的国家历史公园提出投诉与抗议。就在当天下午，Taco Bell 再次发出声明，这次，它却表示，上午发布的广告其实是和大家开的一个愚人节的玩笑。然而有 650 家报纸已经刊登了 "Taco Bell 购买费城独立钟"的新闻，400 家广播也广播了此条新闻，7000 万美国公众得知了这条消息。

在这次愚人节的公关活动中，Taco Bell 借助一条假新闻，虽然扩大了自己的知名度，但是其美誉度却大受影响。

这个案例告诉我们，在运用公共关系和宣传这一方式时，要对其可能造成的影响有充分的考量，用得好，它能让一个品牌一夜成名；用得不当，它会使品牌搬起石头砸伤自己的脚。很多公司现在都认识到，公共关系与宣传的确是一种有效的营销方式，它甚至比其他的营销方式都更有效，而且成本还可能更低。公共关系与宣传可以刺激顾客消费的需求，可以强化顾客的忠诚度，还可以帮助企业树立并维护良好的形象。

需要注意的是，对很多企业来说，公共关系和宣传常会走进这样的误区，那就是只是围绕进行产品营销、推出新产品或服务而设计的，却没有与企业形象战略、品牌战略挂钩。这样的公共关系与宣传更接近于一种营销上的作秀与新闻炒作，它换来的往往只有知名度而没有美誉度，或者说其塑造的企业形象不完整，只是在消费者眼前混了个"脸熟"，企业的产品品质、品牌却没有进行协同性的提高。这样的模式是不健康的。

公共关系与宣传是一种着眼于大局、远利的营销沟通方式，企业在做好这方面宣传的同时，还应该同时抓好产品品质、品牌的建设，两手同时抓，企业才能稳步健康发展。

节事和体验：创造与品牌有关的特别感受

节事和体验正在成为一种特定和更个性化的消费者生活的一段记忆。节事可以扩大和加深赞助者与目标顾客的关系，但需要适当的管理。如果要使节事营销组织得成功，必须选择合适的节事，设计节事的最佳赞助计划，并且衡量费助的影响。

——科特勒《营销管理》

科特勒认为，一个经过仔细选择的节事体验，能让消费者充分置身其中，提高参与度，达成一种含蓄的、间接的"软销售"。节事营销一定要与企业的营销目标和品牌传播战略相匹配，同时节事传达的信息必须与品牌的受众市场相符合，必须令消费者愿意介入这些节事，这样才能在目标市场中创造预期的效果。

一个理想的"节事"应该具备这样的条件：这个节事所针对的受众是企业所期待的目标顾客，能够产生足够的影响力和号召力。该节事最好是独一无二的，能避开其他竞争者的干扰。它有助于辅助其他营销活动的展开，能反映或者提高品牌或企业的形象。

营销讲究一个"借势"，从根本上而言，节事体验就是一种借势。节事对于消费者来说，总是有着独特的意味，在特定的节日或事件中，花钱消费，买个热闹，图个应时应景，这对消费者而言是很容易接受的。捕捉人们的节事消费心理，营销人员除了要制造促销现场的节事氛围外，还要去创造热点与亮点，才能最终实现热销。

针对不同节日，营销人员还应结合企业理念与节日文化塑造不同的活动主题，创造差异，设计企业独特的促销主张与促销诉求，把更多顾客吸引到自己的柜台前，营造现场气氛，实现节事销售目的。

譬如在七夕情人节，床上用品进行节事促销时，就可以布置成温馨浪漫的喜床风格，营造出浓厚的情人节气氛，同时也让企业的产品特色淋漓尽致地展现出来。

节事体验活动的关键在于如何让消费者觉得钱花得快乐、花得值得。这需要烘托气氛，从视觉、听觉、味觉、嗅觉、感觉来调动消费者的购买情绪，让消费者的节日情绪受到感染，甚至变得"不正常"起来，这样才能引爆节事体验的销售。

天猫（即原来的淘宝商城）在 2011 年 11 月 11 日 "双 11 世纪光棍节" 的营销就是一个值得借鉴的案例。在这个历史性的 "光棍节"，淘宝商城打出了简洁给力的营销仗——"全场五折！仅此一天"。这一天，几乎所有淘宝商城的工作人员都彻夜未眠，淘宝商城的官方微博不停地刷新着交易数据。截止到次日零时，淘宝商城订单数突破了 2000 万单，销售额突破了 33.6 亿元，淘宝网与淘宝商城总交易额为 52 亿元，这个数字是什么概念？它是 "购物天堂" 香港一天零售总额的 6 倍！

在我们身边，常常可以看到，每到元旦、春节、东西方情人节、五一、端午、十一、中秋、父亲节、母亲节等较有知名度的节日时，商家总是扎堆促销，这样的一哄而上，反而降低了促销的影响力，消费者会觉得，促销是理所当然的，少了很多新鲜感和刺激感。而淘宝商城的这个案例则表明，企业不仅要学会利用节假日，还要学会创造节假日。

出色的营销往往善用心理战术，如何调动消费者的购买欲望并让其转化为购买行为是营销的一个重要目的。"双 11 世纪光棍节"营销大获成功的原因就在于，它很好地抓住了消费者的心理。消费是可以被刺激的，消费者是可以被引导的。这就是节事体验的出发点。

口碑营销：口口相传的传播力

口碑营销包括在线式或者非在线的很多种形式，有以下三个显著特性：信赖度、个人化和及时性。

——科特勒《营销管理》

科特勒认为，口碑营销是一种重要的营销方式，它的特性在于：其一，可信赖，口碑传播是发生在消费者群体之中的口口相传，很多情况下还是发生于彼此熟悉、彼此信任的人之间的，这使得所传递的信息更具有可信度，也就更能说服人、更具影响力；其二，及时性，口碑营销往往发生在人们需要某个信息，或者是在一些令人体验深刻的节事之后，这样传递出去的信息更及时、更具引导力。

口碑营销的好处是很明显的，一方面，它能让消费者替企业免费宣传，其可信度比营销人员自卖自夸不知要强多少倍，口碑营销甚至可以创造"立竿见影"的效果，消费者上午听亲朋好友介绍说不错，或者在网络上看到风评很好，很可能下午就会立刻去购买，这种效果是很多营销手段所难以比肩的。另一方面，则是几何级数的扩散，超乎想象的传播速度。拿报纸来说，如果发行 10 万份，平均每份传阅 3 次，覆盖量 30 万，这就已经很不错了；拿电视来说，在千万人口的城市收视率如果按 5％算，覆盖量 50 万，也算不错的。而口碑传播会是什么样的效果呢？假使企业有 3 个初始的满意顾客，这 3 个人平均每人向他人传播 3 次，那么只要 12 层口碑传播就足以超越电视广告的效果。当然，这是在理想状态下，现实中，受各种因素制约，会打很大折扣，但从中仍然可以窥见口碑传播的威力。

怎样才能让口碑营销发挥出最大的威力和效果？这需要营销人员从这样几个方面去努力：

第一，提供有品质的产品和服务。品质是口碑传播的基石，产品与服务如果没有品质做保障，那么，不可能在消费者群体中形成广泛的口碑传播效应。即使有，那也是负面的传播，是终结品牌生命与企业生命的传播。中国的很多老字号，就是靠着扎扎实实做好品质，一点一点、一年一年积累口碑，最终成为让同类品牌望尘莫及的"金字招牌"。

第二，给新顾客留下满意印象。经营好了新顾客就等于为自己积累了一位老顾客，新顾客如果获得了完美的体验，有了超级满意的购物经历，那么，他不仅有可能会再次购买，而且还可能带动身边的人来消费。

第三，记住老顾客。这一点非常重要，要想让老顾客做口碑传播者，首先要让他满意。

美国的推销之神乔·吉拉德很推崇 250 定律，也就是在每位顾客的背后，都大约站着 250 个人，这是与他关系比较亲近的人：同事、邻居、亲戚、朋友。所以，在任何情况下，都不要轻易得罪任何一个顾客。

乔·吉拉德几乎每月都要给他的一万多名顾客寄去一张贺卡。一月份祝贺新年，二月份纪念华盛顿诞辰日，三月份祝贺圣帕特里克日……还有顾客的生日、顾客家人的生日、顾客买车的纪念日，等等。凡是在他那里买了汽车的人，都会不时地收到他的贺卡。乔·吉拉德没有忘记自己的顾客，顾客也没有忘记乔·吉拉德。比方说，仅在 1976 年，老顾客推荐而来的生意就有 150 单，占到了那一年乔·吉拉德个人销售成绩的三分之一，这一年里，为了维护这些老顾客，他付出的花费是 1400 美元，而从中收获的佣金却是 75000 美元。

要维护好老顾客，首先就应对其有足够的了解，乔·吉拉德的做法是，记下所有与顾客有关的资料，他们的孩子、嗜好、学历、职务、成就、旅行过的地方、年龄、文化背景及其他任何与他们有关的事情，了解够深，服务才能更加到位。乔·吉拉德能够连续 12 年平均每天销售 6 辆车，保持至今无人能破的吉尼斯世界纪录，与他善于经营老顾客是密不可分的。

乔·吉拉德的这些做法与经验对营销人员来说具有很大的借鉴意义。只有服务好了每一位顾客，让顾客获得超乎寻常的满意感，才能使顾客成为品牌的义务宣传员，也才能点燃口碑营销的这一把火。

个人推销：面对面的交互式沟通

个人推销是购买过程的后阶段中最有效的工具，特别是有助于建立购买者的偏好、忠诚以及行为。

——科特勒《营销管理》

个人推销，是指企业通过派出销售人员与一个或一个以上可能成为购买者的人交流、展示，以推销商品，促进和扩大销售。推销员是实现公司与消费者双向沟通的桥梁和媒介之一。科特勒认为，人员推销与其他的营销沟通方式相比，有三个显著的特性：

其一，交互式。人员推销能创造交互式的交流情景，双方能够充分地沟通。其二，有利于培养关系。推销人员与消费者通过面对面的接触与沟通，可以培养起双方之间的关系，这不仅仅限于注重利益的买卖关系，还可以升华为深厚的友谊。其三，即时反应。推销人员能够直观地观察到消费者的反应，也可以当场对一些问题拿出应对方案，最终促成现场成交。

推销人员在企业的营销活动、特别是促销活动中的地位和作用是不容忽视的。在消费者面前，他们就是企业的代表和象征，有现场经理、市场专家、销售工程师这样的称号。越是在竞争激烈、形势复杂的市场上，企业就越需要应变能力强、创造力强的开拓型推销员。

有的人认为，人员推销无非就是多磨嘴皮、多跑腿，把手里的商品卖出去，把顾客口袋里的钱赚回来。甚至有人认为推销跟骗术没有两样。事实上，人员推销是一种专业性很强的工作，是一种互惠互利的推销活动，它必须同时满足买卖双方的不同需求，解决各自不同的问题，而并非只注意片面的产品推销。

专业的人员推销不仅是卖的过程，还是买的过程，也就是说作为顾客的顾问角色，帮助他们购买产品。推销员只有将推销工作理解为顾客的购买工作，才能使推销工作进行得卓有成效，达到双方满意的目的。换句话说，人员推销不是推销产品本身，而是推销产品的使用价值和实际利益。顾客不是购买产品实体本身，而是购买某种需要的满足。推销员不是推销单纯的产品，而是推销一种可以解决某些问题的答案。从这种角度而言，人员推销是一种专业性和技术性都很强的工作。

对于推销人员来说，要达成的目的主要有三点：

第一，了解消费者对企业产品的接受情况以及市场需求情况，找出有可能成为购买者的目标顾客、潜在顾客。

第二，收集、整理、分析信息，并尽可能消除消费者对产品和推销员的疑虑，说服他们采取购买行动，成为产品真正的购买者。

第三，服务好顾客，维持和提高顾客对企业、产品及推销员的满意程度，并推动顾客进行再次购买，扩大销售机会。

人员推销虽然成本较高，但它可以完成很多其他的营销手段所难以达成的目标，它的效果往往是显著的。尤其是在销售性能复杂的产品，或者需要解决问题和说服他人时，人员推销可以说是一种最佳的选择。

广告：力求传播效果与销售效果兼得

一个完美的广告应该确保满足六点

为了增加营销沟通成功的可能性，我们需要增大每一步完成的机会。从广告的观点出发，一个完美的广告项目应该确保满足以下几点：

（1）在恰当的时间、恰当的地点，将恰当的信息传递给适合的消费者。

（2）广告要吸引消费者的关注，但是又不能将其注意力从目标信息上分散。

（3）广告要恰当地反映出消费者对于产品和品牌的理解和行为层次。

（4）广告要能从可满足和可传达的差异性和相似性角度定位产品。

（5）广告要激励消费者购买该产品。

（6）广告要能通过已有的这些沟通效果建立强烈的品牌联想，使得消费者在决定购买时能有印象。

——科特勒《营销管理》

科特勒认为，完美的广告要满足六点：一是恰当，无论是时机、地点、信息内容，还是目标对象，都要恰当；二是要将消费者注意力吸引到目标信息上；三是要能照顾到消费者对产品和品牌的认知与理解层次；四是要能体现出产品的差异化与相似性的特点；五是要能引导、刺激消费者购买；六是要能在消费者心中建立强烈的品牌联想，留下深刻的印象。

广告是一个企业营销沟通组合中的重要组成部分，是企业开拓市场的先导。一则好的广告甚至可以让一个品牌起死回生。相反，一则差的广告，不仅会给消费者造成误导，还会使产品落入无人问津甚至人人厌弃的困境。所以，企业必须要在制定合理的广告策略上下功夫，使自己的产品在同类产品中脱颖而出。

一个好的广告一定要能引起目标消费者共鸣，还要表达出一个直接、清晰的观点，有的企业在制作广告的时候，总是希望花出去的巨额广告费值得，因此总想着在一段仅仅几十秒的广告里放上几十条想要表达的东西，这样反而会造成信息传达的模糊，消费者很难记住你到底想说什么。此外，广告还需要在创意上进行比拼，只有在创意上战胜竞争对手，企业才更有可能让广告一鸣惊人，使产品深入人心，最终成为同类产品中的赢家。

曾经执掌美国福特汽车公司与克莱斯勒汽车公司的艾柯卡可以说是一名广告奇才，他巧妙运用广告力量，创造出骄人的销售业绩。他曾说过："做广告跟起标题一样，醒目是成功的前提。"他在福特公司时，为了打破当时汽车销售疲软的局面，在推出新研制的轿车时，艾柯卡就宣言："新车必须华丽时髦、引人注目……"为此，他专门请来广告代理商为新车取名为"野马"。这款新型的"野马"轿车问世当天，福特公司专门选择了 2600 家报纸刊登整版广告。用艾柯卡的话说："整版广告可以避免视觉噪音、引人注目。"在广告宣传配合下，"野马"车第一季度的销量就创下福特汽车公司历史上的最高纪录。

同样，另一世界知名汽车业巨子法国雪铁龙公司也有经典案例。该公司每年的广告投入高达 9 亿欧元，它最为令人称道的一次大手笔是在埃菲尔铁塔上做文章。它曾在埃菲尔铁塔上装上由霓虹灯组成的 7 个字母——CITROEN（雪铁龙），这一巨型霓虹灯广告共耗费 20 万只 6 种不同颜色的灯泡，所用电线长达 600 公里，这个广告即使在 40 公里之外都清晰可见。如此规模的广告在当时堪称举世无双，当时这独特的广告不仅在巴黎乃至整个欧洲都引起轰动，也使雪铁龙这一汽车品牌名声大振，深入人心。

雪铁龙公司的广告从策划到制作一般都要经过这样几个审慎的步骤：一是市场背景调查，明晰产品目前的市场定位、竞争者的情况以及本品牌的优势等；二是确定广告的主题和目标顾客群体，明确广告的类型；三是制作广告，确定对外推出的时机，并对广告样本进行评估确认。在广告正式与观众见面前，公司会邀请一些观众来充当"审片人"的角色，他们不是随意被抽选出来的，而是具有一定消费意向的特定的消费人群。通过这样的层层把关，才能从最大程度上保证广告的效果。

随着消费者越来越成熟，曾经的那种"一招鲜，吃遍天"的传播方式已经很难再行得通。单纯想要靠一条广告语，或者一个广告创意，或者一波广告投放，就打响一个品牌，几乎是难于登天的任务。企业要征服消费者，必须在广告上不断创新，从创意到发布都要精益求精。

广告之难在于"穿透混乱"，吸引消费者注意

广告饱和至极以及媒体的细分化使得新产品推介越来越复杂。在传递目的信息的同时，"穿透混乱"吸引消费者注意，成了最有创造力策略中的一个挑战。

——科特勒《营销管理》

科特勒认为，现在广告所要突破的最大难题在于"穿透混乱"吸引消费者注意。广告饱和已经是一个很现实的问题。一个居住在大城市的普通居民，平均每天要接触到大约 2000 个广告或信息刺激，而能给他留下印象的信息却只占极少的一部分。广告曾经是品牌建设最有效的方法和新产品渗透的原动力，但现在却面临着巨大的难题。对今天的企业来说，最短缺的资源不是资金，而是怎样想办法赢得最多、最广的消费者注意力。

在过去，广告是一种企业说消费者听的单向的沟通形式，而现在则大不相同。现在的消费者更喜欢自己来充当内容的创造者，而不是一个纯粹的观众，他们喜欢把自己的内容放在一个平台上和其他有志同道合兴趣的人一起分享。对这样的消费者来讲，如果企业现在还专注于做 30 秒的广告来沟通，这 30 秒的广告已经没有以往那样大的威力了，而且现在广告投放的价格越来越昂贵，同样是 30 秒的广告，5 年、10 年前所创造出来的影响力和现在创造出来的影响力不可同日而语。

现在的产品不断更新换代，你方唱罢我方又登场，同类产品的相似度很高。而广告的表现力就是要突出产品让人记住它。广告要想快速抓住消费者的眼球，最关键的是要能"穿透混乱"，将信息简洁、准确且富有创意地传递给消费者。

我们可以看一个沃尔沃（Volvo）的广告案例。沃尔沃是一家以安全性能卓越著称的汽车厂商。多年来，无论是何种形式的广告，还

是公关活动，沃尔沃始终将"安全"放在品牌传播的首位。沃尔沃最值得称道的一则广告就是"安全别针"广告。

这则广告是这样设计的——在一个巨大的留白版面上，有一个用大型的安全别针曲成的一辆汽车外形，旁边是显眼的大标题——"你可信赖的汽车"。这则广告看起来极为简单，但却让人印象深刻，回味无穷。用曲别针来摆出汽车的造型，这本身就新意十足，而这种曲别针在欧洲被称为"安全别针"，消费者一看到这个"安全别针"就会将沃尔沃汽车与"安全"联系起来。

这一广告摘得了当年戛纳国际广告节唯一的"全场大奖"（从所有参赛类别获得金奖的作品中评选出的最高奖），专家评委们给出的评价就是"最简单却最有创意"。事实上，沃尔沃的这则广告不仅简单有创意，更是强烈地凸显出了其品牌核心——"安全"。事实上，广告只需要清晰传达这一点就足够了，如果人们想要了解沃尔沃汽车的详细信息，他们完全可以从其他途径很方便地获取，而"安全别针"广告则强化了消费者对于这一品牌的认知。

第二年，沃尔沃推出的另一则同样以"安全"为核心诉求的广告再次摘取了戛纳之奖，这一则广告更富有温情，广告画面是一个酣然入睡、面带微笑的可爱婴儿躺在母亲的双乳之间。这则广告同样清晰传达出了"安全感"的理念。

从这两个广告例子中可以看出，沃尔沃的广告不仅富有创意，最重要的是，它真正做到了"穿透混乱"。它没有在广告中讲述历史传奇、制造工艺、驾驶感等，它多年来只围绕一个关键词，那就是"安全"。所以，沃尔沃才收获了如今的成果——消费者只要想到沃尔沃，第一印象就是"安全"，消费者若想买一辆"安全"的车，第一想到的品牌也就是沃尔沃。这就是最佳的广告。

制定广告方案要明确的 5M

在制定广告方案时，营销经理首先必须确定目标市场和购买者动机。然后，他们才能做出制定广告方案的五项主要决策，也就是 5M：任务，即广告的目标是什么；资金，即广告要花多少钱；信息，即广告要传送什么信息；媒体，即广告使用什么媒体；衡量，即如何评价广告结果。

——科特勒《营销管理》

科特勒认为，企业制定广告方案，必须理清楚 5M，具体来说，是这样的五大要点：

任务（Mission），也就是广告所要完成的目标、所要达成的特定的传播任务和所要达到的沟通程度。一个广告所要达成的目标可以大致划分为说明、说服、提醒、强化四大类。

说明型的广告，其目标是要告诉消费者有关产品的信息，为产品创造品牌知名度与了解。它通过向消费者介绍广告的性能、用途、价格等，以刺激消费者的初始需求。除此之外，说明型的广告还能达到纠正消费者对产品的错误印象，减少消费者畏惧心理，建立公司形象的目的。当一种新产品进入市场时，人们对它还不了解，市场上也无同类产品出现，因而广告的重点是向潜在消费者介绍产品，以及产品能满足消费者什么样的需要。

说服型的广告，当目标消费者已经产生了购买某种产品的兴趣，但还没有形成对特定产品偏好时，劝说广告的目的是促其形成选择性需求，即购买本企业的产品。劝说广告突出介绍本企业产品的特色，或通过与其他品牌产品进行比较来建立一种品牌优势。

提醒型的广告，有些产品在市场上销售多年，虽已有相当的知名度，但厂商仍需要推出提醒型广告来提醒购买者，不要忘了他们的产品。这是一种备忘性广告。这种广告有利于保持产品在消费者心目中的形象。像可口可乐虽早已具有全球的品牌知名度，但它仍要花很多钱在电视广告上，其目的主要是要提醒人们不要忘了它。

强化型的广告，其目的在于说服现有的购买者相信他们购买这种产品的决定是正确的，帮助消费者坚定信心，并引导他们重复购买，再次消费。

资金（Money），也就是广告要花多少钱。企业在制定广告预算时，要从以下的五个因素出发：

第一，产品生命周期。新产品往往需要投入大量广告预算以建立知名度，吸引消费者；而已经建立起来的成熟品牌所需的广告预算就相对要少一些。

第二，市场份额和消费者基础。市场份额高、品牌知名度高的品牌，其广告预算占销售额的百分比通常较低，而需要通过扩大市场增加销售来提高市场份额的话，那么，企业需要投入大量的广告费用。

第三，竞争与干扰。如果一个市场中有很多竞争者，那么，企业往往需要加大宣传力度，以便盖过市场的干扰与噪声，让消费者能够听得见企业的声音。

第四，广告频率。品牌信息传达给消费者所需的重复次数，这在很大程度上会影响到广告预算。

第五，产品替代性。如果产品与同类竞争产品之间的差异化很小，那么，往往需要加大广告投放，以树立起有差别的形象。

信息（Message），广告到底要传送什么信息，如何将这种信息准确地表达出来，并给目标受众留下深刻印象，这是广告最关键的地方，也是最难的地方。

媒体（Media），广告制作出来了，选择什么平台来推出广告，也是一个不容轻视的环节。在选择媒体时，企业要考虑以下的几个因素：

第一，目标受众的媒体习惯。广告必须要让目标受众看到并记住，才能发挥其效力。因此，目标受众的媒体习惯直接影响到企业发布广告时的媒体选择。比方说，对年轻人群体来说，网络几乎可以说是他们的主战场，因此，如果企业的广告是针对这类群体的，那么，就不应忽视网络这个广告平台。

第二，产品特点。不同的媒介往往都有它们各自的独特优势，在表现力、形象化、解释力、可信度还有色彩呈现等方面各有不同的潜力。比方说，女性的时装广告登在彩色印刷的杂志上时最吸引人。而一些复杂的高科技产品，如果能够在专业的行业杂志上登广告，则会显得更有可信度。

第三，信息特点。举例来说，如果某个超市或商场在周六日将会举行大规模的促销活动，那么这样的信息最好能通过当地的广播、报纸或者公交地铁传媒来传播；而如果是包含有大量技术资料的广告信息，那么，可以考虑采用专业性的杂志或者邮件来发布广告。

第四，成本。不同广告媒体的价格相差悬殊，像电视广告的费用就很昂贵，不同的时段要价也大不一样，而报纸广告则相对便宜些。选择媒体时，要从广告的预算出发，控制好成本。

效果衡量（Measurement），企业投入大笔资金做广告，就必须要对广告的效果进行评估与衡量，以保证投入能收到相应的回报。现在越来越多的公司都在努力衡量广告支出的销售效果，而不再仅仅满足于对传播效果的衡量。

一个好的广告通常只强调一个销售主题

一个好的广告通常只强调一个销售主题。作为品牌定位的一部分，广告人应该依靠市场调研，确定哪一个是目标受众的最好诉求。

——科特勒《营销管理》

"一个好的广告通常只强调一个销售主题"，科特勒的这句话很有深意。广告大师罗瑟·瑞夫斯曾说，企业应为每一种品牌建立唯一的销售主张，并坚持这一主张。广告同样是如此。一个品牌、一个产品，可能的确存在多种优势，但并不是每一种优势都能成为很好的区别因素。

举个例子，有家公司是生产土特产食品的，他们的产品在当地销量还不错，现在公司决定全力拓展外地市场，为此，计划投放一定量的广告。在与专业的广告制作公司设计广告方案时，该公司负责人提出，关于他们的土特产品，有一个有意思的传说，可否加入到广告之中，制作方认为这个值得尝试。后来，该公司又提出，他们的产品曾经获过一些比较有分量的奖项，这个也应该加入到广告中去。

此外，他们的创始人是当地有名的青年创业先锋，很多品牌的广告中会出现创始人或者研发者本人的形象，这家公司希望也能让自己公司的创始人出现在广告中。广告制作方听到这些要求，指出，如果按照这家公司的这些想法来做，那么制作出来的就不是广告片，而是纪录片了。制作方强调，该公司的产品的确产地好，文化底蕴深厚，拿过大奖，有过认证，但是，好的广告只强调其中最能打动消费者的一点，而且只要这一点被目标受众所接受，这个广告就成功了。

这样的例子在很多企业都能看得到。这些企业过于注重投资回报率，认为既然大笔投入做了广告，就应该尽量多传达一些信息，多多益善。可是，从消费者角度来说，一段广告，通常只能吸引他们看一两眼，有时甚至直接屏蔽掉，只有那些新鲜、有创意、有吸引力的广告才可能引得人们细看。而如果一则广告中堆了太多信息的话，不仅不能引起消费者的注意，还可能会因为广告内容的繁杂使人失去看广告的兴致，最终得不偿失。在信息泛滥的社会中，消费者的注意力是有限的，广告不是要将尽可能多的信息传递给消费者，而是要将最能打动消费者的某个信息集中地、强化地传递出去。

舒肤佳的广告一直以来宣扬的就是一种新的皮肤清洁观念，香皂既要去污，更要杀菌。它的电视广告，通过显微镜下的对比，表明使用舒肤佳的产品比使用普通香皂，皮肤上残留的细菌要少得多，以此突显其杀菌能力。纵观多年来舒肤佳的广告，无论广告创意如何变，演员如何变，情节如何变，但其广告所要表达的卖点永远不变，那就是有效抑菌。正是因为多年来持续不断地强调这一卖点，因此才使得舒肤佳这一品牌深入人心，使得其有效抑菌的理念深入人心。

除了舒肤佳，还有很多品牌所打造的家喻户晓的广告同样也是如此。比方说，高露洁牙膏的"没有蛀牙"，雀巢咖啡的"味道好极了"，还有奥利奥的"扭一扭，舔一舔，泡一泡"，脑白金的"今年过节不收礼，收礼还收脑白金"，白加黑的"白天吃白片，不瞌睡，晚上吃黑片，睡得香"等，它们的共同点在于只专心地强调一个主题、一个特色。

广告表达得越多，主题就越模糊，一支模糊的广告是不可能给目标受众留下清晰的印象的。好的广告不在于说得多，而在于是否能将最有分量的一个主题说到消费者的心里去。

第十二章

科特勒营销新思维

◎ **网络营销：冲击传统的一场新工业革命**
　　网络正在使市场营销发生着激烈的变革
　　形成网络时代的四股主要力量
　　网络营销使买卖双方均受益匪浅
　　互联网给企业营销带来了极大的挑战

◎ **国际营销：与其被国际化，不如去国际化**
　　全球化带来新挑战，国际化成为大趋势
　　走向国际市场前企业必须认清的风险观念
　　在决定候选国时，企业要拿捏好三个标准
　　选择最适合的模式进军国际市场

◎ **水平营销：跳出盒子，而不是坐在盒子里思考**
　　纵向营销会导致一个过度细分而无利可图的市场
　　水平营销是纵向营销的必要补充
　　水平营销就是通过创新激发出新的市场和利润点
　　借助水平营销，企业就可能在新市场拔得头筹

网络营销：冲击传统的一场新工业革命

网络正在使市场营销发生着激烈的变革

受新科技尤其是因特网的鼓舞，企业正在进行一场激烈的变革，这不亚于一场新的工业革命。为了生存和发展，管理者需要用一套新规则武装大脑。21世纪的企业必须适应通过网络的管理。因特网正在使我们的思维发生一场革命，换句话说，它正在使市场营销发生革命。新模式将从根本上改变顾客对便利、速度、价格、产品、信息和服务的观念。这种新的顾客思维将会影响到各行各业。

——科特勒《科特勒市场营销教程》

科特勒指出，互联网曾经是为具有一定的资金实力和科学技术的一群个体保留的一个精英王国。如今，几乎每一个社会与经济团体都在积极使用互联网。随着科学的发展，互联网的应用变得越来越广泛，它把世界各地的人们以近乎零成本的方式联系在一起，人们也越来越离不开互联网。建立在互联网基础之上的网络营销可以说是营销家族中的新生儿，可它的成长速度却是前所未有的。网络营销虽没有改变市场营销的本质，但却深深改变了顾客获取信息、消费和沟通的方式，进而强烈地冲击着传统营销模式。

基于网络的营销有着鲜明的特点：

第一，跨时空。互联网络可超越时间约束和空间限制进行信息交换，使得企业与顾客之间脱离时空限制达成交易成为可能，企业能有更多的时间和更大的空间进行营销，可 24 小时随时随地提供全球性营销服务。

第二，高效性。传统营销依赖于一层层严密的渠道，还需要投入大量人力与广告以取得市场，而在网络时代却大不一样，在传统的人员推销中要几十个人甚至成百上千号人做的事，可能在网上只需要一两个人，甚至只需要一个较为完善的系统就能完成了。在未来，人员推销、市场调查、广告促销、经销代理等传统营销组合手法必将与网络相结合，并充分运用网上的各项资源，形成以最低成本投入、获得最大市场销售量的新型营销模式。

第三，多媒体。互联网络被设计成可以传输多种媒体的信息，如文字、声音、图像等信息，使得为达成交易进行的信息交换可以以多种形式存在和交换，可以充分发挥营销人员的创造性和能动性。

第四，个性化。网络营销是一对一的、理性的、以消费者为主导的、非强迫性的、循序渐进的营销过程。顾客可以在网上了解产品的最新价格，选择各种商品，做出购买决策，自行决定运输方式，自行下订单，从而获得最大的消费满足。

第五，整合性。互联网络上的营销可从商品信息、收款至售后服务一气呵成，是一种全程的营销渠道。另一方面，企业可以借助互联网，将不同的传播营销活动进行统一设计规划和协调实施，以统一的传播资讯向消费者传达信息，避免不同的传播产生不一致性的消极影响。

第六，速效性。网络营销的运用使营销进程加快，电子版本的产品目录、说明书等随时可以更新。而在软件、书籍、歌曲、影视节目等知识性产品的消费上，人们可以直接从网上下载，采用电子方式交付货款。

网络的蓬勃发展使得企业内外部沟通与经营管理均需要依赖网络，网络成了主要的渠道与信息源，甚至成了企业间竞争的主战场。贝塔斯曼败走中国市场的例子就很值得借鉴：

贝塔斯曼这个名字，想必很多读者都不陌生。它刚进入中国时，曾被视为即将逐步放开的中国出版业的最大威胁。然而，让人意外的是，13 年后，贝塔斯曼却在中国折戟沉沙，关闭了零售门店和书友会，无奈撤退。

营销专家分析认为，贝塔斯曼在中国的"水土不服"主要在于它生搬书友会模式以及没能大力发展网络书店。早在 2000 年，贝塔斯曼就将主要的精力集中在网络的销售上。到 2003 年，贝塔斯曼在中国建立网站，同时面向书友会会员和非会员，会员则享受更多的便利和优惠。本来，庞大的会员数量曾经是贝塔斯曼与图书供应商讨价还价的资本。由于其拥有 100 多万庞大的会员网络支持，贝塔斯曼的进货量通常是当当或卓越的 2～3 倍。再加上不退货的特点，贝塔斯曼的采购折扣一般能谈到 3.8 折，低于当当和卓越网的 4～4.5 折。

但可惜的是，贝塔斯曼在网络销售上"起了个大早，赶了个晚集"。业内专家表示，德国人的固执亲手葬送了贝塔斯曼书友会在华转型的最后机会，当时来自贝塔斯曼高层的意见是，传统书友会将来仍然是主营收入，并不看好在线书店。贝塔斯曼坚守着书友会模式，忽视了网络书店的大潮。结果是，作为"后生"一辈的当当、卓越等网上书城抓住了网络的机遇，远远地超越了贝塔斯曼，让这个"大佬"惨败中国市场。

"谁获得客户，谁就获得市场。"这是商业社会中颠扑不破的真理。现今，消费者获得品牌与产品的渠道已经悄然从电视、报纸等传统媒体逐渐转向了互联网。贝塔斯曼如果能在十年之前，抓住网络的机遇，凭借它庞大的会员网络，定能在市场中分得一块大蛋糕。然而，贝塔斯曼轻视了网络书店的发展大势，最终只能出局。所以说，现在的企业要想赢得客户，就必须要在网络市场谋得立足之地。

形成网络时代的四股主要力量

在重塑世界经济的过程中，有四股主要力量构成了网络时代的基础：数字化、互联网爆炸、新型中间商、顾客定制。今天许多业务是经由连接的网络流动的数字信息运作的。如今内部网、外部网以及互联网将人们和企业之间以及与重要的信息联系在了一起。互联网已经爆炸式地增长，变成新千年革命式的科技，赋予了消费者和企业联系的强大力量。

——科特勒《科特勒市场营销教程》

在网络时代的背景下，科特勒所总结的四股力量——数字化、互联网爆炸、新型中间商和顾客定制，这四者既是企业必须面对的挑战，同时也是企业最好的助力。

第一，数字化。数字化的时代已经到来。很多企业都开始运用数字化营销来争取更好的营销效果。比方说，国际茶饮巨头立顿公司就很擅长借用数字化工具来营销。中国人有一个特点，就是特别讲究礼尚往来，很喜欢互赠一些小礼物。立顿就抓住了这一点，它通过手机、网络发出广告信息，用户只需要向立顿公司提供亲友的姓名、手机号码和地址，立顿就会以该用户的名义向其亲友送出一份礼品。短短一个月时间，手机用户、网络用户参与活跃，共有10万人获得了立顿赠送的红茶礼盒。这不仅帮助立顿打开了红茶产品的市场，更掌握了一个准确而庞大的客户数据库，为未来的营销计划打下了良好基础。

第二，互联网爆炸。互联网的快速发展与普及，不仅增加了网民的数量，更提升了网民的活跃度。在过去，信息传递大都是"一传十，十传百"，而现在，互联网却能产生爆炸效应，一个消息可以瞬间传遍网络的角角落落。

比方说，2012年4月26日，人民网官方微博上的一段话引起了各方极大的关注——"'微博女王'姚晨让人民日报人有了强烈的'危机感'。一位年轻编辑在社内培训时举出姚晨粉丝 1955 万的事例，这意味着她每一次发言的受众，比《人民日报》发行量多出近 7 倍。"人民网所做的这样一番对比，让人不得不惊叹，互联网时代的力量真的是强大至极。互联网爆炸就真真切切地发生在我们身边。

第三，新型中间商。互联网和其他新科技已经改变了企业为其市场服务的方式。新互联网营销商和渠道关系已经发展并替代了一些传统营销商。像搜索服务、网上商城、数字出版、电子支付，等等，这些数字化时代和网络时代所催生出来的新生产物发展势头强劲，甚至形成了初具雏形的、庞大的新兴产业。企业必须要积极地去了解、研究、运用这些新型中间商，从而给企业削减更多成本，提升更高的效率。

第四，顾客定制。在过去，大多数企业采取的是大规模生产的模式，而到了网络时代，时空观被打破了，从时间上来说，网络使得企业可以动态地响应用户的即时需求，可以及时为顾客提供产品与服务；从空间上来说，虚拟企业可以彻底打破地理上的限制，订单生产完全可以实现。市场主导权由企业向顾客转移。个性化定制成为越来越多的企业吸引顾客的途径。比方说，戴尔就是如此，用户如果登录戴尔官网选配自己的电脑的话，可以提出自己的定制化方案，从机身颜色到内部配置，戴尔会竭尽所能满足顾客的需求。

虽然目前来说，很多企业在实施定制化策略时，由于诸多限制，仍然只能让消费者在有限的范围内进行挑选和定制，还不能做到完全的个性化定制，但在未来，顾客定制会是一个大方向。

据相关权威部门统计，中国网民在 2011 年底已经突破 5 亿的人数，位居全球第一。面对网络时代巨大的消费群体、潜藏的巨大商机，企业只有紧紧跟上，才能从网络经济中分得一杯羹，而慢半拍就可能被甩下一大截。网络科技正在使行业之间的界线变得模糊，企业如果能够把握好网络时代的发展大势，运用好四股力量，积极地进行转型和变革，那么，网络就会成为企业最佳的平台和机遇。

网络营销使买卖双方均受益匪浅

网络营销使买卖双方均受益。对买方而言，网络使购买更方便而且更隐秘，提供了更多产品的获取和选择，提供了一个产品和信息的宝库。它是互动而又快捷的，这使消费者得到对购买过程更大的控制权。对卖方而言，网络是建立顾客关系的一个强有力的工具。它也提高了买方的速度和效率，有助于降低销售成本。网络还提供了更大的灵活性，使全球市场变得更容易进入。

——科特勒《科特勒市场营销教程》

网络的出现使得我们的生活产生了翻天覆地的变化，对于商业市场，网络同样也带来了巨大的推动力。通过互联网，购买者能够接触到新的供应商、降低采购成本并加速订购货物的处理和运送；同样，企业也可充分地利用互联网，首先，网络是同顾客建立关系的有效方式，因为其一对一、互动型的性质，网络成了十分有效的营销工具。企业通过在网上与顾客的互动联系可以了解到顾客的具体需要和欲望。反过来，网上的顾客也可提出问题或者主动反馈意见。以这种不断进行的互动为基础，企业能够提供更为精致的服务和产品来增加顾客价值和满意度。

很明显，对于买卖双方来说，互联网在削减成本、简化购买程序以提高效率、促进信息共享与对称以及减少购买流程时间等方面有着无与伦比的优势。通过网络这个平台，企业能够跟顾客走得更近，联系更紧，甚至能够一夜之间红遍整个市场；而顾客则获得了更自由的选择权和更有力的控制权。下面的两个例子，就可以体现出网络对买卖双方的巨大影响力。

一枚普通的曲别针换一栋房子，你信吗？这不是天方夜谭，美国一位名叫凯尔·麦克唐纳的男子就通过网络实现了这一"天方夜谭"。麦克唐纳与女友还有几位室友一起在蒙特利尔租房子住，每月300美元租金，他最大的梦想是拥有自己的房子，但他没有固定职业，根本没有能力买下一栋房子。于是，他突发奇想，在网上发布了一条信息，想以一个红色曲别针换一个较大或更好的物品。

结果，短短几天过去后，温哥华就有两位妇女通过网络联系他，说愿意用一支鱼形笔换他的曲别针。而后不到十分钟，西雅图又有一位女士联络他，用一个画着笑脸的陶瓷门把换了他的鱼形笔。后来，他又用门把手换来了一个野营炉，用野营炉换了一个发电机……几个月之后，他跟吉普林镇做了最后一次交换，换来了该镇的一栋免费的房子。

在现实生活中成功性几乎为零的事情，在网络上却成了现实，麦克唐纳真的用一枚曲别针换来了一套房子。无独有偶，美国有一个家电制造商同样利用网络创造了一段传奇。

某家用搅拌机的生产商为了展示他们搅拌机的性能，在 YouTube 上推出了一个很有意思的视频，在视频里，他们把 iPhone 手机丢进搅拌机里，然后将其搅成了一团黑乎乎。这个简单的视频让该生产商爆红，视频迅速在网络上传播开来，到现在已经有了过亿的点击量，而这家生产商的业绩也足足成长了七倍。这段网络视频也被称为"有史以来最有效的病毒视频营销"。

从这两个故事中可以看出，网络营销如果运用得当，不管是买方还是卖方，都能从中受益良多，甚至，传统营销难以达成甚至根本不可能达成的目标，通过网络营销，都有可能实现。

网络营销是一种新型的商业营销，是一种互动的、直接的、即时交互的，客户始终参与营销全过程的营销模式，它始终面向日益个性化和多样化的客户需求。与此同时，网络时代也是一个竞争激烈的时代。企业要想在竞争中获胜，关键还在于能否把握商业机会，采取合理的新营销方式，开拓市场，提升企业竞争力。

互联网给企业营销带来了极大的挑战

互联网不仅拥有客观的美好前景，它也面临着许多挑战。对大多数企业而言，在线营销将变成一套整合的营销组合的一个重要部分。对其他企业，它将变成其为市场服务的主要方式。然而，互联网也给企业带来了许多挑战，其中包括有限的顾客接触和购买、用户背景的不均衡、混乱、安全和道德问题。尽管存在这些挑战，大多数企业都在迅速将网上营销融入其营销战略和组合中去。

——科特勒《科特勒市场营销教程》

互联网无疑正在改变着用户的行为和消费方式，企业或品牌的运营也因受其影响而将逐渐发生改变。越来越多的企业由此走进网络营销，企业家或营销人都想借助这个拥有数亿人的平台抢占到更多的市场份额。但对那些在传统渠道耕耘多年的企业或品牌而言，互联网带来机遇的同时，也带来了极大的挑战。

第一，有限的顾客接触和购买。诚然，互联网使得企业的市场空间更广阔了，能接触到的顾客群也更大了，很多的业务运营起来也更加便捷了，但是，无论如何扩展，网络营销仍然只能到达有限的市场空间。而且，许多网络用户更多的是通过网络浏览网页，从事产品调查而非真正的购买。

第二，用户背景的不均衡。虽然网络用户正变成主流，他们依然比大众的层次和科技的倾向要高一点。这些网上营销成为营销电脑软硬件、家用电器、金融服务和其他特定种类产品的理想工具。然而，这也决定了网上营销并非万能，某些主流产品通过网络销售效果就不会那么理想。

第三，混乱。互联网提供了成百上千万的网站和数量大得令人瞠目结舌的信息，这就像一把双刃剑，既给顾客提供了一个信息的海洋，但同时也容易让人迷失其中，产生疲劳感。因此，对很多顾客而言，浏览互联网会变得令人沮丧、摸不着头脑而又耗费时间。在如此混乱的环境中，许多网络广告和网页根本就不会被注意或者打开。即使被注意到，营销人也可能很难吸引顾客的注意。有研究表明，一个网站必须在 8 秒钟内抓住网上冲浪者的注意力，要不然就会将其拱手让给其他网站。这使营销人仅有极短的时间来推广和销售其产品。

第四，安全问题。一些顾客依然担心一些处心积虑的人会偷窥他们的网上交易或盗用其账号未经授权就进行购买。同样地，进行网上业务的企业也担心其他人出于商业间谍甚至破坏的目的使用互联网侵入他们的电脑系统。近年来，网络安全问题已经得到了很大程度的解决，能让人放心许多。但网络毕竟是网络，不安全的因素始终存在，这些既是顾客的顾虑，也是摆在企业面前的一道关卡。

第五，道德问题。现代人越来越注重个人隐私，很多人不愿意自己的信息被陌生人所知。而通过互联网，企业往往能够轻而易举地跟踪网站的访问者，获取顾客的大量个人信息。如果企业未经授权就利用这些信息营销其产品或与其他企业交换顾客的电子列表，这使顾客很容易受到信息滥用的侵害。除此之外，还存在着隔离和歧视的问题。互联网目前能很好地为上层消费者服务。然而，较贫困的消费者接触互联网的机会依然很少，这使其对产品、服务和价格了解得更少。

市场决定着市场营销战略，在互联网巨大影响下的市场必然要求市场营销战略的更新。企业必须以市场为生命，从市场营销因素最基本的4P组合来调整、更新自己的营销战略。

在产品与服务上，互联网所提供的产品，除了要充分显示产品的性能、特点、质量以及售后服务等内容外，更重要的是能够对个别需求进行一对一的营销服务。企业要根据用户对产品提出的具体或特殊要求进行产品的生产供应，最大限度地满足消费者的需求。

在价格上，因为消费者可通过网络查询产品价格和市场相关产品的价格，进而在此基础上理性地购买价格合理的产品。所以企业一定要在对网上企业相关产品价格和竞争情况进行认真调研和实时监测基础上，合理估计本企业产品在消费者心目中的形象，进而确定产品的价格。

在渠道上，网络能将企业和消费者连在一起，售前、售中和售后几乎都能通过网络来实现，与传统的渠道相比，网络具有很大的优势。企业要利用好这一特殊的渠道，通过网络经营好顾客，吸引更多的顾客群体。

在销售促进上，网上的促销在很大程度上是被动的，因此，企业需要解决的一个难题就是：如何吸引消费者上网，并提供具有价值诱因的商品信息，吸引顾客购买。

国际营销：与其被国际化，不如去国际化

全球化带来新挑战，国际化成为大趋势

如果国内市场足够大，大部分的公司宁愿留在国内。在国内做生意更容易，也更安全。不过以下因素会将企业吸引到国际市场上：有些国际市场比国内市场的赢利机会更大；为了达到规模经济，公司需要更大的客户群；公司希望削弱对于单一市场的依赖性；公司希望在国际对手的本土市场对其进行打击；顾客正在走向国外，因而要求国际化的服务。

——科特勒《营销管理》

科特勒曾在接受采访时说："在海外做生意，风险总会有的，但如果你不去进入新兴市场而只待在本国，风险依然很大，主要是随着国内的发展，国外竞争者不断进入，也会在自己家门口遇到冲击。所以每家公司都要平衡两点：建造堡垒来保卫自己的本土，或者向外部市场积极拓展。如果只待在自家的领地，或者冒失地进行大量海外投资，到最后也会失去领地。对此我的意见是：对于大公司而言，要么国际化，要么等死。"

海尔集团有一个口号："无内不稳，无外不强。"随着市场经济的发展和国际经济的一体化，国内企业越来越强烈地感受到国际化的压力和诱惑。国际化能给企业带来的最主要的利益有：

一是扩大市场规模。在国际市场销售公司产品和服务，开辟新的市

场，能提高收益，特别是那些处在有限增长的本国市场的公司，进入国际市场能有更大的发展空间。

二是充分发挥生产能力和尽快收回投资。一些企业的大规模投资，包括工厂、设备和研发，为得到应有的投资回报，需要巨大的市场规模，而国际化则是最好的选择。

三是规模效应。国际市场扩张后，企业规模会进一步扩大，有可能取得优化的规模效应，如汽车工业。同时，国际市场也为企业转移核心竞争力提供了机会，它为跨越国界的资源和知识共享创造了条件。

四是学习效应。不同的市场和不同的实践为跨国公司提供了很多学习机会，包括发达国家的企业也能从新兴市场的运行中学习新的东西。

五是降低成本。在劳动力、原材料或技术费用比较低的国家建立生产工厂可以降低成本。很多国外企业将制造和生产流程转移到中国，其中最主要的原因之一就是降低成本。

六是分散商业风险。公司通过在不同的国外市场上经营建立了广泛的市场基础，与完全地依靠本国市场相比，风险被大大分散了。

这几点对企业的发展都有着深远的影响。随着国际竞争越来越激烈，如果企业仅满足于在本土市场上的发展，势必会被淘汰。

国际化的竞争已经在家门口，企业必须审时度势，把本土企业放在国际化的大背景和大环境下，制定相应的战略，把握机遇将企业推向国际。

走向国际市场前企业必须认清的风险观念

在决定走向国际市场之前，公司必须认识并评估以下风险：公司可能不能理解国外的偏好，因而无法提供有竞争力的产品；公司可能不能理解国外的商业文化；公司可能不能理解国外的法规，因而发生预期之外的费用；公司可能缺乏具有国际化管理的人才；在外国可能需要面对改变的商业法规、汇率贬值，甚至政变和财产被没收的情况。

——科特勒《营销管理》

科特勒曾说："一家国际化的公司必须对自己接下来的长期战略走向有清晰认识，往往刚进入时会亏钱，因为有大量固定资产投资、买地建厂等，商家可能希望从进入的国家的银行获得资金，但它也要花高薪雇用很多有技能的人员。所以，要进入一个新的国家，往往要有十年的战略眼光，进入后赔钱又退出的不乏其例；不过，倘若能提供当地缺乏的东西，如较好的基础设施、高质量的服务、快速交付、建立好的价值链，往往能在长期内获得较好的回报。"

在经济全球化、市场国际化的经济形势下，任何企业都想要从中分到一杯羹，而因此带来的是激烈的竞争与残酷的淘汰法则。

要在国际市场中生存，企业必须对国际化的风险有清晰的认识。就像科特勒所说的，国外的商业文化、法规、国际化的人才、政治与经济风险，等等，这些都会成为企业迈向国际化的巨大障碍。

在全球化市场的经济背景中，首当其冲的挑战就是文化与价值观的挑战，国内企业想要迈出全球化的步子，首先遭遇到的是各个国家和地区多种多样的文化与价值观的碰撞。对于很多国内企业而言，这将是实现全球化整合的最大障碍之一，也是在全球化背景下取得出色业绩的最大障碍之一。

双方文化与价值观的不同，很容易导致双方的沟通发生障碍。而在一个合作项目的促成中沟通是必要的，只有良性的沟通才能达成良好的合作，所以说解决双方的沟通问题是首要的。

当文化与价值观得到有效解决之后，接下来的问题就是国际型人才的缺失。人才是企业的核心竞争力，如何让国际化的人才融合在一起，形成一个优良的团队，同样是一大挑战。

当企业达到良性沟通、人才具备以及形成了良好的团队合作氛围之后，过硬的技术保障就显得尤为重要。企业必须要尽快转型成拥有自己的核心技术、自主知识产权的高效率技术创新型企业，以技术来带动企业发展，而不能单单只依靠一些低端产业来带动自身发展。

所以说，企业顺应全球化的趋势走向国际化市场，是必然的，但同时也是任重而道远的。在这方面，华为在国际化道路的尝试，对那些以国际化为战略的中国公司，是有着积极的启发和借鉴意义的。

华为国际化成功的一条重要经验就是秉承"压强原则"："在成功关键要素和选定的战略生长点上，以超过竞争对手的强度配置资源，要么不做，要做就极大地集中人力、物力和财力，实现重点突破。"

华为在进入俄罗斯市场时，正是用在苏联卫国战争期间被苏联军民广为传诵的名言作为其战略宣言："俄罗斯大地辽阔，可我们已无退路，后面就是莫斯科！"没有攻不下的市场堡垒，只有攻不下市场堡垒的人。国际市场也并不是坚不可摧的，华为在俄罗斯市场上历经 8 年从 36 美元到 3 亿美元，最重要的一条就在于对国际化战略的坚持和信仰。

国际化最关键之处就是企业的核心竞争力，从长期来看，价格优势不能成为中国企业的核心竞争力，中国企业取得国际市场竞争优势的关键还是体现自身实力的核心竞争力，其中包括企业的核心技术和市场营销能力。

华为在进入国际市场时，坚持把"最好的产品拿出去"。华为在与世界五个电信巨无霸公司的竞争过程中，最终以技术、质量第一，获得了荷兰电信 3G 项目的商用网络就是一个最好的案例。

这也再次证明了一条真理，国际市场不相信眼泪，国际市场依靠的是实力。每年将营业额的 10％以上投入研发，使得华为能够在国际市场竞争过程中有个高起点，华为的智能网用户数量全球排名第一，下一代通信网全球排名第二，传输亚洲排名第一、全球排名第四，交换机品牌排名第二，数据通信也成功地进入了美国和全球市场。这些业绩是以核心技术和自由知识产权为后盾的。

国际化的另一大瓶颈是管理。华为有一套经多年时间和实践构建起来的与世界级一流企业接轨的管理体系，以及长期探索而来的充满活力的企业机制。

正是早期与国外通讯巨头的竞争与合作的过程，使华为认识到先进的企业内部管理体系在国际化过程中的基础作用，这也是华为义无反顾地走向国际化的信心来源。

华为信奉并长期坚持的一条重要理念是：管理是真正的核心竞争力。自 1997 年以来，华为在公司运作、质量体系、财务、人力资源四个主要方面进行了持续不断的变革，经过这些年的努力，基本建立了与国际接轨的管理运作体系，国际营运商对华为产品的认可，实际上是对华为整体管理体系的认可与尊重。

华为的国际化历程表明了，对中国企业来说，国际化的道路并不是简单地把产品和服务投向国际市场那么简单，国际化意味着中国企业的核心竞争力、经营战略以及管理体系全面地与国际惯例接轨。

只有"内功"扎实，对国际市场的风险有足够的认识和充足的应对，企业才能真正走上国际舞台。

在决定候选国时，企业要拿捏好三个标准

公司还必须考虑国家的选择。一个国家是否有吸引力，取决于产品本身，也受到这个国家的地理位置、收入和人口数量以及政治环境的影响。在决定是否走向国外的时候，国内公司需要确定其国际营销目标和政策。公司要决定是在少数几个国家还是许多个国家开拓市场。公司也要决定哪些国家值得考虑。一般来说候选国应该根据三个标准来衡量：市场吸引力、风险和竞争优势。

——科特勒《营销管理》

当一个企业做好了充足的准备，也具备足够的实力进军国际市场时，它应当怎样选择市场？先进入哪个国家？后进入哪个国家？是先集中力量于某一个市场，还是选择好几个市场多点出击，或者是将摊子一下子全铺开来？这是一个关键性的问题。古语有云："谋定而后动。"企业国际化首要的就是要选定候选国，选定自己的目标市场。

科特勒认为，考察一个候选国，应秉持三个标准：

一是市场吸引力。这不仅要考虑一国当前的市场潜力和长期的潜在需求，评估现有市场潜量，预测未来市场潜量、成本、利润和投资报酬率，还应考虑该国的经济结构、政治制度、地理位置、资源条件、人口和居民收入等。按照现在普遍的划分法，美、日、欧被认为是"三强市场"，东南亚诸国被看作是新兴工业国，还有很大一部分亚、非、拉美国家则被看作是第三世界。而现在，像中国、印度这样的国家发展势头和发展潜力不容小觑，成为很多企业在进行国际营销时必先考量的重点市场。

二是风险。国际化绝对不是让企业跨出国门那么简单，更重要的是，企业必须能够真正融入目标市场中去。"走出去"，到一个陌生的国家开拓市场，企业是要冒非常大的风险的。比方说，金融上的风险、政治法律上的风险、民情风俗上的风险、专业性服务上的风险、世界经济形势不明朗的风险、战略管理能力上的风险、竞争方面的风险等，都可能存在很多绊脚石与拦路虎。可以说，企业一旦开始国际化，就犹如将船驶进大海，既可能乘风破浪，也可能有倾覆之祸。哪怕是最细微的一个隐患，都可能引来不期而至的惊涛骇浪。

比方说，TCL 在收购法国汤姆逊彩电事业部后，组建起了全球最大的彩电制造企业 TTE，但接下来的发展并不顺利。努力想要打开欧美市场的 TCL，并没能成功接手汤姆逊的销售渠道，同时，TCL 不得不面临裁员难、招人难的尴尬困境。更令人料想不到的是，就在那几年中，平板电视迅速取代 CRT 电视，这意味着 TCL 想通过与汤姆逊合作获取CRT 电视霸主地位的目标变得毫无意义。管理上的难题、利润的下降、资金链紧张等原因导致这场收购最后并不那么尽如人意。

这个例子也表明，国际化之路虽然看似风光，但实际上极具风险。而这些风险是需要企业预先进行深入而谨慎评估的。

三是竞争优势。"竞争战略之父"迈克尔·波特博士也曾提出同样观点，他认为，关于国际化，企业必须要有自己的竞争优势。如果将国际化征程比作一场赌博的话，那么，企业必须评估自己是否具备参与赌局的资本，是否具有胜出赌局的一手好底牌。企业只有明确了自身的竞争优势，才能更好地在国际市场中扬长避短，将优势更全面地发挥出来，形成自身在国际市场的核心竞争力。

总之，在选择候选国这一阶段，企业不能只是凭经验、个人好恶、语言和文化的一致性或距离的远近就匆匆做出决定，而要收集大量的客观资料，请有关机构和专家进行认真的分析和预测，谨慎从事。

选择最适合的模式进军国际市场

一旦公司决定了将一个国家作为目标市场，它就必须决定进入市场的最佳模式。可选择的模式包括：间接出口、直接出口、许可经营、合资以及直接投资。这五种方式依次要求更多的投入、风险、控制和赢利潜力。越靠后的策略意味着越多的投入、越大的风险、越多的控制权和越大的赢利潜力。

——科特勒《营销管理》

科特勒认为，国际化就是企业从事跨国经营，从间接出口到直接出口，到在境外建立子公司，直至完全的国际化经营。在实践中，国内企业参与国际竞争主要的方式有四种：

第一种是跨国公司模式，以海尔为典型代表，在海外直接建厂，实现了生产、人员、营销、研发、设计的当地化；第二种是海外并购模式，以联想、吉利为典型代表，并购海外的成熟品牌，利用原有品牌的影响力、渠道、人才进入国际市场；第三种是 OEM 加工出口模式，以富士康为代表，主要是外国企业选定产品，委托中国企业生产，然后由他们自己出口销售，这是本土企业大量采用的一种模式，广泛存在于服装、家电、手机等行业；第四种是代理销售模式。委托海外的渠道商开拓市场。

企业决定进入国际市场时，一定要选择最适合自己的最佳进入方式，以谨慎、务实为本。在这方面，中国最大的照明品牌供应商雷士照明就是个很好的榜样。

2011 年 7 月 18 日，对雷士照明来说，是值得大书特书的一个日子。这天，雷士照明与亚奥理事会签约，正式成为"亚奥理事会照明及服务合作伙伴"。根据双方签订的协议，雷士照明将为今后亚奥理事会在亚洲地区开展的赛事活动提供专业的灯光照明产品及服务方案。这将帮助雷士照明实现"点亮亚洲，照耀全球"的国际化战略。

在 13 年前，雷士照明还只是广东惠州一家注册资金 100 万元的小厂。创立之初，雷士照明创始人吴长江就在厂门口竖起"创世界品牌，争行业第一"的牌子。如今这家企业已经成为中国照明行业领导品牌，提供各种照明解决方案，其中包括提供设计服务并生产定制产品，满足专业及其大型项目终端客户的特殊需求。从研发能力、制造能力、渠道建设、品牌知名度到承接大型工程，雷士照明都拥有明显的竞争优势。近年来，在奠定了国内第一大照明品牌供应商的市场地位后，雷士照明加快了开拓国际市场的步伐。

尽管早在成立之初就打出"创世界品牌"的旗号，但雷士照明非常务实，吴长江说："中国市场这么大，如果在自己家门口都做不好，与国外品牌竞争靠什么？所以，前几年，我提出本土化就是国际化的时候，有人说我们是在国际上没做起来才这么说。实际上，一些企业在国内还没发展好，就盲目到国外去收购，最后铩羽而归，这都是教训。国际化是一个路径，但这个路径的设置一定要务实，要顺势而为，它是企业在国内积累优势后自然而然发展的结果。从我开始做雷士照明开始，就是向着国际市场去的，从未停过。"

早在 2006 年，雷士照明就开始开拓海外市场，最早采取的是贸易出口方式，同时谋划自主品牌销售。2007 年 6 月，雷士照明在英国收购了一家照明销售公司，将渠道交给有经验的当地人去开拓，开始进入欧盟市场。截至 2010 年年底，雷士照明英国公司的门店数目达到了 200 家。

2010 年 5 月 20 日，雷士照明在香港联交所主板上市。更为重要的是，直接参与 2008 年北京奥运会、2010 年广州亚运会、2010 年上海世博会、2010 年南非世界杯和武广高铁等重大照明项目建设，充分彰显了雷士照明具备承接世界级大型工程项目的实力，尤其是承接国际体育赛事照明工程，让雷士照明积累了丰富的经验。此外，雷士照明成功开发巴西等国市场，在澳洲与南非的知名度也大幅度提升，并承接了德班机场室内照明项目。

"我们的国际化营销战略很扎实。雷士的海外分公司，在东南亚、英国做得都很好，规模占到整个销售额的 20% 左右。我们在海外的扩展增速大于国内，自主品牌的扩张大于 OEM，"吴长江说，"未来在中东与东南亚市场，雷士照明将通过专卖店、专柜进一步拓展渠道。"但他同时强调说："国际化是一个很复杂的过程。我们要做国际化的企业，不仅是把产品卖到国外，还要输出文化，把自己的网络推向全球，这才是真正的国际化。"

从扎实地经营本地市场，到贸易出口，再到收购国外企业，最后全面进军国际市场，雷士照明每一步都稳打稳扎，从不冒进。有句话说："国际化只有走得稳，才能走得快。"雷士照明的国际化进程正是这番话的最佳佐证。

水平营销：跳出盒子，而不是坐在盒子里思考

纵向营销会导致一个过度细分而无利可图的市场

在最为发达的市场，基本的营销策略（如市场细分、目标锁定、定位）作为能产生竞争优势因而转化成商业机遇和新产品的机制，日渐开始暴露其不足之处。企业可以继续细分市场，但最终结果将是市场小得无利可图。纵向思

维的反复运用会导致一个过度细分的市场，在这种情况下，细分或利基市场将小到无利可图。

——科特勒《水平营销》

科特勒对传统营销理论进行了系统的审视，他认为：传统的营销是一种"纵向营销"的模式。纵向营销的运行步骤是：第一步，市场营销就是发现还没有被满足的需求并满足它，而这个过程里需求分析是起点，通过市场调研，确定一个可能成为潜在市场的群体；第二步，划定了潜在的市场后，运用STP也就是市场细分、目标锁定、定位等方式形成产品或服务的竞争策略；第三步，运用4P等营销组合来贯彻竞争策略，将产品或服务推向市场。纵向营销通过差异化的方式不断地为细分市场提供个性化的产品，它使企业的专业化营销能力得以提升，最终惠及消费者。

尽管纵向营销是一种成熟的营销理念，但它也有很大的弊端。当市场被首次细分时，细分的企业往往能得到良好回报，但随着细分加剧，子市场越来越小，细分市场缩小成利基市场，那么企业利润也就会越来越薄。由于纵向营销不能创造出新的产品、新的市场，最终的结果必然是特定市场的无限细分和需求饱和，重复的市场细分导致市场的过度零碎化，这也是当前许多企业的营销困境所在。

2009年，刚过完百岁生日的通用汽车走上了破产重组的道路。曾经不可一世的汽车巨头沦落至此，让人不得不惋惜。关于通用汽车为何会陷入困境，众说纷纭，各有各论，但如果从营销的角度去分析会发现，通用汽车在营销方面的失误早在几十年前就埋下了失败的种子。

早在1924年，通用汽车的第八任总裁阿尔费雷德·斯隆就提出了"不同的钱包、不同的目标、不同的车型"的市场细分战略，根据价格水平对美国汽车市场进行细分，最终目标是通用汽车每个品牌的产品针对一个特定的细分市场。斯隆的这一战略奠定了通用汽车多品牌战略的理论基石。当时，美国的中产阶级迅速崛起，消费者对个性化汽车的追求成为一种潮流，同期的福特汽车提供的基本是千篇一律的汽车，而通用汽车则采取多品牌战略，让产品线覆盖几乎所有的潜在购买者，在其鼎盛时期，通用汽车旗下拥有凯迪拉克、别克、雪佛兰、土星、庞蒂亚克等多个品牌，还参股了五十铃、菲亚特等汽车公司，俨然一个庞大的汽车帝国。这种细分的战略使得通用汽车在近 80 年的时间里称霸汽车市场。

然而，随着时间推移，通用汽车的战略日渐显露弊端。各个品牌独立运作，各自为政，品牌之间沟通困难，在研发、制造、营销、服务等方面难以有效整合，使得成本居高不下。而且，由于对市场的过度细分，形成了众多的品牌，品牌之间界限模糊不清，不仅给消费者带来了选择的困惑，更演变成了"多生孩子打群架"的自有品牌之间的内耗。最为关键的是，受困于市场细分和多品牌战略，通用汽车一直无法集中各方力量来开发一款能够真正拉动销量的全球战略车型，它只能不停地在各个细分市场进行研发，不仅加大了成本，而且失去了宝贵的市场和利润增长空间。而彼时的丰田、本田却凭借着花冠、凯美瑞、雅阁、思域等全球战略车型的优异表现迅速崛起。

科特勒曾说："界定市场提供了竞争领域的框架，而选择潜在需求、个体与情境的同时，也就是在放弃我们满足不了的需求、个体与情境。当营销人员确立了一种类别，他们便认为其中的要素都是不变的。通常，他们将不再考虑这些要素。"也就是说，在对市场进行细分并确定自己的目标市场后，企业很容易陷入一种困境——只盯着自己的细分市场，却忽视了选定的细分市场之外的其他市场与空间的可能性。通用汽车市场细分与多品牌战略的出发点是没有错的，但它过分局限在细分市场，不仅增加了制造成本和营销成本，造成了品牌间的内耗，也忽视了全球化的市场，错过了横扫全球市场的机遇。

企业在运用纵向营销的过程中，一定要警惕市场的过度细分，既要防止别人更要防止自己蚕食自己的市场。如今的营销急需一种能取代细分而赢利的新策略。这也就是科特勒所提倡的水平营销创新策略。水平营销是通过对产品做适当改动来产生新用途、新情境、新目标市场以开创新类别，从而重组市场。水平营销是市场充分细分时代进行产品创新的一大法宝，我们看到在"新用途、新情境、新目标"的指引下，新产品纷纷问世，但是这些新产品有一个共同点——并没有瓜分固有的市场，而是满足了新需求，开发了新市场。形象一点说，如果把市场比作一块蛋糕的话，那么，纵向营销是在试图将蛋糕切得更细，然后获取自己的那一份；而水平营销则是在试图将这块蛋糕做大。企业要综合地运用这两种策略，以纵向营销来进行选择，以水平营销来进行创造，实现二者的优势互补。

水平营销是纵向营销的必要补充

纵向营销和水平营销是两种截然不同的创新之道：前者是在某一特定市场内部做调整，后者是通过对产品做适当改动来产生新用途、新情境、新目标市场以开创新类别，从而重组市场。水平营销并不是纵向营销的替代方式。实际上，两者是不可或缺的互补，而且，如果在新类别发现后没有纵向营销来提供多样性，水平营销也就不能充分地发展。

——科特勒《水平营销》

纵向营销是在市场界定过程中，通过采取市场细分与定位策略，调整现有的产品和服务，以使市场多样化。而水平营销是将已知信息进行重组，通过更富探索性、可能性和诱导性的创新思维，激发出新的市场和利润增长点。纵向营销是利用市场界定来创造竞争优势，创新即在该界定过程中进行。市场界定使我们在推出创新、拓展业务时能保持目标一致。水平营销则基于通过接近那些我们在对产品或服务做市场界定时所淘汰的一种或多种需求、用途、目标或情境来努力开拓市场。这意味着需要改变我们的产品。

纵向营销容易导致市场的过度细分，使得企业要面对极其激烈的市场竞争和极其微薄的市场利润，而相比之下，水平营销却往往能通过原创性的理念和产品开发开辟出另一片广阔天地。因此，水平营销越来越受重视，而纵向营销越来越式微。很多企业甚至认为，水平营销要优于纵向营销，或者水平营销将替代纵向营销，事实绝非如此。

纵向营销的作用在于：它为扩大特定市场提供思路；它促使特定市场的潜在顾客转化为现实顾客；它使产品能够出现于现有市场所有可能的情境中；它有助于产品在特定市场实现最大程度的渗透；它使得企业在特定的市场中找到新的定位。纵向营销与水平营销的不同主要体现在以下几个方面：

水平营销过程跳出原来的方向，而纵向营销沿着一个固定的方向前进。水平营销具有启发性，而纵向市场营销具分析性。

纵向营销遵循一定的序列，而水平营销则会跳跃到其他产品或类别上，以捕捉可能的点子和产生的变化。

纵向营销通过淘汰法进行选择，而水平营销不淘汰任何可能导致新概念的选择。

水平营销利用那些与产品无关的种类或产品，而纵向营销排除那些处于我们的潜在市场定义之外的概念。

水平营销的方式不甚明显，而纵向市场营销则以序列的明显方式进行着。水平营销是一个充满可能性的过程，而纵向营销则是一个确定性的过程。

如果要用一句恰当的话来形容纵向营销与水平营销的关系，那么就是——纵向营销进行选择，而水平营销进行创造，水平营销是纵向营销的必要补充。

水平营销就是通过创新激发出新的市场和利润点

在一个过度细分和品牌过多的成熟市场，最有效的竞争方式便是开创新市场或新类别。水平营销就是跨越原有的产品和市场，通过创新激发出新的市场和利润增长点，它是跳出盒子的思考，而不是坐在盒子里思考。

——科特勒"2005 新思维全球巡回论坛"演讲

水平营销是一种创造性的思考，科特勒形象地称其为"跳出盒子的思考"，它试图用一种崭新的、刺激思维的角度考虑产品的某个侧面，从而催生原创性的理念。传统的纵向营销有三个层面，市场定义层面、产品层面和营销组合层面。每一个层面又有很多因素，比如市场定义层面包含了消费者、使用情境等因素。水平营销就是要选出一个层面，再对该层面的某一因素展开横向思考，比如用途、目标市场等，从而催生全新的产品。

比方说，日本曾有几个大学生，看到学校里学生需要复印很多资料，于是想了个点子——免费复印。

他们将所有复印纸的背面作为广告版，供企业投放广告，而正面则用来复印。广告费中抽出一小部分，就足以支付复印的成本。这一举，不仅大受学生欢迎，也得到了很多企业的青睐，此模式在各校推广开后，这群创业者因此获得了每月 1000 万日元左右的销售额。

再比方说，剃刀通常被认为是针对男性的产品，可是吉列却认为，女性也有对剃刀的需求，于是，吉列开发出了适合女性需要的、更女性化设计的剃刀。

还有中药，在日本，西药称霸，中药销路不好，药材大量积压，有一家专门从中国进口中药的贸易公司，想了个主意，将中药和日本人习惯的茶饮联系起来，在东京中央区开办了一家把中药与茶结合起来的新店，结果这个名为"汉方吃茶店"的生意之好，令人羡慕。中药和茶并无本质上的关联，但跳出中药的行销领域，该公司创造出了新的市场。

上述这些都是非常出色的水平营销创新策略。它们通过改变市场、产品和营销组合，重新定义了市场和需求。这些方面的质变带来了新类别的产品或新的市场，进而给企业带来了营销上的重大突破。

传统上多数公司采用的分析式的营销创新方法无助于根本性的创新。要想创造可能深刻改变市场的新概念，水平营销是更好的方法，因为它所依赖的正是有助于催生真正新思想的创造性技巧。

这并不是说，纵向营销就不能创新，它同样在创新，而且，纵向营销的创新更容易被顾客接受和理解，因为这种创新是在原有的产品、市场和营销组合上进行的一些细微调整或改动。

而水平营销的创新往往是出乎人们意料的，如果这种创新非常奇特的话，接纳起来甚至需要更多的时间。

所以，水平营销人员在向先行者、早期接受者、首批大量接受者和后期大量接受者传播创新产品时，必须放慢脚步。在采用水平营销创新时，企业在教育、沟通及销售上要付出更多的努力和耐心。

借助水平营销，企业就可能在新市场拔得头筹

水平营销的思考对于企业的营销部门无疑是重要的，正是在这个意义上，科特勒说，"伟大的产品是营销部门创造的"。在这个产品和技术可以低成本复制的营销时代，我们已经见证了太多的特定市场的同质化竞争。而借助水平营销，企业就可能在新的市场拔得头筹，因为创意是无法复制的。

——科特勒《水平营销》

在今天这个网络化、全球化的竞争市场上，越来越多的企业开始感受到营销的尴尬，痛切于企业孱弱的赢利能力。一方面，传统的广告促销等营销组合已经无法有效激发消费者的消费诉求；另一方面，企业之间的竞争在每个传统的营销层面上刀刃互现，价格战、成本战等恶性竞争已经将企业竞争推向"他人即地狱"的境地。

无论是在传统的日化行业，还是在新兴的数字电子行业，企业的有机增长已经越来越困难。按照科特勒的说法，在日益复杂的现代营销作用下，新产品、新品牌迅速地推出，但相当比例的这些新产品、新品牌不能避免"一出现即注定失败"的命运。

科特勒对现在的市场生态的系统总结是：品牌数量剧增；产品生命周期大大缩短；更新比维修便宜；数字化技术引发多个市场的革命；商标数与专利数迅速上升；市场极度细分；广告饱和；新品推介越来越复杂，消费者越来越难以打动。毫无疑问，竞争加剧和又一轮的产能过剩已经将企业再次推向了微利时代。

在市场上，很大一部分产品经过一段时间后，就会变得陈旧过时。无论在意识层面还是潜意识层面，客户都需要不断变化。很多公司的创新，只是简单地推出新口味的食品、新类型的洗发水、新款的汽车，但实际上这些所谓的新产品与从前的产品大同小异，所以脱颖而出的机会微乎其微。而借助水平而非垂直的思考，在很多情况下，企业不但能够发掘出新产品，而且能够发现令市场振奋且满意的新的产品类别。

麦当劳拓展印度市场时就做过很大的创新。众所周知，印度是一个具有特别饮食风格的国度，他们对舶来食品向来缺乏兴趣，很少问津。麦当劳最初打入印度市场时，与其他外来快餐业一样，运营情况非常糟糕。后来，有一位员工提出了一个想法：既然印度的咖喱和香料举世闻名，那么如果在麦当劳的传统快餐中加些香料会怎样？结果，正是这个员工的创造性想法让麦当劳在印度牢牢站稳了脚跟。再后来，麦当劳还根据印度人特有的饮食习惯，开发出了多种具有印度风情的快餐，很快打开了市场。

抛开麦当劳原有的风格，将印度本土的咖喱和香料添加进来，既实现了产品的创新，更迎合了印度的市场，让麦当劳在当地站稳了脚跟。

从这个例子可以看出，当今的企业必须以水平营销另辟蹊径来创造出有市场价值的新产品。市场营销已经到了急需新思路的转折点，未来占据主流的新商业理念，将会走不同的创新路线，而不是延续昨日无限细分市场的老路。